能源就是命脉

白益民◎编著

“地缘政治”与“大国博弈”启示录

南海能源争端的“无影手”

远东地区的能源“三国志”

东海油气开发的政商博弈

日本隐秘的全球油气布局

中国缺失能源产业组织者

中国经济出版社
CHINA ECONOMIC PUBLISHING HOUSE
·北京·

图书在版编目（CIP）数据

能源就是命脉／白益民编著．
—北京：中国经济出版社，2018.8
ISBN 978－7－5136－5199－8

Ⅰ.①能…　Ⅱ.①白…　Ⅲ.①能源工业—能源经济—经济发展—研究—中国　Ⅳ.①F426.2

中国版本图书馆 CIP 数据核字（2018）第 101961 号

责任编辑　李煜萍　吕国新
责任印制　马小宾

出版发行　中国经济出版社
印 刷 者　北京科信印刷有限公司
经 销 者　各地新华书店
开　　本　787mm×1092mm　1/16
印　　张　21.5
字　　数　328 千字
版　　次　2018 年 8 月第 1 版
印　　次　2018 年 8 月第 1 次
定　　价　68.00 元
广告经营许可证　京西工商广字第 8179 号

中国经济出版社　**网址** www.economyph.com　**社址** 北京市西城区百万庄北街 3 号　**邮编** 100037
本版图书如存在印装质量问题，请与本社发行中心联系调换（联系电话：010－68330607）

在资源需求领域，中日两国有着惊人的趋同性，能源对外的高依存度、进口油气产地的近源性以及地缘政治的相关性，这些都将不可避免地导致中日两国在包括东海、南海以及远东在内的全球资源市场展开激烈竞争。研究日本能源体系一方面可为中国自身的能源战略提供参考，另一方面也能做到知己知彼，在海外能源争夺战中占得先机。

近年来，中国能源企业“走出去”的进程不断加快，成绩斐然之下问题重重。而与中国大张旗鼓的动作不同，日本早已在海外能源领域悄然经营了数十年。综合商社往往是通过政商联手、官民并举的手段在海外获取资源，日本财团正是在综合商社“产商融”结合的带领下一步步蚕食着全球的石油天然气产业链。

在日本“政商一体”的海外能源战略推进模式中，日本将政府的外交、资金实力、政策支持等优势，商社的情报网络、商务谈判等能力，以及制造业企业的先进技术优势整合成为“产业军团”，先以贸易活动占据根据地，再用政治手段巩固其投资，为保障日本的能源安全做出了巨大贡献。

商场如战场，中国要想在世界各地寻找商机，占据资源，就必须要有一个强大的产业组织者，不仅仅立足于油气资源本身，还要更加重视整体产业链条的整合和搭建，像日本综合商社那样拥有巨大的产业协调和带动能力。只有这样，中国才能在能源开发这个大产业链上扮演极其成功的角色。

看点提要

——面对东海问题，相比于日本政府的“忽冷忽热”，经团联频繁往来中日两国的背后是否暗藏着什么秘密？

——为什么说日本引发钓鱼岛事件其实更像是“围魏救赵”？日本不惜把钓鱼岛事件挑衅到一个极限的目的何在？

——2011 年，在内阁面临换届、政局不稳、地震与核事故灾后重建的混乱时期，日本为何要在南海问题上“插一脚”？

——越南肆意盗采中国南海油气资源，甚至喊出与中国“不惜一战”的口号，那么又是谁在背后为其撑腰？

——日本在挪威斯诺赫维特项目中投入了巨大的资金，可为什么在该项目中却看不到任何一家日本企业的身影？

——即使现在海外没有一滴石油进口，日本也能支撑半年左右，日本的石油储备究竟是有多么的可怕？

——从萨哈林天然气项目的开发权，到远东石油管道的走向问题，为什么只要中国稍有动作，日本便如坐针毡？

——如今，受制于能源瓶颈，中国的经济发展急需新的能源动力，中国怎样才能在全球资源的争夺战中脱颖而出？

能源就是命脉

梦系中国人自己的综合商社
倡导中国新经济的财团机制
促进国民企业的振兴与发展
捍卫国家经济的主权与安全

当今，能源已经成为人类社会赖以生存和发展的物质基础，在国民经济中具有特别重要的战略地位。中国是一个有着 14 亿人口的发展中国家，正处在工业现代化的关键阶段，国家经济建设和全面小康社会的实现将在很大程度上取决于能源产业的发展。

作为一个资源极度匮乏的国家，日本不仅拥有位居世界第一的国家石油储备，甚至还垄断着全球液化天然气贸易的市场。以综合商社为核心，日本通过资本带动产业打造起来一个庞大的能源帝国，轻松掌控市场，调配能源。

越南、菲律宾、印尼等东南亚各国纷纷觊觎中国南海丰富的油气资源，近年来更是对南中国海进行肆无忌惮的盗采，不断试探中国的底线。然而当所有视线都在关注南海领土争端的时候，却忽视了一个默默获取能源权益的“影子帝国”。

随着传统石油资源的日渐枯竭，原本白雪皑皑的北极开始频繁出现在公众视野里，巨大的天然气储量让众多国际能源巨头垂涎三尺。在这场北极能源的争夺战中，日本却早已悄无声息地渗透到了天然气开发、运输、加工的所有领域。

中国经济万马奔腾的时代已经过去了，我们要学习日本综合商社，培育出属于自己的产业组织者，配合国家“一带一路”倡议，积极参与到全球化的进程中去，着力开发能源资源，进而控制商机和国内外制造业生产的命脉。

自　序

PREFACE

随着页岩气革命在美国取得成功，以及近年来世界经济的持续低迷，国际能源行业逐步从卖方市场转变为了买方市场。目前全球可分为北美、欧洲和亚洲三大能源消费中心，其中页岩油革命满足了北美地区油气的供应自给，而欧洲地区的油气需求也在不断下降，因此亚洲地区将是未来全球油气需求的重要增长极。

在中国经济体制和国有企业改革这个大背景下，同时，在国际竞争环境的推动下，中国能源市场开始向民营企业开放，中国的许多能源企业开始走出国门，这使中国企业与国际能源巨头们的合作呈现出了新的特点，世界能源格局也从过去的博弈关系向合作关系转变。

因此，探索一种国际能源合作的新模式就成为当务之急，当我们急切地向欧美寻求经济良方的时候，更要发现我们的近邻日本就是一本很好的教材。日本的综合商社三井物产和三菱商事都在全球拥有极为庞大的石油天然气勘探、开发、生产和销售体系，这甚至超过了专业的石油公司。

事实上，三井物产、三菱商事等综合商社并不是这些能源的直接使用者，作为日本特殊形态的贸易公司，综合商社集贸易、情报、投资、物流、金融等功能于一身，很好地扮演了日本资源战略优秀执行者的角色。我们要像日本的综合商社一样，不仅仅将目标停留在能源本身，还要重视商权的把握，将能源的发展作为一项系统工程，不遗漏产业链的每一个关键环节。

20 世纪 70—80 年代正是中日关系全面友好发展的时期，但到了 20 世纪 90 年代以后，两国之间因历史问题、台湾问题、钓鱼岛问题等频繁发生政治摩擦，关系一度陷入困难时期。尽管如此，从国际战略和地缘政治上来看，中日两国之间进行能源合作的必要性和基础已经存在。未来中日双方在能源问题上必将放弃“零和博弈”的思维方式，通过合作寻求双赢。

中日能源关系的未来发展方向应该是实现合理竞争下的相关合作，也就是建立起亚洲能源命运共同体，中国与日本的能源合作不应该是单一性和封闭性的，韩国、俄罗斯、东南亚各国甚至是西方的一些石油公司都可以平等地参与进来。如果这种亚洲能源共同体的局面能够实现，无疑会有助于改善亚洲地区的地缘政治和经济环境，促进亚洲区域乃至全球的和平与稳定。

唇齿相依，休戚与共，构建亚洲能源命运共同体需要中日两国共同的支持和努力。特别是近年来，中国提出了“一带一路”国家倡议，同时日本也在进一步加大实施“能源外交”的力度。在这样的大背景下，中日双方更应该积极开展合作，共同实现能源出海，促进能源来源的多元化，努力尝试拓展非洲地区、拉丁美洲地区的能源项目开发，完善并强化亚洲的能源供应体系。

俄罗斯作为世界上最大的能源出口国，在国际油价下跌和欧美对俄制裁的背景下，更加迫切地希望能为本国油气资源找到可靠、稳定的买方市场，而我国现在油气需求旺盛，且未来进口量还会不断放大，这十分有利于中俄之间能源合作新模式的探索和形成。

然而，从中俄过去几次输油管线的走向变更来看，两国能源企业的上下游界限依然非常明确，大家都想实现自身利益的最大化，具有明显的博弈色彩。如何改变以往的上下游买卖关系、重新形成一个捆绑利益共同体，就成为中俄双方建立长期稳定互利关系的核心议题。

为此我们可以借鉴日本的财团模式，将中国的能源企业与俄罗斯的能源企业进行深度捆绑，通过更深的交易和股权层次的合作，形成你中有我、我中有你的关联，从而从根本上改变过去的博弈关系。双方不仅可以一起做上游的能源开发，同时也可以一起做中国及其他市场的开发工作，包括管道和炼厂建设等业务，最终改变过去的抵押贷款模式，形成相互交叉的投资局面。

如果中俄两国的企业能够最终形成利益共同体局面，将不仅大大促进中俄两国经济的合作层次，也可以使两国关系更加稳定。经济是两国关系的基础，如果中俄两国经济合作能深度融合，那么两国关系就不会仅依靠高层的推动，经济合作也将代替政治合作成为两国关系的压舱石。

令人欣喜的是，2017 年 9 月 8 日中国华信集团宣布以 91 亿美元收购俄罗斯石油公司 14．16% 股份，一旦完成收购交割，中国华信集团就将成为俄罗斯石油公司第三大股东，仅次于俄罗斯政府（持股 50．00%）和 BP（持股 19．75%），未来会为中国获得每年 4200 万吨和总量为 26．7 亿吨油气储量的石油权益。

同时根据此前签署的战略合作协议及原油长期供应合同等合作协议，中俄双方还将在油气勘探开发与生产、石油炼制与化工、原油及石油产品贸易、零售业务和资产交易等方面建立长效机制，展开深入合作。可以看到，中国华信正在积极推动中俄两国企业之间的多领域合作，形成利益共同体局面，为维护国家和地区间的能源安全做出自己应有的贡献。

在前一部“财团商道”系列文集《产业就是脊梁》一书中，我从不同的角度通过具体案例详细解析了日本的产业发展模式和“寓军于民”体制对提升日本综合国力的重要性，为中国“军民融合”战略提出了自己的建议；而在本书中，我将对日本财团领导下的综合商社是如何通过政商联手、官民并举获取资源并最终掌握商权的手段进行深度剖析，希望能够为中国的海外拓展和能源安全提供积极的借鉴经验。

值得一提的是，我对日本财团商社的研究，得到了国务院国资委研究中心原主任楚序平的高度重视及肯定。受国务院国资委研究中心支东升处长的邀请，我参与了“央企境外风险管理”等方面的专题研讨。2015 年，在支东升处长的主持下，又成立了“‘一带一路’国别风险和安保体系”课题研究组，我应邀成为课题组专家顾问，同诸多央企的领导进行了面对面的深入交流。

自 2008 年畅销书《三井帝国在行动》出版后，近十年来本人接受了上百家媒体的采访，发表文章三百余篇，涉及经济、商业、产业、能源等诸多领域，本次“财团商道系列文集”对这些散落在各处的文章进行了搜集分类。

在我的指导下，我的优秀学生兼助手杨履明、乔梓效对这些文章进行了系统整理编辑，分别围绕财团体制、商社模式、产业强国、能源暗战四个主题形成逻辑体系后，重新以四部文集的形式呈现出来，以飨读者。希望能为国家全面深化改革、经济产业的健康发展及中国企业的海外扩展与繁荣提供有益的借鉴和参考。

《能源就是命脉》这本文集重点收录本人在能源研究领域的文章。我的优秀学生、来自中国石油大学的彭正江在初期资料收集、整理和文章写作等方面都做出了重要贡献。本书还收录了袁璐、佟凯敏等我的学生的文章，以及许多媒体如《中国石油石化》《能源》《环球财经》《中国经济导报》等对我的采访或撰写的相关新闻稿，他们均为本文集的成书贡献了力量。

在此感谢中国华信集团董事局主席叶简明先生对我的大力支持。自2011年始，我作为中国华信集团首席战略顾问，有幸参与到中国华信的发展当中，并将学识和智慧奉献给这家肩负国家能源保障使命的民营集体所有制企业。

值得庆贺的是，2017年，中国华信集团以437亿美元的营业收入连续第四年入围《财富》世界五百强榜单，位列第222位；并且，中国华信集团正以财团商社的模式践行“一带一路”和“能源安全”的国家战略。我的研究成果能为中国华信集团的发展贡献力量，让我深感荣幸和自豪。

2018年1月5日

前 言

PREFACE

日本抄底全球油气资源

日本是一个资源极度依赖进口的国家，而以三井物产和三菱商事为首的综合商社却可以在世界大部分市场轻松掌控、调配能源，成为保障日本能源安全最核心的力量，甚至在上一轮能源资源价格上涨中赚得盆满钵满。综合商社在能源领域涉足的深度和广度超过了专业能源公司，通过商业资本带动产业打造了庞大的能源帝国。

占据上游制高点

日本很早就在海外物色和建立自主开发石油的基地。早在1958年，日本取得了沙特海夫吉海上油田的开发权益，自此踏上了构建海外能源版图的征程，先后在中东、非洲、东南亚等地建立了数十个开采基地，遍及世界五大洲。**日本与美国、西欧不同，石油事业多由三井物产、三菱商事等综合商社参与开发。依靠这些基干产业，整个20世纪80—90年代，三井物产与三菱商事，连同住友、伊藤忠、丸红等综合商社，始终是世界500强的前10位，地位无可撼动。**

三菱商事等综合商社参与石油经营开始于二战后日本炼油公司恢复生产之时，以三菱商事为例，通过和产油国签订长期合同及控制油田权益等形式，每天向日本供应的精炼及发电用的原油总数量达32万桶，相当于日本原油进口总量的约8%。此外，通过公司的全球体系和以亚洲为主的各国石油用户与国际石油大公司建立了长期的交易关系，使三菱商事的国外石油事业部的原油经销量每天约达50万桶。

综合商社在贸易业务方面从事原油和石油制品进口和中介贸易，同时还持有油轮并确保航运以及物流基地，而且进一步开展包括价格变动风险等在内的综合管理业务。不仅如此，三菱商事、三井物产等综合商社在日本国内，通过对炼油公司的出资，建立自己的供应体制，同时还通过各种形式经销广泛的石油产品。例如，从面向电力公司和一般产业销售原油和重油，到在加油站向一般消费者销售汽油和煤油等。

三菱商事在西非（加蓬、安哥拉）、美国墨西哥湾等地的原有上游投资之外，又新获得了美国墨西哥湾K2矿区、印度尼西亚甘尼安（Kangean）矿区、英属北海的Dunlin油田群的权益。此外，还对印度尼西亚能源公司P. T. Medco Energi Internasional进行了投资。并且，还在储量丰富的北非地区，如利比亚、突尼斯取得的矿区进行勘探开发。

2006年4月，三菱商事旗下从事液化石油气业务的三菱液化气公司与出光兴产公司进行业务整合，成立Astomos Energy Corporation。该公司目前在日本国内的液化石油气市场的占有率第一，在国外交易和运输量方面是世界第一。该公司致力于不断强化价值链，作为能源解决方案公司在生产、储藏、装运及终端销售方面具有极强竞争力。

日本另一大综合商社三井物产也把力量倾注于中东、东南亚、澳洲及北美这四大地区，在这些地区拥有大量油田权益并拓展业务。并在最近几年，陆续有新的斩获，位于澳大利亚西部的恩费尔德（Enfield）油田于2006年7月正式开始生产，文森特（Vincent）油田也于2008年8月开始正式产油。此外，三井物产还获得美国墨西哥湾海上油气矿区群的权益，成为北美第一个石油天然气权益项目。

2008年日本六大商社三菱商事、三井物产、伊藤忠商事、住友商事、丸红、双日利润齐创新高。六家公司当年利润合计为1.5万亿日元，比四年前约2200亿日元增长了6倍左右。**三井物产社长松本顺一称，能源及资源利润占公司全部利润70%以上。三菱商事社长小岛顺彦表示，“先期投**

资对收益的贡献颇大"。这指以往在经济低迷时对能源资源的投资。

世界第一的能源储备

1973年第一次石油危机爆发，油价扶摇直上，严重打击了建筑在进口能源基础上的日本经济。1974年，日本经济出现了战后第一次负增长。1975年，日本国会通过《石油储备法》，规定国内石油企业必须储备足够90天消费的石油，政府对企业提供购油所需贷款的利息补贴。政府也开始建立国家石油储备，到1998年2月，国家石油储备已实现日本国内85天的消费储备的目标。

民间石油储备义务相应从90天逐步调低为70天。2007年3月底，日本民间储备石油足够国内消费80天，官方储备石油足够95天消费。这就意味着，即使海外没有一滴石油进口，日本也能支撑半年左右。日本政府还规定民间须有足够50天消费的液化天然气储备，政府则以2010年为目标，建立总量为150万吨的液化天然气国家储备。

在实现国家能源储备战略中，综合商社发挥了巨大作用。例如，三菱商事的波方集散站位于面朝濑户内海的爱媛县今治市近郊，它是为贮藏石油、化学品、液化石油气等原料和燃料建设的，是日本屈指可数的大型贮藏基地。建成后，每年有100万吨的石油、液化石油气和化学品等从国内外运入该基地，不仅向当地供应能源，同时还向西日本、九州、海外的中国和韩国等各邻国供应，发挥了作为能源供应基地的重要作用。与波方集散站邻接的地块上，目前正在建设日本首次尝试的地下岩石贮藏方式的国家液化石油气储备基地，预计2009年竣工，建成后由三菱商事负责进行营运。

垄断全球液化天然气

天然气被公认为"绿色能源"，认为是未来工业社会最主要的能源，将替代石油的地位。目前全世界50%以上的LNG（液化天然气）都被日本和韩国使用。而日本的天然气进口和天然气第三国贸易基本上都是综合商社操办，三井物产和三菱商事无疑是这个领域的两大巨头，三井物产和三菱商事都在全球拥有极为庞大的天然气勘探、开发、生产和销售体系，这甚至超过了专业的石油公司。

三菱商事从1972年开始天然气业务，与文莱政府及壳牌石油一起参与对液化和销售部门的投资。三菱商事参与运作的马来西亚沙捞越州天然气项目是世界第一个GTL（天然气液化）技术为基础的商业化项目，该项目于1993年投产，之后以出资和进口代理的方式参与沙捞越州另外3个LNG项目，生产能力合计约为每年2300万吨。作为单一的LNG生产基地，规模在世界首屈一指。从该生产基地销往日本的LNG数量约占日本进口总量的20%。

三菱商事、三井物产与其他五家国际能源寡头共同参与开发的澳大利亚西北大陆架项目是世界最大规模的资源开发工程，主要产品LNG，年产量可达1230万吨左右。2008年9月，第5套液化系统投产，生产能力将扩大到约1630万吨/年。除此之外，三菱商事参与策划和运作的大型投资项目还包括印度尼西亚的东固LNG项目、阿伦LNG项目以及跟三井物产共同投资的俄罗斯哈萨林Ⅱ号油气项目等。

当中国大力推进天然气资源利用的时候，日本早已在这个领域经营了数十年。2006年5月26日，三井物产中国总代表副岛利宏在中国循环经济发展高层论坛上说："三井物产在日本以外的国家投资天然气资源，在那里开采天然气卖到日本的发电厂。石油天然气开发主要集中在三个区域，一个是中东，阿联酋、卡塔尔和阿曼，一个是澳大利亚，还有亚洲，在泰国和柬埔寨进行开采，同时我们参与了俄罗斯的天然气开发。"

三井物产等综合商社在大西洋LNG市场的规模将不断发展，最终与以日本和韩国为中心的太平洋市场相匹敌。因此，三井物产于2005年开始着手投建第一个大西洋地区的LNG项目——赤道几内亚LNG项目。三井物产和丸红商事与美国马拉松石油及赤道几内亚国营瓦斯公司共同开发，总投资15亿美元，年产量340万吨。2006年11月，三井物产携手铁矿石业务中配合密切的合作伙伴必和必拓（BHP），共同开发在纳米比亚的油气田。这些举动表明，日本综合商社正在积极向非洲大陆挺进，其目的就是占领前景广阔的欧美LNG市场。

三井物产、三菱商事等大型综合商社并不着眼于代理权，而是尽量争取开采权，并希望以主导者的身份参与液化工厂、输送等业务。为此建构高效物流信息系统，参与仓库、流通中心等物流设施的运营。综合商社不仅对LNG运输船的公司进行直接投资，还通过财团下属制造业企业对整个物流运输企业进行控制。LNG船是国际上公认的高技术、高难度、高附加值的“三高”产品，是一种“海上超级冷冻车”。LNG船的主要核心技术为日本财团企业所垄断，韩国虽然建造了大量LNG船，但上述两项关键技术则需要分别购买日本和挪威的专利。

以三井财团为例，我们就可以清晰地看到日本财团在这一领域极强的竞争实力。以三井财团的石川岛播磨重工为核心的日本4大造船企业联合体框架已经形成，它们在国际造船市场上推出的竞争战略目标，将不再是以中标的造船订单总吨数为标准，而重点是高附加值船舶的承造订单，如LNG、特殊油类和化工产品运输船、海洋油气勘探和开采生产设备项目等，以此确保日本第一造船大国的地位。

2006年10月，三井财团另一重要成员商船三井社长生田正治公开表示“液化天然气将会是日本未来能源运输主要增长来源”。商船三井作为三井财团的海运公司，在铁矿、煤矿、石油、天然气等天然资源的运送市场占有重要地位。目前，商船三井独自拥有40艘液化天然气货运船，占全球LNG船总量1/3。商船三井预计，2009年其公司拥有的LNG船从目前的54艘将增加到78艘，比现在扩大四成。

三井造船与三井物产2007年4月19日宣布，将联手开展在原产地对天然气进行固态化处理后再进行海上运输的业务，该业务采用“天然气水合物（Natural Gas Hydrate，NGH）”技术。同属三井财团的这两家公司以共同出资的方式设立了研发公司，沿用三井造船此前开发的NGH及固态化设备以及专用运输船的技术，进行实用化方面的开发，2012年实现商用化。

蓄势待发 抄底全球能源

日本主要的能源企业大致可以分为两类：国有石油公司和综合商社旗

下的石油公司。国有石油公司是日本海外市场争夺资源最重要的一支生力军，并且承担国家战略石油储备任务和支援民间企业的石油储备业务，如日本国际石油公司、帝国石油公司等。而综合商社下属的三菱石油公司、出光兴产、三井石油等则是另一股更为强大的力量，它们在日本能源市场处于领导地位，同时也是绝对市场化、商业化的公司。**白益民在《三井帝国在行动》一书中形容三井物产这样的综合商社是投资放大器，一亿美元的直接投资，往往可以带动其财团关联企业十亿美元的投资。由于拥有巨大的产业协调和带动能力，综合商社被冠以“产业组织者”的称号，在能源开发这个大产业链上扮演了极其重要的角色。**

日本财团以综合商社为核心的能源市场战略，益处多多，值得借鉴。首先，油气工程项目本身就是一个跨行业的综合工程，其中包括石化、建设、钢铁产品、成套设备和贸易等专业，因此任何一家企业单独承揽建设都有困难，所以相关行业和企业的共同参与是最佳组合模式。其次，企业联合参与模式容易发挥综合经济效益，由相关专业工程的内行专家融合为一个整体，可以降低生产成本、节省开支。其三，企业联合机制会带动本国不同行业扩大产品、设备、技术出口。

为了与埃克森美孚（Exxon Mobil）、皇家壳牌（Royal Dutch Shell）以及 BP 等国际石油寡头竞争，日本逐步整合国内的石油企业，使优势集中。1999 年，三菱石油与日本石油合并为新日本石油公司，拉开这场民族工程的序幕。2005 年 11 月 5 日，日本国际石油公司与帝国公司宣告合并，在紧接的 11 月 15 日，新日本石油公司将在帝国公司的持股比例由 16.5% 提高到 20.4%。2008 年 3 月，新日本石油公司从三井物产、丸红商事等公司手里全额收购日本第七大石油公司九州石油的股票，使之成为旗下子公司。

2008 年 12 月 4 日，新日本石油公司与新日本矿业控股公司宣布合并，2008 年财年新公司销售额达 1410 亿美元，超过中石油成为当时世界上第 8 大石油公司。

一方面，日本新一轮的能源企业合并推动世界能源寡头的形成，另一方面，能源类子公司的划出让综合商社的世界 500 强排名迅速下降，企业

的经营活动更加隐秘低调。日本经济产业省负责能源政策的官员2009年4月15日向媒体表示“随着中国、印度等新兴工业国对资源需求量的增加以及海盗活动加剧、油气产区形势动荡，日本必须在确保油气资源稳定和能源供应渠道多样化方面做好准备，推动企业投资海外能源是必然的选择”。日本财团企业利用金融危机抄底全球油气资源已经蓄势待发。

原文发表于《环球财经》2009年7月期，作者：袁璐、佟凯敏

目　录

CONTENTS

第七章 谈判桌上的政商双簧戏

第八章 钓鱼岛争端的背后内幕

第九章 日本全球扩张 中国何去何从？

第十章 日本能，中国为什么不能？

第一章　世界能源巨头竞逐南海

2012年8月3日，美国国务院就“南海问题”发表所谓的声明，将南海局势紧张的责任强加在中国身上，对于美国国务院的“信口开河”，中国外交部给予了及时的回击。南海问题尤其是中菲两国南海领土争端问题自黄岩岛对峙以来一直都是热度不减，那么美国插手南海到底又意欲何为呢？

事实上，美国之所以插手南海问题就是因为以欧美资本为代表的石油企业在中国南海有着极其可观的能源权益。要知道的是，早在20世纪80年代末，英国BP石油、挪威国油以及印度国油就已经在越南的南昆山盆地有了油气勘探的计划，而从20世纪90年代起，美国康菲石油也开始了参与南海油气田的开发项目。

而作为中海油的战略投资者，另一大国际能源巨头英荷壳牌不仅切下了南海石化这块“下游”层面的大蛋糕，而且双方还将有机会在华东地区携手推行天然气项目计划。此外，在“上游”和“中游”，英荷壳牌也是收获颇丰，获得了与中海油携手在渤海、东海勘探开发油气资源的协议。

作者题注：

鉴于国际能源巨头在深海开采领域技术卓著，同时拥有着丰富的运营经验，加之他们对于南海油气资源有着极强的兴趣，因此中国可以考虑与一些国际能源巨头携手参与南海争议区油田的开发，这或许可以成为破解南海油气开发困局的一种途径。

本章提要

2007 年以后，越南国内经济每况愈下，也许出于转移国内矛盾的需要，越南在南海海权问题上日趋强硬，甚至喊出与中国“不惜一战”的口号，面对越南的无理挑衅，中国海军已在南海修建最大军港作为回应。

事实上，在“盗取”中国南海油气资源的国家中，越南可以算是一个十足的“冒进者”，通过开采南海油气，它从贫油国翻身成为东南亚第三大石油输出国，其背后有着美国康菲石油公司的紧密配合。

2011 年 9 月 7 日，菲律宾预算管理部长阿瓦德发表声明称，该国将耗费一笔约合 1.17 亿美元的资金进行军备升级，用以在南沙群岛对抗中国日益“扩张”的海军力量，然而实际上，菲律宾的这笔军费提供者也是欧美石油资本。

面对越南、菲律宾等国蚕食中国南海资源的猖狂举动，2012 年 6 月 21 日，国务院批准三沙市正式成立，宣告中国在南沙及西沙的南海权益，随后，中海油宣布计划未来 20 年内投资 2000 亿元开发南海油气资源，加速中国深海资源的开发。

近年来，以美国为首的西方势力不断讨好印度，目的显然是要利用印度来遏制中国，或许，在越南大陆架上打桩常驻的决定并非出自印度石油天然气公司，而是印度最高政治领导层在美国的授意下做出的。

在全球能源市场中，只要有油气的地方，就会发现壳牌的身影，南海当然也不会例外，马来西亚之所以能够盗采南海油气，成为南海油气收益最大的国家，大部分是拜壳牌所赐。

第一节

南海争端的美国“无影手”

2012 年 8 月 3 日，美国国务院就南海问题发表声明，将南海局势紧张的责任加在中国身上。对于美国国务院的信口开河，中国外交部给予了及时的回击。南海问题尤其是中菲两国南海领土争端问题自黄岩岛对峙以来一直热度不减，美国插手到底意欲何为？

实际上，之所以插手南海问题是因为以美国为代表的美英国家在菲律宾与中国争议地区有着可观的能源权益，并且有美国撑腰打气，菲律宾在南海肆无忌惮，而有菲律宾“盗采”南海油气，美国又可以展开其回归亚洲的战略部署。在南海，菲律宾已经与欧美公司紧紧捆绑在一起。

菲律宾南海军费何处来

2011 年 9 月 7 日，菲律宾预算管理部长阿瓦德发表声明称，该国将耗费一笔 49.5 亿比索（约合 1.17 亿美元）的资金用于军备升级。据悉，这笔资金将用于购买直升机、军舰及修建雷达站，以加强与中国存在争议的南海海域油气资源的“保卫”，在南沙群岛对抗中国日益“扩张”的海军力量。

可以说，菲律宾的高额军费提供者其实就是欧美资本，因为马兰帕亚气田的背后其实是包括美国在内的西方石油公司

菲律宾这笔军费资金实际上来自一处名叫马兰帕亚的气田。这个气田位于菲律宾巴拉望岛西北部的南中国海海域，虽然中国并没有对该海域地宣示主权，但菲律宾的这一举动还是让中菲两国的“南海神经”再次绷紧。然而可笑的是，此前时任菲律宾总统阿基诺三世于 9 月 3 日刚刚结束对中国的国事访问，并带走了中国 13 亿美元的新投资，外加中国对菲 2000 万元人民币的无偿技术援助。

马兰帕亚气田项目对菲律宾十分重要，它是菲律宾有史以来投资规模最大的能源项目之一，于2001年10月开始投产，每年可为菲律宾节约6亿美元左右的能源进口费用。同时也是菲律宾财政资金的重要来源之一，该国能源部的一项军用特别预算“151预算”的资金便主要来自马兰帕亚气田。

可以说，菲律宾的这笔军费提供者其实是欧美资本，因为马兰帕亚气田的背后其实是包括美国在内的西方石油公司。目前为止，美国雪佛龙马拉帕亚有限责任公司拥有马兰帕亚气田45%股份，荷兰皇家壳牌菲律宾勘探公司同样拥有45%股份并作为气田作业者，剩余10%股份才由菲律宾国家石油公司勘探公司拥有。

事实上，早在1989年10月，美国西方石油公司（OXY）就来到了菲律宾并在巴拉望岛西北部发现了天然气。随后在1990年6月29日，西方石油公司将其在菲律宾作业的GSEC－47区块50%权益授予了壳牌石油勘探公司。同年12月11日，GSEC－47区块名称被更改为SC－38区块，壳牌旗下子公司壳牌菲律宾勘探公司被指定运营此区块，1991年便发现了马拉帕亚天然气田。

到了1998年，受东南亚金融危机影响，美国西方石油公司将SC－38区块股权全部交给壳牌石油公司，壳牌菲律宾勘探公司由此获得马拉帕亚天然气田所处SC－38区块100%股份。第二年，美国德士古石油公司（2001年与美国雪佛龙石油公司合并，更名为雪佛龙公司）来到马拉帕亚气田，同意在项目上游投资20亿美元，并获得SC－38区块45%股份。此后不久，菲律宾国家石油公司勘探公司也获得了SC－38区块10%股份，后来股权结构一直保持至今。

马拉帕亚气田计划总投资高达45亿美元，第一阶段的生产供气已经完成，目前第二、三阶段开发正在全面展开。2011年8月9日，菲律宾总统阿基诺三世与雪佛兰、壳牌SC－38区块集团签署了马拉帕亚下一阶段服务合同，旨在维持气田现有生产水平上，最大限度开发利用气田资源进行本土天然气供应。第二阶段将在2014年之前完成两口新钻井，计划投资2.5亿美元，第三阶段将在2015年前安装新的油气生产平台和压缩机，计划投资7亿美元。

透视礼乐滩背后资本

以美国为首的西方石油公司已经在菲律宾靠近中国南海海域扎根，抢占资源的同时进行战略性布局。那么，已经处于中国南海九段线内，中国和菲律宾都声称拥有主权的礼乐滩附近，又是怎样一番场景呢？

礼乐滩（菲方称 Reed Bank）位于南沙群岛东部，距离菲律宾巴拉望岛 148 公里，为南沙最大的水下环礁，深入中国九段线海疆内部，自古以来便属于中国领土范围。据预测，礼乐滩周边海域蕴藏有 4.4 亿桶石油和上千亿立方米天然气资源，礼乐滩盆地被认为是油气资源富集区。

中国和菲律宾都声称对礼乐滩拥有主权，在黄岩岛事件之前，中菲两国的最大主权争议地便是此地，双方因油气开采而冲突频频。2011 年 3 月 2 日，中国巡逻艇强令菲方石油勘探船离开礼乐滩，菲律宾派出军用飞机对中国舰艇进行阻止，同年 10 月 18 日，菲方一炮艇在礼乐滩撞击一艘中国大型渔船。此外，菲律宾外交部部长德尔罗萨里奥 2012 年 2 月声称，礼乐滩是菲律宾必不可少的一部分。

2012 年 2 月菲律宾外交部部长德尔罗萨里奥声称，礼乐滩是菲律宾必不可少的一部分

就在这一块极具争议的地区，菲律宾在西方资本的支持下已经擅自开始勘探活动。最早在 2002 年 6 月，菲律宾就将礼乐滩海域范围内的 GSEC101 区块勘探合同授予了英国一家伦敦上市公司斯特林能源公司（Sterling Energy），合约期为两年。

到了 2005 年 3 月，中国、菲律宾和越南正式签署《在南中国海协议区三方联合海洋地震工作协议》，三国计划联合评估南海协议区 14.3 万平方公里海域的二维和三维地震数据，再确定是否具有商业开采价值，中菲越南海问题得到妥善处理。

而此时，英国斯特林能源公司在礼乐滩 GSEC101 区块的合约到期，其

间并没有重大发现，按理菲律宾应该将该区块纳入中菲越共同评估范围内，不再允许私自勘探。但是菲律宾并没有那样做，斯特林能源公司合约到期后便将 GSEC101 区块勘探特许权直接转移到另外一家英国公司福伦能源公司（Forum Energy）手中。

2008 年，福伦能源公司将 GSEC101 区块 30% 权益转让给菲律宾当地公司蒙特罗电网资源公司旗下的蒙特罗资源和能源公司（Monte Oro Resources&Energy），剩余 70% 股份由自己持有。

2010 年 2 月，GSEC101 区块的勘探许可转为了服务合同区块 SC72 区块，截止到 2010 年 6 月，福伦能源公司在南沙礼乐滩盆地投入的勘探费用已经超过 1 亿美元。2012 年 4 月 25 日，福伦能源公司在提交给菲律宾证交所的文件中显示，该公司勘探的礼乐滩“桑帕吉塔”天然气田的储量，远远大于之前的估计，能蕴藏 20 万亿立方英尺的天然气。

英国福伦能源公司目前在亚洲的业务主要集中在南中国海域，其背后不仅有英国资本，还有菲律宾和中国香港资本的存在。在福伦能源公司的股东中，第一大股东其实是菲律宾的菲力克斯石油公司（Philex Petroleum），这是因为在 2008 年菲力克斯石油公司的上属公司菲力克斯矿业集团收购了福伦能源公司多数股份，所以菲力克斯石油公司和其控股公司 FEC 资源公司分别持有福伦能源公司 36.44% 和 24.05% 股份，福伦能源持有 27.14% 股份。

值得注意的是，持有福伦能源公司 3.33% 股份的第四大股东“Asia Link”公司是中国香港上市公司第一太平有限公司（FIRSTPACIFIC）的全资子公司。不仅如此，第一太平公司还在 2008 年收购了福伦能源公司最大股东菲律宾菲力克斯矿业集团部分股份，持有该菲律宾公司 31.3% 股份。

第一太平有限公司董事局主席是林逢生，他是著名华裔商人、印尼林氏集团前董事长林绍良的儿子，国籍为印度尼西亚。林逢生成长于印尼，曾在英国深造学习，后回到其父亲身边工作，担任三林集团多国上市公司董事，在中国担任上海中远三林置业集团有限公司副董事长。

欧美资本渗透菲石油业

除马拉帕亚气田、礼乐滩之外，西北巴拉望盆地也蕴藏着大量油气资源，而此地也是紧邻中国南海九段线。巴拉望盆地的油气资源已经开始商业开采，目前形成了几处颇具规模的油田，这些油田背后是否又是欧美资本呢?

加洛克（Galoc）油田位于巴拉望岛西北60公里处SC14区块内，1981年发现，也是菲律宾发现的第一个岩砂储层油田，面积17平方公里。1988年该油田被认为没有经济开采价值，1997年随着该区域3D勘探的完成和钻探技术的进步，该油田又具备了经济价值，2008年10月9日实现每天18000桶原油产出的初期产量。

2005年6月，负责开发加洛克油田所处SC14区块的合资公司加洛克油田开发公司（Galoc Production Company）成立，由澳大利亚的国际性油气开采和生产企业“Otto Energy”公司持股31.38%股份，瑞士能源企业维托尔集团公司（Vitol Group）持股68.62%股份。

在整个加洛克油田中，加洛克油田开发公司控股油田60%股份，并作为运营商负责勘探开发活动。澳大利亚尼多石油公司（Nido Petroleum）持有23%股份，剩余股份由菲律宾企业拥有，这些企业包括菲力克斯石油公司（7.21%）、东方石油及矿业公司（7.79%）、福伦能源公司（2.28%）。

与加洛克油田同属SC14区块并且已经被开发的还有尼多（Nido）油田和马汀洛克（Matinloc）油田。

尼多油田分为A和B两块油田，位于SC14A区块内，均发现于20世纪70年代，目前该油田迄今生产了共18.5万桶石油，销售到菲律宾的内地炼油厂。澳大利亚尼多石油公司持有22.486%股份，作为尼多油田运营商的菲律宾菲力克斯石油公司持有26.106%股份，菲律宾东方石油及矿业公司持有42.940%股份，福伦能源公司持有剩余8.468%股份。

马汀洛克油田位于SC14B区块，于1979年被发现，运营商为菲律宾菲力克斯石油公司，该公司拥有油田41.608%股份，澳大利亚尼多石油公司持有28.283%股份，菲律宾东方石油及矿业公司持有17.703%股份，福伦能源公司为12.406%股份。

上述三个油田，澳大利亚尼多石油公司均拥有一定股权权益，实际上，这家公司的后面都是一些欧美的投资性银行。例如其第一大股东便是英国汇丰银行，占8.57%股份，第二大股东是美国花旗银行，占5.63%股

份，第四大股东为美国知名投行摩根大通公司，占2.05%股份，剩余其他股东也多数为欧美资本。

■原文发表于《中国石油石化》2012年第18期，作者：白益民

第二节

印度国油，谁的马前卒？

印度插手南中国海事务，一方面可在某种程度上平衡中国海军在印度洋活动带来的影响，为其接近南海能源提供可能；另一方面，可以展示其在东亚地区日益重要的战略地位。

2012年8月22日，印度正式启用了位于印度南端安达曼—尼科巴群岛上的巴兹军事基地。这一群岛是印度进入东亚和东南亚的门户，而巴兹军事基地则是印度监控国际重要海上咽喉——马六甲海峡最重要的窗口，这样可以直接监视中国进出印度洋的船只。香港中评社评论称，印度此举正是为了对抗中国在印度洋地区的战略。

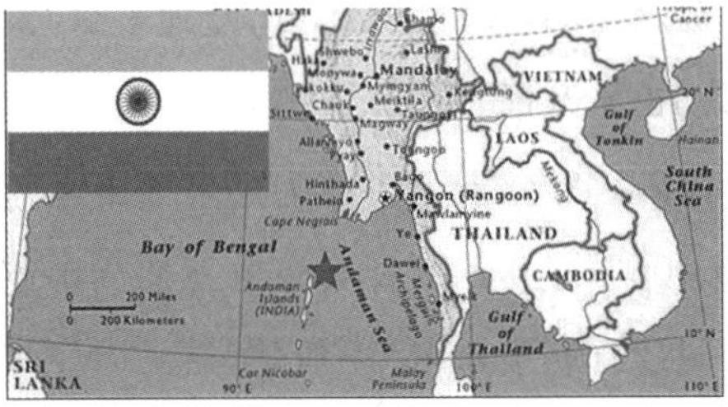

2012年8月22日，印度正式启用了位于印度南端安达曼—尼科巴群岛上的巴兹军事基地，巴兹军事基地是印度监控国际重要海上咽喉——马六甲海峡最重要的窗口，这样可以直接监视中国进出印度洋的船只

印度不仅在印度洋阻击中国的海外战略，而且在中国门户南海也是动作频频。比如代表印度政府意志的印度国油多次不顾中国政府反对，执意帮助越南在南海盗采油气资源。当然，在印度与越南合作的背后，离不开美国的支持。

一心“向东看”的印度

印越两国在历史上都曾与中国发生过边界冲突，迄今为止中印、中越仍存在着领土纠纷。虽然近年来中印关系有所改善，但是印度坚持认为中国是最大的威胁，时时不忘围堵中国。

印度是一个贫油国，70%的能源依赖进口，所以参与有着“第二个波斯湾”之称的南海油气开发，对其未来能源供给有着特殊意义

印度参与南海油气开发一个重要目的，就是将南海打造成能源后花园。印度是一个贫油国，70%的能源依赖进口，所以参与有着“第二个波斯湾”之称的南海油气开发，对其未来能源供给有着特殊意义。此外，越南还可以帮助其实现“向东看”的战略目的，扩大印度在东南亚的影响力。

20世纪80年代中期，在越南刚刚产出第一桶原油时，印度就急不可耐地与其签署联手开发南海油气资源的协议，开始向越南油气开发领域投资。

经过十多年的潜伏，印度国油终于迎来了久盼的回报。2000年9月，印度国油与越南政府、英国石油达成价值10亿美元开发南昆山气田的协议。为了继续扩大权益，当年11月，印度国油再次向该项目注资2.5亿美元，是印度有史以来最大的海外投资。

南昆山油气是越南最大的天然气项目，包括Lan Tay和Lan Do两块气田、一条长达370公里的输气管道和一个发电站。2002年开发至2009年为止，南昆山项目总共提供的燃气量为53.8亿立方米，占越南天然气总产量的38%。作为该项目第一大股东，拥有45%股份的印度国油在南昆山项目中挣足了银子。

南昆山项目的成功让印度国油尝到了甜头，同时刺激了其向南海进军的野心。2006年6月，印度国油与越南石油再次签署协议，出资2.25亿美元开采位于中越争议区127号和128号两个区块，由印度国油全权负责勘探。该项目遭到了中国的强烈反对，可是印度根本无视中国的警告，并倒打一耙，声称中国宣称拥有这两个区块的主权属于无理取闹。

2009年，为了加快勘探进度，印度国油委托一家荷兰勘探公司进行油气勘测活动。当时，这家公司受到中国驻荷大使的严重警告，要求其停止相关活动。后来在越南政府的支持下，印度国油最终说服这家公司完成了勘测工作。显然，印度已经与越南抱成团，共同对抗中国的正常维权行为。

2010 年 10 月 12 日，越南主席张晋创与印度总理辛格举行首脑会谈。双方签署了能源合作、安全、经贸等领域的一系列协议，包括印度国油与越南石油联合开发南海争议海域油气田 3 年的合作协议。

印度之所以不顾中国多次反对，执意进入南海，是因为心里有自己的小算盘。印度希望越南可以成为其插手南海事务以牵制中国的“桥头堡”，在某种程度上平衡中国海军在印度洋活动所带来的影响。对于越南来说，印度不仅有望提高其在本地区的影响力，而且可助其在南海问题上与中国抗衡。

要的不只是油气

2006 年签署协议之后，印度国油就开始加速勘探南海 127 号区块油气，但是勘探结果惨不忍睹。对印度来说，127 号区块是离岸深井，开采成本也大幅度上升。截至 2010 年 3 月 31 日，印度国油总共为其投资了 6800 万美元，但没有发现油气的踪迹，不得不放弃。

与此同时，2009 年 9 月试钻的 128 号区块海床过于坚硬，导致钻井一再失败。到 2012 年 3 月底，印度国油已投资 4600 万美元，但仍然无法解决技术难题，收获甚微。当年 4 月 10 日，印度石油暨天然气部给印度外交部发函称，“纯粹从技术和商业的考虑，印度国油希望启动退出程序的决定”。

不过，印度外交部不同意该公司“突然退出”。一名印度外交部的高级官员表示，中国称印度的勘探行动属于“违法”行为，若印度国油退出 128 号区块，外界会认为印度屈服于中方压力，面子难保。

对于印度外交部的担忧，印度国油一位高层人士表示，印度国油不会在南海就此销声匿迹，今后仍将继续在南海从事油气勘探作业。该主管同时指出，该公司与越南石油公司还有更多的油气勘探合作协议。

如前所述，印度执意开采南海，目的不仅限于油气本身。作为南海以外的国家，油气成为印度参与南海事务的一个重要口实。2012 年 4 月 6 日，针对南海的航海自由以及开发问题，印度外长克里希纳声称，“印度主张南海是全世界的财产，其航道必须不受任何国家的干扰”。同时，这也是对中国警告印度勿插手南海的反击。

不久之后，印度核潜艇“查克拉”暗中通过南海。其艇长甚至声称，“我们能战胜周边任何对手”。此外，日本与印度两国外长还在印度首都新德里达成协议，2012 年 6 月共同举行以“保障海上交通安全”为核心的联合军事演习。这也是日印两国举行的第一次双边演习。

印度海军目前唯一可用的核潜艇就是印度于 2012 年 4 月 4 日向俄罗斯租借的“查克拉”号核潜艇

种种迹象表明，印度官方的多次表态意味着印度在南海的利益不断加强，影响力也开始逐步上升。印度通过在南海的活动抗衡中国，同时还可以作为向中国施压的手段，以此弥补印度在西藏问题上的压力。

竞争与合作

正当中印两国就南海问题剑拔弩张之际，印度国油并不想把关系弄僵，为此他们上了一份“保险”以缓和中印气氛。2012 年 6 月 17 日，印度国油与中石油签署备忘录，在全球范围内将共同开采油气资源。

事实上，印度国油一直是中石油的海外合作伙伴。目前，印度国油海外投资子公司与中石油共同负责中缅天然气的管道开展合作。这条管道将于 2013 年竣工。同时，双方在叙利亚开展合作，共同持有 36 个生产领域的股份。此外，双方还共同持有苏丹大尼罗河石油项目的权益，并且都有兴趣建设从南苏丹通往肯尼亚东非海岸的石油管道。

中石化也是印度国油积极拉拢的海外合作对象。2005 年 8 月 18 日，印度国油就计划与中石化签署合作协议，开发下游产业，并可能联合投标全球原油和天然气资产。2006 年 8 月，印度国油联手中石化共同出资 8 亿美元收购美国 Omimex 哥伦比亚公司 50% 的股份，以解决印度石油的燃眉之急。

印度国油一边视中石油、中石化为海外合作伙伴，一边将它们视为海外能源争夺的劲敌。2005 年 8 月，印度国油与全球最大钢铁生产商米塔尔钢铁集团强强联手，报出 20 亿英镑的价格与中石油竞购哈萨克石油，最后兵败。随后，在厄瓜多尔石油收购战中，双方再次交手，印度国油再次失利。

为此，印度国油的一位高管曾在与印度日报记者交流时，发誓在以后的石油和天然气收购战中，要“不惜一切代价战胜中国公司”。

2006 年 4 月，在与中石化刚刚签署合作协议不久，印度国油就开始针对其收购活动进行阻击。当时，中石化准备向俄罗斯秋明—英国石油公司递交收购乌德穆尔特石油公司意向书。如果收购成功，中石化的海外权益储量有望增加一倍。可是，印度国油半路杀出，联合俄天然气公司伊捷拉公司竞购乌德穆尔特石油公司。为了避免孤军奋战，中石化与俄石油公司一起与之抗衡，最终获得了乌德穆尔特石油公司股份。

两年之后，印度国油与中石化再次在英国能源战场上相逢。2008 年 7 月底，为开拓英国市场，中石化与英国帝国能源进行磋商，并向其提供了收购要约。如果收购成功，这将成为中国公司在伦敦股市上最大的一笔收购。可是，不到一个月时间，印度开始掺和其中，并与英国帝国能源达成了协议，以每股 12.90 英镑达成初步收购报价。

美国为其撑腰

需要看到的是，在南海问题上，美国才是幕后总指挥，印度只是马前卒。正如俄罗斯基金会瓦季姆·维赫罗夫在《南中国海油气之争》中指出：“近年来以美国为首的西方势力不断讨好印度，目的显然是要利用印度来遏制中国。或许，在越南大陆架上打桩常驻的决定并非出自印度石油天然气公司，而是印度最高政治领导层在美国的授意下做出的。”

过去 10 年，美国与印度之间的防务关系稳步改善，并且向印度出售大量先进军备以抗衡中国。仅 2011 年，美军与印度就进行了 50 多次重大军事活动。而在奥巴马公布的新战略蓝图中，印度也是唯一作为关键伙伴被具体提及的国家。各种迹象都表明，印度已与美国进入“蜜月期”，其军事、能源合作格外密切。正是在美国的庇护和怂恿下，印度也开始将军舰驶向南海，欲从源头上阻止中国进入印度洋。

仅2011年，美军与印度就进行了50多次重大军事活动，也正是在美国的庇护和怂恿下，印度也开始将军舰驶向南海，欲从源头上阻止中国进入印度洋

在能源上，印度国油没能在南海开采油气，但从美国能源合作中赚取了不少的甜头。2012年4月，印度国油与美国康菲石油签署了谅解备忘录，探讨印度深水区勘探和页岩开采合作的可能性事宜。对此，印度国油负责海上业务的主管苏迪尔·瓦苏德瓦表示，康菲石油接下来6个月将对19个勘探生产区块进行评估。这些区块由印度国油从投资组合项目中选择。

两个月后的6月5日，印度国油便开始计划投标康菲石油公司加拿大含油砂控股公司价值50亿美元的部分资产。此次康菲计划出售阿尔伯塔省的六项资产，该项目的目前产量为1.2万桶原油/日，预测沥青产量为300亿桶。如果印度国油竞购成功，那么对于未来保证印度能源多元化意义重大。

为了进一步加强联系，印度国油将有可能向康菲石油公司出售国内油气股份，以加强其在印度国内页岩气和深水勘探中的现有联盟。事实上，康菲曾帮助越南盗采南海油气，对于南海地质极为了解，并且拥有一流的钻探技术。随着康菲石油与印度国油共同利益的加深，康菲极有可能向印度国油提供技术支持，帮助其开采南海油气。

■原文发表于《中国石油石化》2012年19期，作者：白益民

第三节

康菲的南海行动

康菲石油公司参与南海争议区的油气开发由来已久。现在，它在越南的资产高达15亿美元。与此同时，康菲也积极广泛参与到了中国油气市场之中。

在“盗取”中国南海油气资源的国家中，越南可以算是一个十足的“冒进者”。通过开采南海油气，它从贫油国翻身成为东南亚第三大石油输出国。其背后，有着美国康菲石油公司的紧密配合。

越南从贫油国翻身成为东南亚第三大石油输出国，其背后，有着美国康菲石油公司的紧密配合

20世纪90年代起，美国康纳石油公司（康菲石油公司的前身，2002年康纳与美国菲利普斯石油公司合并为康菲石油公司）就开始参与越南海上油气田的开发，在越南海上拥有三个油气项目，并且均已进入中国九段线海疆之内。现在，康菲石油在越南资产高达15亿美元。而与此同时，康菲也积极广泛地参与到了中国油气市场之中。

“围剿”万安北合同

由于看到中国南海油气前景，经过多番谈判，1992年5月8日，美国克里斯通能源公司与中海油签署了一份南海油气开采合同，即“万安北—21”合同。该合同于同年5月22日获得中国政府的正式批准，9天后开始执行，成为中国在南沙群岛海域的第一个石油合同。

正当克里斯通能源公司准备大干一场时，却遇到意外的麻烦。越南政府认为这片区域位于越南大陆架，主权属于越南，与其对外招标的133和134区块重叠，所以对其开发进行阻碍。

起初，克里斯通能源公司也认为这片区域属于越南，但后来请了一些专家去马尼拉、吉隆坡、科伦坡、夏威夷等地的图书馆查阅了大量资料，又经过与公司法律顾问的讨论后认为，该地区的主权和管辖权属于中国。

事实上，就在克里斯通与中海油签署协议的一个月之前，时年4月，美国康纳石油公司在没有进行主权归属调查的情况下便与越南国油签署了商业合同，评估了上述越南133和134区块的开采前景。这一合同导致中越南海之间矛盾一触即发，双方都要求对方解除合同。

1992年5月7日，越南外交部表示，“万安北—21”合同区块主权属于越南，要求克里斯通停止该区块的勘探计划。三天后，中国外交部驳回了越南外交部的无理要求。此后，越南开始了“马拉松”式的扯皮，并且要求克里斯通能源公司立即停止与中海油的合同。

正当中越围绕归属问题难分难解之时，美国康纳公司与越南国家石油天然气公司上游子公司越南国家石油公司勘探和生产公司（PVEP）对万安北区域偷偷进行了2900km的2D勘探。1994年4月13日，美国克里斯通能源公司租借中国社科院“实验2号”实施首次海上勘探作业，却遭到了越南武装船的围堵，为避免事态扩大，最后于16日撤离作业区。同年，中越海军在万安北附近发生交火。出于政治以及外交的考虑，中方搁置了万安北—21合同。

然而，此后康纳石油公司和越南并没有在南海能源活动上有所克制。1996年4月，美国康纳石油公司与越南国家石油公司签订了一个面积为12100平方千米的勘探与开采合同，其中康纳石油公司拥有70%的股份，而该区域完全在“万安北—21”合同区之内。

迅猛出击扩大权益

得益于康纳石油公司的帮助，越南国家石油公司才得以在“万安北”区域安营扎寨。1998年9月，越南国家石油公司又和美国康纳石油公司共同出资成立九龙调控联营公司（CLJOC）。其中，康纳拥有合资公司23.25%股份，为第二大股东。越南国家石油公司为第一大股东，拥有50%的股份，剩余股份分别由韩国资源株式会社（14.25%）、SK能源株式会社（9%）和法国Geopetrol（3.5%）持有。

这个联合军团签署了越南九龙盆地（Cuu Longbasin）15－1区块的油气开发合同。该合同位于越南南部，面积为25000平方千米，为越南最大的石油区块。2000年之后，九龙调控联营公司在这个区域相继发现了黑狮子油田、金狮子气田、白狮子气田以及棕狮子油田四个油气田。其中，黑狮子和金狮子分别于2003年和2008年投产，白狮子以及棕狮子油田也将分别于2012年和2015年投产。截至2010年，这个区块累计投产280万吨原油。这四个油田总储量有6.43亿桶，持续生产至2023年。

由于看好未来越南以及东亚油气市场，康菲利用金融杠杆，收购更多的南海油气资源。2000年2月，康纳石油公司与越南日越油气公司（JVPC）达成协议，获得后者越南九龙盆地15－2区块36%的股份。该区域同样位于九龙盆地，临近15－1区块。此前，日越油气公司于1994年6月在15－2区块发现了黎明油田（Rang Dong），并已开始投产。

2001年3月，出于调整结构的需要，耕耘已久的挪威国油意欲出售越南油气资产，退出南海开发。经过多轮谈判，同年12月，美国康纳石油公司与挪威国油达成收购协议，获得后者南昆山盆地05－3区块50%的股权。此外，康纳还收购了挪威国油在越南的子公司，获得了南昆山天然气管道16.33%的股份。自此，康纳一跃成为越南油气最重要的参与者。

得益于此次收购，康纳实现了东南亚发展战略，目标是在越南建设一个可持续发展的天然气业务。

伴随着国际石油、天然气价格的上涨，康菲也加快了南海开采的步伐。2007年3月6日，康菲和BP计划投资20亿美元在海上新建一条天然气运输管道，以及开发位于05－3区块的木星（Moc Tinh）和位于05－2区块的海石（Hai Thach）两个气田。这两个气田临近南昆山天然气项目，估计拥有2.3万亿立方英尺天然气储量和1亿桶伴生液体储量的凝析气田。

南海的"公关策略"

与其他西方石油公司一样，美国康菲凭借雄厚的资金以及先进的技术，在华展开全方位布局，甚至成为新中国成立后第一个在中国发现石油的国外公司。早在1982年，康菲的前身之一美国菲利普斯石油就开始在广

州设立办事处。1985 年，菲利普斯石油成为参与南海开发的“幸运儿”，获得西江海上大型油气的开发权益。

1994 年，菲利普斯石油公司在南海的第一个油田西江 24－3 正式投产。一年后第二个油田西江 30－2 投产，1997 年又开发了第三个油田西江 24－1。该油田的开发使用水平延伸钻井技术，曾经创下了几项世界钻井纪录。2005 年，西江油田日均原油产量为 72500 桶。截至 2005 年 12 月 31 日，西江油田累计产量达到 3.1 亿桶。

2002 年，菲利普斯石油公司与康纳石油公司正式合并成为康菲石油公司。2006 年 11 月底，康菲石油公司将中国营销中心设在陕西西安，并成立西安康菲石化有限公司，全面负责康菲品牌在中国的运营与推广。康菲润滑油、凯旋系列汽油机油、奔腾系列柴油机油和系列工业及工程机械用油等在中国均有很大销量。

然而，2011 年一场渤海湾漏油事故将康菲推向舆论浪头。当年 6 月 4 日，担任作业者的康菲在渤海蓬莱 19－3 海上油田 B 平台以及 C 平台相继发生漏油事故。这次事故导致渤海部分海水恶化成劣四类水，致使周边环境损失至少 16.83 亿人民币。

由于需进行重组，康菲石油公司计划处理掉在越南油气田和管线中的股权。资产主要包括康菲石油在越南九龙盆地 15－1 区块的五个油田中持有的 23.3% 股权，在 15－2 区块的黎明油田中持有的 36% 股权，在南昆山天然气管线中持有的 16.3% 股权。

经过多轮谈判，康菲终于敲定了出售对象。2012 年 2 月 17 日，康菲石油与法国佩朗科石油公司（Perenco）的一家下属子公司签署协议，以 12.9 亿美元的价格将其在越南的油气资产出售给后者。这笔交易的结束将意味着康菲彻底退出南海油气业务。

■原文发表于《中国石油石化》2012 年 22 期，作者：白益民

第四节

携手 BP 进南海

BP 深海开采技术卓著，加之在南海经营油田多年，拥有丰富的运营经验。中海油携手 BP 参与南海争议区油田开发，或许可以成为破解我国南海油气开发困局的一种途径。

BP 一直是中海油的战略合作伙伴，在国际能源市场上以“长袖善舞”著称

面对越南等国蚕食中国南海资源的猖狂举动，2012 年 6 月 21 日，国务院批准三沙市正式成立，宣告中国在南沙及西沙的南海权益。随后，中海油公布了中国海域 2012 年第二批 26 个可供外国公司进行合作的区块，其中 22 个位于南海。中海油还计划未来 20 年内投资 2000 亿元开发南海油气资源，加速中国深海的开发。

BP 一直是中海油的战略合作伙伴，在国际能源市场上以“长袖善舞”著称。它极其看重南海油气，如果能够与其携手，或许可以助力中海油在南海的油气开采。

借力海油进南海

1973 年，BP 来华开展业务，并一直希望介入南海油气开发。1982 年，在中海油向西方开放的第一轮招标中，阿科石油公司（后与前英国石油公司、阿莫科和嘉实多等公司组成 BP）一举中标，并获得了中国南海莺歌海区块的勘探特许权。次年，阿科石油公司在南海莺歌海发现了崖城 13－1 气田，其后对气田进行开发。其中，BP 持有该项目 34.3% 股份，并担任作业者。2004 年合同到期，在崖城 13－1 气田转交仪式上，中海油领导表示：“崖城在行业中被公认是中外合作的成功典范。担任作业者期间，BP 在生产中发挥了主导作用，并乐于与我们分享在管理和作业技术方面的宝贵经验和技能。”

在崖城气田并肩作战之时，中海油与 BP 在南海深水区的合作也如火如荼地展开。1987 年 2 月，BP 旗下的阿莫科石油公司发现了“流花 11－1”油田，储量超过 10 亿桶。不过，这个油田水深达到 300 米以上，超出了当时中海油开发的能力范围，而且油田地处台风多发区，海况条件异常恶劣，加上原油黏稠、地层压力小等不利因素，开发难度世界罕见。

1993 年 3 月，流花 11－1 油田开发计划得到政府审批，并于 1996 年 3 月正式投产。其中，阿莫科石油公司和科麦奇石油各拥有该项目 24.5% 股份。凭借阿莫科的先进技术，该油田得以开发。2004 年开发合同到期，BP 将流花 11－1 持有的股权转让给中海油，成为中海油自营油田。

据国内外专家介绍，流花油田开发建设中采用许多石油天然气工业最新开发的技术设备，代表了当前世界海洋油气开发工程的最高水平，特别在水下井口生产系统中创造了七项世界第一。

经过多年经营，BP 成为中国最大的海上天然气生产企业，中国第一家液化天然气项目中唯一外方合作伙伴，中国最大的液化石油气进口和营销企业，唯一参与航空燃油服务的外方合作伙伴。

结伙越南练“气”功

事实上，在力挺中海油进军南海的同时，BP 也甘当越南“盗采”南海油气的“先锋”。20 世纪 80 年代末，BP、挪威国油以及印度国油与越南政府签署海上勘探协议，开始在南昆山盆地进行油气勘探计划。

1992 年年底，英国石油和挪威国油在南昆山盆地 06－1 区块发现兰郑气田。次年，他们又在附近发现了兰西（Lan Tay）气田。这两个气田均在中国疆域内。

两年后，南昆山盆地又一次给英国石油带来了惊喜。1995 年 7 月 18 日，BP 以及挪威国油在南昆山盆地 05－2 区块发现了 Hai Thach（海石气田）。对于此次重大发现，英国石油行政总裁 Rodney Chase 表示，这极大增强了开发海上天然气的信心。

在南昆山盆地勘探、开发油气的同时，BP 开始研究处理和输送从南昆山气田至大陆的天然气管道系统有关商业和技术可行性研究。2000 年 12 月 5 日，BP、挪威国油以及印度国油签署了南昆山天然气管道合同，修建一条长约399公里的管道，将南昆山盆地天然气运往位于越南东南部的富美发电厂。这条管道于2002年底建成，是当今世界上最长的两相（气体和液体）管道，每年输出70亿立方米油气。这个项目对于越南经济发展极其重要，每年将产生12亿千瓦时的电力，相当于越南总电量的40%。

南昆山管道项目从修建到运营再到移交都由BP主导。在35年的合同里，前5年BP将有权管理和运营管道，随后移交越南石油公司手里。此外，BP与日本九州电力合资共建富美发电厂。就这样，BP几乎掌控南昆山气田的整条产业链。

正值项目瓜熟蒂落之际，2001年3月9日，挪威国油出售南昆山油气项目资产，退出南海气田开发，给了BP扩大南海油气权益一个可乘之机。2002年1月，BP行使优先认股权将挪威国油06－1区块的股份纳入囊中，股份提升至35%。

2002年，伴随着南昆山管道的贯通，南昆山盆地的兰西气田正式投产。截至2007年，该项目累计输出110亿立方米气体，占据越南天然气的半壁江山。

2007年3月6日，为扩大油气产量，BP联合康菲以及越南石油计划投资20亿美元在海上新建了一条天然气管道，并开发位于05－3区块的木星（Moc Tinh）和位于05－2区块的海石（Hai Thach）两个气田。这两个气田临近南昆山天然气项目，估计拥有2.3万亿立方英尺天然气储量和1亿桶伴生液体储量的凝析气田。至此，BP成为越南最大的天然气生产商。

脱离越南再续情缘

面对越南的无理挑衅，中国海军予以强硬回击，图为“哈尔滨号”导弹驱逐舰在“海上联合－2014”对海上目标实弹射击

2007年以后，越南国内经济每况愈下。也许出于转移国内矛盾的需要，越南在南海海权问题上日趋强硬，甚至喊出与中国“不惜一战”的口号。面对越南的无理挑衅，中国海军以在南海修建最大军港作为回应。

与此同时，中国市场日益成为

BP 海外扩张的目标。2008 年 12 月，BP 首席执行官唐熙华表示，预计未来 20 年内，中国在石油需求方面会经历全球幅度最大的增长。英国石油能够帮助中国通过能源多元化实现能源安全，希望看到该公司在华投资扩大“数倍”。

鉴于中越在南海局势日益严峻，再加上越南经济致使天然气价格低廉等原因，2009 年 3 月 18 日，BP 在一份 SEC 文件中表示，区块 5－2 和区块 5－3“不适合目前的投资组合”，该公司“决定退出这两个海上区块”。这致使该公司损失了 2.1 亿美元的勘探费用。

2010 年 7 月 20 日，BP 计划出售在越南的资产以帮助支付墨西哥湾原油泄漏事故的费用。这份出售名单几乎囊括了所有油气业务。对于出售的原因，BP 市场部的一名人士透露：“这些在南海上的油田因为中越南海争端，成为 BP 发展和中国关系的一个障碍。”

经过慎而又慎的选择，2010 年 10 月 10 日，BP 同意以 18 亿美元的价格向旗下俄罗斯合资企业秋明—英国石油出售其位于委内瑞拉和越南的资产。这意味着 BP 完全退出了中越南海争议区的开发。

与此同时，BP 悄悄抢滩登陆中国南海油气田。2010 年 6 月 23 日，《华尔街日报》报道，BP 计划联手雪佛龙参与竞夺美国戴文能源公司的中国深海油气资产。根据合作计划，如果竞标成功，雪佛龙将获得该区块 60% 的股权并且担任运营商，BP 将获得剩余股权。

3 个月后，英国石油和雪佛龙顺利获得南海三个勘探区块的经营权益。在勘探阶段，雪佛龙将担任 3 个区块的作业者，中海油有权参与合同区内所有商业油气最多 51% 的权益。

2011 年 1 月，BP 与中海油再次签订协议，参与南海 43/11 深水区块勘探。

由于 BP 对于南海油气有着极强兴趣，中海油与之合作也越来越密切。2011 年 5 月 24 日，中海油董事长王宜林与 BP 董事长首席运行官戴德立（Bob Dudley）会面。双方表示未来要加强合作，尤其是在深海勘探上的环保及安全工作。

2012 年 2 月，经商务部同意，BP、美国阿纳达科以及中海油正式签署中国南海 43/11 深水区块联合勘探开发协议。根据协议，在南海 43/11 深水区块中，中海油担当作业者，BP 在勘探阶段拥有约 40% 权益，开发阶

时任中海油董事长王宜林（右）与 BP 董事长戴德立

段拥有 20% 权益。

BP 深海开采技术卓著，加之在南海经营油田多年，拥有丰富的运营经验。中海油携手 BP 参与南海争议区油田开发，或许可以成为破解南海油气开发困局的一种途径。

■原文发表于《中国石油石化》2012 年 21 期，作者：白益民

第五节
“游离态”壳牌

壳牌之所以能够成为全球数一数二的油气公司，相当一部分油气来自南海。它游离在中国与东盟之间，一边抢占中国市场，一边帮助东盟开采南海油气。

2012 年，壳牌中国勘探有限公司与中海油就南海莺歌海两区块签订了产品分成合同，壳牌将在 62/02 和 62/17 两个区块进行油气勘探，并承担 100% 的勘探费用。

壳牌一直是中海油的战略合作伙伴，双方有着全方位的合作。凭借着超强技术以及战略合作，如今壳牌已将中国打造成其全球重要的市场。与此同时，壳牌还有一个不为人知的身份——开采南海油气的大鳄。

从陆地到中国南沙

在全球能源市场中，只要有油气的地方，就会发现壳牌的身影，南海也不例外。马来西亚之所以能够盗采南海油气，成为南海油气收益最大的国家，很大一部分是拜壳牌所赐。

19 世纪末，马来西亚属于英国殖民地时，壳牌就开始在马来西亚沙捞越进行油气勘探。1910 年，壳牌沙捞越石油公司在沙捞越美里地区发现了石油，并且获得了独家石油开采权。马来西亚的石油工业也因此逐步兴起。

壳牌沙捞越石油公司开始勘探近海石油资源，20 世纪 60—70 年代先后在沙捞越近海发现巴兰、西鲁东、图高等一大批油田

由于陆地石油资源有限，壳牌沙捞越石油公司开始勘探近海石油资源，20 世纪 60—70 年代先后在沙捞越近海发现巴兰、西鲁东、图高等一大批油田。

近海油气勘探的成功，激发了马来西亚向深海进军的雄心，并将中国南沙海域作为开采的核心区域。当时，马来西亚勘探技术基本为零，所以在南海耕耘已久的壳牌成为不二之选。

1968 年，马来西亚政府将包括南康暗沙、北康暗沙和曾母暗沙在内共 8 万多平方公里的南沙海域划为其“矿区”，并出租给壳牌沙捞越公司钻探。随后几年内，壳牌多次在这些区块进行勘探，并在曾母暗沙发现了储量达 5000 亿立方米、年产量达 100 亿立方米的中央洛克尼亚大气田。

为了尽快将这些油气占为己有，1978 年 3 月 31 日，马国油与壳牌以及三菱财团的三菱商事（综合商社）签署了联合合资协议，于当年 6 月 14 日成立了马来西亚液化天然气私人有限公司，来运营这个包括三条液化天然气生产线的液化天然气项目。随即，滚滚财源流进了马来西亚以及壳牌的腰包。

1979 年 12 月 21 日，马来西亚出版的马来西亚大陆架地图把南乐暗沙、校尉暗沙、司令礁、破浪礁、南海礁和安波沙洲一线以南的南沙群岛地区（包括 12 个小礁岩和环礁）划入马来西亚版图，对南沙群岛提出主权要求，并且在随后几年内相继将南沙海域 10 个岛礁非法霸占。

在宣誓主权的同时，马国油和壳牌开始加速附近海域的油气开发，先后签署 SK8、SK308、E8 等数个油气合同，这些区块早已跨越“九段线”

进入中国传统疆域。截至2003年，壳牌在马来西亚海上与马国油总共拥有19个PSC（油气分成）协议。马来西亚总共在沙捞越和沙巴海域划出了12个深水区块，基本上被壳牌以及美孚所垄断。在这12个区块中，9个区块全部位于我国南沙海域，剩余3个部分位于南沙海域。有数据显示，马来西亚已在南海打出近百口油气田，年产石油3000万吨，天然气近50亿立方米。

主宰文莱油气开发

如果说壳牌在马来西亚南海扮演的是“急先锋”角色，那么在文莱扮演的就是“主导者”角色。1913年壳牌进入文莱陆上石油勘探领域以后，文莱的石油勘探、开采活动几乎被壳牌的子公司文莱壳牌长期垄断。

1966年，文莱宣布设立500千米长、100千米宽的海上招标区，吸引外国石油公司参与勘探开发，侵入我国南沙海域约4.4万平方千米。到了20世纪90年代，随着近海油气的枯竭，文莱壳牌将勘探活动逐步向北部深水区推进，深入我国南沙海域，并获得一系列油气新发现。2001年1月29日，文莱政府宣布对开放的深水区域J和K进行国际招标。这两个区块几乎全在我国南海境内。

经过公开竞争投标，2002年2月文莱将深水区块K授予了由壳牌、三菱商事和康菲石油组成的财团，同时将深水区块J授予了道达尔菲纳埃尔夫公司、BHP比林顿公司和阿梅拉达海斯公司。

在壳牌的支持下，文莱得以在南海争议区石油产量仅次于马来西亚和越南，2008年之后的三年累计油气当量达2020万吨，并且天然气产量在南海五国中跃居第二，三年累计达336.18亿立方米。

纵横交错的捆绑

作为全球最大的能源公司之一，壳牌自然垂涎中国这个巨大市场。1980年，壳牌开始在华设立办事处，积极拓展合作。1988年中海油开始为一个大型的南海石化项目寻觅外方合作。壳牌凭借先进的技术以及良好的合作，最终在2000年被选为合作伙伴，诞生了中海壳牌。

2010年4月，中海壳牌按预算提前安全完成大检修和扩大产能项目，乙烯年产量从80万吨提高到95万吨，石化产品总产能从230万吨/年提高到270万吨/年。鲜为人知的是，该项目基本上全部是壳牌的专利。这样，壳牌在赚得盆满钵满的同时，也加强了中海油对于壳牌的技术依赖。

2000年11月13日，壳牌与中海油签署战略合作协议。当天英荷壳牌的全球子公司——壳牌海外投资公司在上海宣布，英荷壳牌作为战略投资者，斥资3亿美元以上，购买中国海洋石油有限公司20%的股权，全力支持中国海洋石油海外融资。

作为全球最大的能源公司之一，壳牌自然垂涎中国这个巨大市场，1980年，壳牌就开始在华设立办事处，积极拓展合作

作为中海油的战略投资者，壳牌不仅切下了南海石化这块“下游”层面的大蛋糕，而且双方将有机会在华东地区携手进行天然气项目计划，研究铺设连接华东地区大城市的天然气管道项目的可行性。此外，在“上游”和“中游”，壳牌也收获颇丰，获得了与中国海油携手在渤海、东海勘探开发油气资源的协议。

2001年1月16日，中海油与壳牌中国勘探有限公司签署渤海11/26产品分成合同，对渤海湾渤南地区进行油气勘探。壳牌于2002年在该地区完成一项三维地震测量，并在2003年钻探两口勘探井。

退出东海油气开发

事实上，2000年，壳牌与中海油签署的战略合作协议中，还包括双方共同勘探与开发距上海西南350公里处的东海西湖凹陷区域的天然气资源。

经过精心的策划，壳牌终于获得了梦寐以求的东海开采权。2003年8月19日，壳牌联手美国优尼科与中海油、中石化共同签署了东海西湖凹陷油气田开发合同。

令人费解的是，就在瓜熟蒂落的一刻，优尼科、壳牌对此次合同协议有个特殊的要求：在签署期满一年后，外方需做出最终投资决定，以确定

是否进一步参与该项目。就在这种“不确定”前提下，中海油、中石化携手壳牌开始了东海油气开采的征程。

此前，日本一直对中国开发东海油气田处于默认的态度，双方并没有因此发生口角。可就在壳牌参与东海油气开发之后，日本在东海油气田态度上发生了180°的转变。日本认为，东海的开发已经不是中国自己的行为，还牵扯了他国利益，一时间难以平衡各方关系。

随后，中日东海油气冲突愈演愈烈。2003年11月，日本自民党政务调查会成立“海洋权益工作组”，旨在保护日本东海大陆架油气利益。

2004年9月30日，壳牌和优尼科表示，由于“商业原因”，它们决定不再继续履行有关西湖凹陷区的合同。这标志着东海西湖凹陷项目中已没有外国企业的参与。壳牌、优尼科的退出，导致东海油气田开发进度明显减慢。

■原文发表于《中国石油石化》2013年3期，作者：白益民

第二章　南海能源暗战中的日本

进入2011年7月以后，日本突然高度关注起中国南海问题，7月9日，日本护卫舰“岛风”号更是与美澳两国海军在南沙群岛以南的文莱海域进行了一次联合通信演习。那么在当时日本内阁面临换届、政局不稳、地震与核事故灾后重建的混乱时期，日本为何要在南海问题上“插一脚”？

其实，日本之所以将目光对准中国南海，与之前决定成立“南亚课”拉拢印度是如出一辙的。这不但有助于解决日本国内能源稀少的困境，而且还可以进一步联合东南亚各国的力量来牵制和影响日益壮大的中国，因此在这样的大背景下，日本人又怎么可能会对中国南海争端的问题袖手旁观呢？

日本财团好比一只大“蜘蛛”，财团的下属企业和关联企业相互协作组成了一个庞大的“蜘蛛网”。而正是凭借着这样的“大蜘蛛”体系日本财团才能非常好地布局南海上下游资源，同时用其庞大的商业网络覆盖住南海，形成一套整体战略规划，并源源不断地从南海区域攫取资源。

作者题注：

日本日益膨胀的工业体系需求和战略扩张意图，使其开始觊觎起埋藏在南海深处的石油，虽然目前对于南海，日本还没有过大的动作，但是我们绝对不能忽视其在南海能源暗战中的重要角色。

本章提要

当所有媒体的视线都在关注中越、中菲等国家领土争端的时候，低调的日本却仍然在默默地扩大其在中国南海能源领域的石油利益，这个在中国南海问题背后默默矗立的“影子帝国”，一直都不为世人瞩目。

日本将中国南海看作是其关键的战略“要地”，不仅仅是指在未来有可能发生的战争中，中国南海将会是其重要的“周转”基地，更重要的是对日本来说，中国南海是其资源命脉，是其进行海外扩张的必经之路。

其实日本早在二战时期就曾经侵占过南海各岛礁，其侵占南海岛礁的主要原因就是看中了南海诸岛的重要战略价值，而日本在很多年前就提出过“东亚共同体”，并扬言要充当所谓的“东亚家长”。

进入新世纪以来，在小泉政府“东南亚政策”的框架下，日本更是官方加强了对东南亚相关国家的影响，尤其重视的是经济影响，然而真正落实其经济政策并维护国家经济利益的，还是隐藏在幕后的日本财团。

不只是在中国，南海周边国家乃至美国目前都不具备完善的LNG接收站建设技术，而日本企业则是完全控制了这一技术，这也使得日本最大财团之一的三井财团在南海的LNG上下游运输、接收等环节独占鳌头。

这个时候，日本的“东南亚战略”似乎已经跃然纸上了，就是以越南为轴心、以财团下属企业在各国的布局为纽带将东盟国家进行经济捆绑，然后再推动整个东南亚的利益集团对中国进行包围。

第一节

南海暗战：不可忽视的日本

2011年7月20日，JX日矿日石开发公司宣布，越南石油开发公司将向该公司转让在越南北部近海新矿区50%权益中的20%，双方已签订转让合同。该矿区预计原油储量达8000万桶，试开采工作将从8月开始。

当所有媒体的视线都在关注中越、中菲等国家领土争端的时候，低调的日本却仍然在默默地扩大其在南海的石油利益。这个在中国南海问题背后默默矗立的“影子帝国”，并不为世人瞩目。

日本悄然启动“全球抢油”计划

明治维新以后，日本国内经济迅猛发展，工业生产上对石油的需求大大增加，而面积狭小、能源稀少的现实，迫使日本只能依靠进口来满足国内需求。为了摆脱经济危机的困扰、改变能源短缺的状况，日本甚至不惜发动战争以攫取本国发展所需要的资源，结果遭遇惨败。

二战后，日本失去了通过武力控制东南亚资源和交通要道的霸权，为了应对日益高涨的国际原油价格、摆脱中东石油出口国家的牵制，日本一改其往日运用武力掠夺能源的行为，而改用产业布局替代军事行动，与东南亚各国家协议共同开发南海的石油和天然气资源，在东南亚地区的石油勘探、开发和炼制领域不断渗透。

此时，作为二战时期日本陆海空三军重要石油供应商的日本帝国石油公司则带着“官制开发”的色彩、以民间企业的身份从事石油天然气等资源能源的调查与开发，并从20世纪90年代起，作为日本能源海外扩张战略的先锋悄然启动了“全球抢油”计划。

而领土狭长、在南沙占领中国29个岛屿之多并曾经沦为日本殖民地的越南，自然成为日本东南亚战略的头号目标。1978年7月，日本成功与越南达成协议，由帝国石油公司和属于日本三菱财团的三菱石油公司就南海海底石油与越南进行合作开发。

近30多年时间里，南海周边国家多各自武断地单方面宣布自己的近海疆域，扩展自己认为有油气和渔业资源的海岛地域。这些国家采取只做不说的做法，抢先向国际上公布油气勘探、开采招标示意图，招引西方跨国公司前去联合投资开采。日本则躲在东盟国家的背后攫取巨额的海上石油资源，并推动东盟国家与中国的南海冲突不断升级，其野心暴露无遗。

三菱石油联合越南，分食“南海蛋糕”

在长达12年的越南战争结束之后，越南开始对觊觎已久的南海油气资源进行积极的勘探，并于1986在南沙成功地打出了第一口出油探井。此时位于东北方向上的日本刚刚被七国集团逼迫签订广场协议，日元大幅升值、国内制造业低迷、大量企业倒闭、资本市场泡沫巨大，人人都想通过投资股市和楼市大赚一把。

隶属日本财团的石油公司却利用这段时间，在海外紧锣密鼓地进行石油勘探和购买国外油田，更不会放过联手越南做大南海蛋糕的机会。为进军越南在南海的石油天然气项目，日本三菱石油公司于1992年8月21日独资成立日越石油公司。

隶属日本财团的石油公司在海外紧锣密鼓地进行石油勘探和购买国外油田，当然不会放过联手越南做大南海蛋糕的机会

同年10月，日本三菱石油公司联合由三井住友金融财团、三菱商事等日本财团企业共同持股的日本石油公司，与越南最大的油气公司越南石油天然气集团公司签订了在15－2号标区“黎明”构造勘探、开发石油的分成合同。三菱石油通过子公司日越石油公司持有黎明油田46.5%的股份，康菲石油公司持有36%，越南石油勘测生产公司持有17.5%。

在三菱石油打开与越南合作开发南海的大门之后，1993年4月15日，日本大熊石油开发公司便乘势联合澳大利亚BHP油气公司、马来西亚Petronas Carigali国家油气公司、法国Total油气公司，同越南石油天然气集团公司签署了开发“大熊”油田的产品分成合同，这五家公司持有的股份分别为 10.625%、43.75%、20%、10.625% 和 15%。

“大熊”油田位于头顿东南 250 公里处，属昆仑岛盆地海域 05－1 标区。由于该区域水深 100 米以上，气候比较恶劣，加之当时越南的海上石油钻探开发技术非常落后，所以“大熊”油田的钻探设备均由日本及其他外国石油公司提供，这使得“大熊”油田的开发从一起步就取得了高效和高速。

1994 年年初，“大熊”油田一开钻即正中含油层，证实储量很大，油质与越南最大的油田“白虎”油田相似。几个月之后，“大熊”油田开始产油，最初日产原油 25000 桶。“大熊”油田从签订合同到开始投产，历时仅 18 个月。1994 年全年，“大熊”油田累计产油 66.4 万桶。当时越南《人民军队报》发文表示，称“大熊”油田属于东南亚最好的一类油田。

同年 6 月 20 日，负责“黎明”构造钻探作业的日越石油公司也宣布成功找到优质原油，并将这口钻井命名为“黎明 15－2－RD－LX”。试验产量稳定，达每天 10346 桶，在当时属“东南亚地区一个油层最高产量之列”。

除了“黎明”构造之外，日越石油公司还在 15－2 标区的“东芝麻”构造上钻了第二口探井，起名为“东芝麻 15－2－VD－1X”井。几年内便以不亚于“白虎”油田的产量进行大规模开发。

JX 控股的前世今生

在初步通过与越南合作获取石油资源后，日本政府似乎并不满足目前所取得的成绩，仍在竭力鼓动本国企业“舍弃中国，进军越南”。为实现这一战略，日本甚至不惜捏造谎言，恶意鼓吹“中国投资危险论”。在 2005 年出版的政府刊物《制造业白皮书》和《贸易白皮书》中，日本官方称中国存在“投资风险”，应该将资本转向越南、印度等国家。

为了增加日本石油企业勘探、开发和炼制的海外综合竞争能力以及降低内耗，1999 年，日本石油公司与三菱石油合并后成立日本最大的石油公司，并在 2002 年 6 月 27 日改名为新日本石油。而负责与越南合作进行海上油气开发项目的日越石油公司也归于新日本石油旗下。

日本是一个能源严重依赖石油的国家，石油安全问题一直是日本国家经济安全的重要课题。为此，日本长期谋划本国的国际能源战略。进入21世纪以后，日本更是加快脚步开展能源外交的运作与行动。基于日本政府的鼓励政策和越南战略，新日本石油公司在对前三菱石油和日本石油的作业部门进行整合梳理之后，在南海的石油勘探、开发项目更是风生水起。

2007年5月24日，新日本石油投资5300万美元在位于黎明油田附近的海上启动了东方油田的开发工作，为了保持投资最小化以及开发的低成本，东方油田的大部分生产设备都来自由日越石油公司负责作业的黎明油田。

经过一年的奋战，负责作业的越南石油勘测生产公司在2008年8月24日成功地开采出第一批石油，原油日产量2000桶左右。在东方油田的项目中，新日本石油通过子公司日越石油公司持有64.5%的股份，其余35.5%的股权由越南石油天然气集团公司旗下的越南石油勘测生产公司持有。

同年11月新日本石油又收购了越南南部海上16－2油田40%股权，在这个项目中，担任作业者的越南国家石油公司麾下的勘测生产公司拥有45%的股份，而越南和俄罗斯组建的合资公司越俄石油公司拥有15%的股份。

由新日本石油和新日矿控股公司合并组建的JX集团成为日本最大炼油商，占据日本国内成品油市场约三成份额

随着日本国内石油需求的下降，在节约成本并削减过剩的石油精炼油能力的需求下，2010年4月1日新日本石油和新日矿控股公司合并组建新的JX控股集团。合并后JX集团是日本最大炼油商，占据日本国内成品油市场约3成份额，两家公司的全部业务都将统归控股公司旗下，并进行相应的重组。

为了增强日本的能源安全，摆脱日本几乎90%的原油进口来自中东的状况，在日本石油、天然气和金属贸易中占据重要地位，直属日本经济产业省的日本国有石油、天然气和金属开发公司在2010年6月，向16-2油田再次注资56亿日元用于其勘探和开发。

在众多国内石油企业和政策的支持下，负责该项目的JX新日本石油和能源公司（前身是新日本石油公司）于2011年1月，成功地在该油田的一口勘探井内发现了天然气和凝析油。

出光兴产公司风云六十年

1953年，把资源收归本国的国家主义狂潮席卷伊朗全国，掌握着伊朗石油资源的英国石油公司几乎停止了石油的出口，他们不卖伊朗石油，没有人敢买。但是，日本出光兴产公司的油轮日章丸在这时悄悄驶进伊朗，装满石油后又不声不响地回到日本。

半个多世纪以来，出光兴产一直是和产油国直接贸易的先锋，它把国际石油由欧美国家垄断的大门打开了一条缝。这家在日本人眼中为国家能源战略做出重大贡献的公司，由日本财团下属公司三井住友银行和三菱UFJ银行共同持股。

2013年，出光兴产创始人出光佐三出版了一本名为《出光佐三 回归日本人》的图书。作为日本第二大石油公司，出光兴产在日本人眼中是为国家能源战略作出重大贡献的公司

三井、三菱等财团作为日本战后社会的一支重要力量，不仅深刻影响着日本经济的发展，而且活跃在日本各项重大的政治决策中。

2002年年初，日本首相小泉纯一郎历访东盟5国，并在新加坡发表了题为“东亚的日本和东盟——坦诚开放的伙伴关系”的演讲，阐述了日本的东南亚政策。**这是小泉政府在新的国内外形势下重振亚洲外交、力图发挥地区主导作用的重要举措。在此框架下，日本加强了对东南亚国家的影响，尤其是经济影响。然而真正落实其经济政策并维护国家经济利益的，还是隐藏在幕后的日本财团。**

作为日本最大的石油综合集团之一的出光兴产，其已开发石油项目的产量接近枯竭。随着日本其他石油公司在东南亚的全面开花，出光兴产也加快了海外石油项目投资的步伐。

2004 年 10 月，日本出光兴产携新日本石油公司和帝国石油公司收购位于越南胡志明市东南 300 米处的 05－1（b）（c）油田。日本出光兴产株式会社拥有 35% 的勘探权，日本石油公司拥有 35% 股权，帝国石油公司拥有剩余 30% 的股权。

为了增强国际能源开发竞争力，2006 年 4 月 3 日，日本排名第 1 的国际石油开发公司与排名第 3 的帝国石油公司，以联合控股形式成立国际石油开发帝石控股公司（1605. TSE），并在东京证券交易市场再次上市。这项合并动作已被外界视为日本的一项国家政策性合作。新成立的国际石油开发帝石控股公司，主要生产石油和天然气。

2007 年 1 月 9 日，日本出光兴产公司旗下石油开发子公司开始在该油田进行勘探钻井。由于日本的能源公司逐步增加在东南亚的勘探活动，2011 年 2 月，以项目作业者出光兴产为首的公司在区块 05－1 和区块 05－1c 的 daiNga 构造中的一口勘探井内发现了石油和天然气。

此外，出光兴产还在位于越南石油重镇头顿市（Vung Tau）东南部海面大约 150 公里处的 09－3 区块，投资了一项俄罗斯国营石油公司扎鲁别日石油公司和越南石油天然气集团公司共同开发的 Nam Rong－DoiMoi 油田，新发现油田在试油期间石油日流量曾达到 4150 桶。出光兴产公司旗下九龙公司持有该油田 15% 的股份，俄罗斯国营石油公司扎鲁别日石油公司和越南石油天然气集团公司分别持有 50% 和 35% 的股份。

2009 年 6 月，越南和俄罗斯组建的合资公司越俄石油公司和由越南、俄罗斯和日本组建的合资公司 VRJ 公司协议向这个油田 10 口产油井的钻井作业投资了 3. 42 亿美元，几乎在同一时间，日本经济产业省决定对正在加强石油储备的泰国和越南等东南亚国家提供援助，在技术和人才培养方面进行合作。报道称，此举旨在应对全球石油需求扩大导致油价高涨以及自然灾害或战争等因素使产油国停止出口，“确保亚洲地区整体上的石油稳定”。

2010 年 2 月 25 日，出光兴产在 Nam Rong－DoiMoi 油田开始商业石油生产，10 天之内便在该油田产出了第一批石油，其中已完钻的 4 口产油井平均日产石油 700 吨。

日本的珍珑棋局

在2008年1月16日召开的首次日本·湄公河外长会议上，日本政府表示向横跨湄公河地区5国（泰国、越南、缅甸、柬埔寨、老挝）的东西走廊物流网建设提供2000万美元的无偿资金援助。日本政府的方针是以这次援助为开端，对抗“南进”的中国，再筑对东南亚的“金援外交”。

日本政府多次向湄公河地区5国（泰国、越南、缅甸、柬埔寨、老挝）提供经济援助，希望借此对抗“南进”的中国，再筑对东南亚的“金援外交”

同年《日本经济新闻》刊发了一篇题为“日本的越南战略”的文章，宣称在越南的投资是日本时任首相麻生太郎的亚洲策略之一，文中指出由于国际原油价格在高位出现大幅上下波动，日本企业急于强化原油开采和生产业务。由此可见日本在东海的既得利益已经不能满足其日益膨胀的工业体系需求和战略扩张意图，故转而觊觎南海深处的石油。

这个时候，日本的东南亚战略似乎已经跃然纸上——以越南为轴心，以财团下属企业在各国的布局为纽带将东盟国家进行捆绑，然后推动整个东南亚利益集团对中国的包围。

就在麻生上任不久，三井物产旗下的三井石油开发株式会社便计划在未来三年投资2000亿日元来提高产能，其中一半投资将用于获得石油开采权。很快，三井石油开发株式会社取得了东南亚部分地区、中东和澳大利亚的石油开采权，并在泰国、阿曼和印尼生产原油及其他石油产品。

次年7月，日本三井石油开发株式会社联合美国第2大石油公司雪佛龙公司、泰国国营能源巨头泰国国家石油管理局与越南石油天然气集团公司签署了一项天然气协议，共同为越南的一个投资40亿美元的天然气项目实施设计工作。雪佛龙公司担任越南这个天然气项目的作业者，这个天然气项目包括3个区块，它们分别是区块B、48/95和52/97。

2010年11月28日，新日本石油公司和日本国有石油、天然气和金属开采公司在东京与越南石油和天然气集团公司签署了一份谅解备忘录，三家公司将在开发南亚特别是南海油气资源方面展开全面合作。日本最大的石油公司国际石油开发帝石控股公司目前正在开发将天然气转化成液态石油产品的技术，这项技术可以解决天然气远距离跨洋运输的问题。

作为经济强国和政治弱国，日本采取了“金钱援助”开道的外交政策，其中最为人熟知的便是日本官方发展援助（ODA）。据2006年统计，1992年以来，日本累计向越南提供110亿美元的ODA援助款项（其中96亿美元为优惠贷款，14亿美元为无偿援助），在所有援助国中高居榜首。

日本将目光对准越南，与之前决定成立“南亚课”拉拢印度如出一辙，不但有助于解决国内能源稀少的困境，而且可以联合东南亚各国的力量来牵制和影响日益扩大的中国，还可以在南海制造矛盾的同时进一步谋划其在东海的利益，可谓一箭三雕。

■原文发表于《环球财经》2011年10月期，作者：白益民

第二节
财团助日本南海大包围

2011年7月20日上午，在印尼巴厘岛举行的中国－东盟落实《南海各方行为宣言》高级官员会议就落实该《宣言》指针案文达成一致，并就今后工作达成一系列重要共识。但是，各国真的形成共识了吗？南海能就此“安定”？

至此，南海已经形成菲律宾、越南、文莱、马来西亚、印度尼西亚、中国大陆及中国台湾六国七方争霸之势，美国、英国、俄罗斯等国家也插足其中，谋取经济利益，努力建立战略同盟，其中有合作，但幕后体现出来的却是“谍中谍”似的利用与被利用。

当我们在争论军事、研究海底蕴藏的资源时，往往忽略了七方力量之

外另一个隐藏极深的角色——日本。日本虽然对南海没有过大的动作，但其绝对没有忽视南海的地位。日本本土资源缺乏，早已把触角伸向全世界，更何况离家不远的一块“肥肉”呢！

南海已成日本战略要地

很多人都没有听过《战胜中国》这本书，这是曾任日本三井物产战略研究所研究员的市川周于1997年完成的著作。这本书在日本轰动一时，并且对日本后十年的发展影响颇大。然而在日本以外地区很难看到这本书的身影，尤其在中国。书里记录了这样一句话：“而日本最需要的是什么呢？首先是不输于圣德太子的‘鸟瞰式’的（战略）构想能力，我们也应以日本列岛上空的角度，将远东大陆以及南中国海纳入视线，对我们这个国家重新定位。”很显然，10年前日本就认准了中国南海是其战略要地。

“要地”不仅仅是指在未来有可能发生的战争中，南海将会是重要的“周转”基地，还指其对日本来说是资源命脉，是日本海外扩张的必经之路。南海周边所在的东南亚国家都是日本开展对外经济贸易的传统重点地区，日本想走向世界必经南海之路。

日本在二战时期就曾经侵占过南海各岛礁。日本侵占南海岛礁的重要原因就是看重南海诸岛的重要战略价值。日本在很多年前就提出过“东亚共同体”，并扬言要充当“东亚家长”，把亚洲分为三个区域，第一个区域是包括韩国和中国台湾在内的东亚海洋地区，第二个区域是中国大陆，第三个区域是南亚、中亚、蒙古等中国周边国家，日本要采取确保第一区域、影响第三区域以包围第二个区域（中国大陆）的策略。在确保第一区域的过程中，必须“占领”南海。

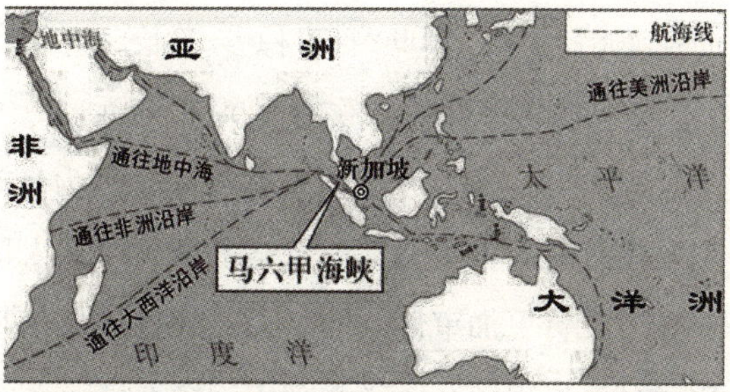

南海连接着有“世界海运咽喉要道”之称的马六甲海峡，这条航线是整个东亚的动脉，对中国、日本和韩国也有着不可替代的作用，同时也是太平洋和印度洋之间的海上走廊

南海连接着有“世界海运咽喉要道”之称的马六甲海峡和可以直通内陆

的台湾海峡。马六甲海峡—南海—台湾海峡这条航线是日本进口中东石油以及日本与东南亚、欧洲、西亚与非洲国家贸易往来的必经航线，堪称支撑日本经济发展的“能源与经贸大动脉”，这条航线也是整个东亚的动脉，对中国和韩国也有着不可替代的作用，同时也是太平洋和印度洋之间的海上走廊。占据了南海就相当于占有了东亚的中心地带。

另外，南海周边国家中，印度尼西亚、马来西亚、菲律宾、新加坡、文莱等国，都与日本保持着经济贸易往来，这些地区在为日本提供了大量的原材料的同时，也充当着日本产品消费国的重要角色。

日本将重视“中国加一”

2010年10月，三菱综合研究所经济政策研究中心的研究员关山健发表了一篇呼吁日本企业重视“中国加一”政策的文章，文章表示日本在中国投资过多且投资额逐年上升，日本经济过于依赖中国现象堪忧。

所谓“中国加一”是指日本企业为分散投资风险，在向中国投资的同时，也在越南、印度、泰国等其他亚洲国家投资建厂，设立发展据点的投资战略。2006年，当这种观点第一次出现时，日本对我国投资的走向发生了微妙的变化，由于我国国内劳动力价格提高、对外企优惠政策调整等因素，日本对我国投资热情开始减退，选择“中国加一”投资模式的日企在增多，然而这种投资理念在日企中仅仅维持了一年左右。

该文章指出，日本贸易振兴机构记录的日本对我国投资金额统计结果显示，2006年日本对我国直接投资额迅速减少，较2005年减少了29.6%，而在2007年至2009年却稳步增长，并且2009年比2008年增长达到6.2%，2009年投资总额接近69亿美元。

2006年，日本对华投资热减退是因为日本企业界对中国投资环境的认识发生改变。中国劳动力价格上升，以及人民币升值等因素，促使日本企业在华投资更加审慎。同时，对外投资热使日本担心国内出现产业的空洞化，日本也提防在经济上被中国牵着鼻子走而处于被动。

而今天关山健再次提出“中国加一”理论的背景并不局限于经济原因。他所考虑的涵盖政治及日本外交等敏感性问题，这包括钓鱼岛事件、减少稀土出口、中国广东日本工厂罢工事件等。2008 年“雷曼破产”引发的金融危机席卷全球，在此情况下只有中国保持了较好的经济增长趋势，在日本“中国一边倒”的迹象日益高涨。关山健不断提醒道，即使中国经济强劲，日本企业也要有“依赖中国”的危机意识。

我们不能肯定，关山健在 2010 年 10 月提出“中国加一”是对南海问题的准确预测或者说是前期准备，但可以确定的是日本已经加强了对越南、印度尼西亚、菲律宾、文莱等国家的投资与合作，他们已经做好“包围第二个区域”、围攻南海的准备了。在此，我们应该清楚地认识到关山健所在的三菱综合研究所在日本的地位和影响力。

1970 年 5 月 8 日创立的三菱综合研究所是日本一个影响巨大的营利性、综合性的智库。当时，三菱企业集团（三菱财团）中的三个部门，即三菱经济研究所、三菱原子能工业股份有限公司综合计算中心和技术经济情报中心联合在一起，组合建成了一家新型的智库。

图为日本三菱综合研究所理事长、原东京大学校长小宫山宏。三菱综合研究所在日本国内智库领域处于领军地位，也有着很高的国际声誉

这家智库虽然由三菱的三个部门组建而且以“三菱”为名，但自建立之日起就是一家完全独立的公司，来自三菱企业集团的业务只占其总业务的 20%，其他的业务都是集团之外的，其中的 50% 来自政府、地方公共团体和特殊法人。

三菱综合研究所是一家“政策导向”型的智库，在日本国内思想库领域处于领军地位，也有着很高的国际声誉。很明显，这样一家研究所不仅服务于日本财团，也服务于日本政府，其背后也可能有着我们无法知道的更多的秘密。“中国加一”的概念在这样一家研究所再次被提出，其公众影响力及对日本企业投资方向的引导性作用是显而易见的。

财团打造“海外日本”

日本通过财团在全球的布局，已逐渐掌握了全球产业的主导权，日本拥有的资源遍布全球。财团帮助这个资源匮乏的国家打造出一个“海外日本”，并建立了完整的资源供应链。“中国南海”在这条资金链中的位置是不容忽视的。南海资源丰富，早已成为日本“汲取营养”的目标。

在南海争端中的另外几个国家，如越南、印度尼西亚等都积极与日本企业合作。其中经常出现的帝国石油、三菱石油公司、日本出光兴产株式会社、新日本石油等公司，都与日本六大财团（三菱、三井、住友、富士、三和、第一劝银）有着紧密的联系。

在日本财团体系中，有一种被称为综合商社的经济体。它具有流通、金融与情报三大功能。目前，日本综合商社在全球187个城市设有800多家分支机构。这也使得财团控股的公司或者子公司更容易渗透到其他国家的产业链中去，他们之间的信息交流速度大大提高了工作效率，在与其他国家的公司的竞争中有着明显的优势。

因此，越南、印度尼西亚等国家也更加倾向于与日本公司合作，并为它们提供更加便利的条件。财团的目的很明显，即通过控制能源的源头和海上交通运输来包围南海，一方面获得日本所需的利益，另一方面也有助于阻碍中国的发展。

当日本财团把视野放在日本国家战略的平台上时，面对南海问题，我们要清醒地认识到其中这一股隐性力量的存在。

■原文发表于《环球财经》2011年9月期，作者：白益民

第三节

日本财团对南海 LNG 的“两头堵”战略

进入 2011 年 7 月以后，日本突然高度关注起中国南海问题。2011 年 7 月 8 日，日本宣布在当月下旬召开的东盟地区论坛部长会议上讨论南海问题。一天之后，日本护卫舰“岛风”号与美澳两国海军在南沙群岛以南的文莱海域附近举行了海上通信演习。

在当时日本内阁面临换台、政局不稳、地震与核事故灾后重建的混乱时期，日本为何要在南海问题上“插一脚”？

这是因为日本在南海区域有着巨大的经济利益，这些地区是日本重要的资源和商品来源地。日本各大财团利用其发达触角早已对中国南海地区的石油、天然气资源进行了布局，并通过对上下游的控制，稳固地掌控了中国南海周边诸国油气资源从勘探到销售整个产业链各个环节的命脉。

三菱财团渗透南海天然气上游

南海附近储藏着大量的石油天然气资源，石油储量近 500 亿吨，天然气储量达 15 万亿立方米，被称为“第二个波斯湾”。除了中国外，南海附近领域的部分资源被越南、菲律宾、文莱等国所控制。但由于这些国家大多不具备石油天然气勘探、开发的技术，日本财团旗下的企业便乘虚而入，利用其成熟的技术开始逐步从南海资源上获取利益。

三菱财团是日本六大财团之一，旗下三菱商事早在 1969 年便涉足南海天然气资源的勘探与开发。2013 年 6 月，文莱政府表示将会在两三个月内和日本再次续约为期 20 年的 LNG（液化天然气）贸易合同，这已经是自 1969 年三菱商事参与文莱 LNG 项目后的第三次续约，总期限将长达 60 年。

生产该项目的文莱最大的液化 LNG 公司“文莱 LNG”（Brunei LNG Sdn Bhd）公司，正是由三菱商事持股的合资企业，其中持股比例为三菱商事 25%、文莱政府 50%、皇家壳牌 25%。三菱商事作为股东握有文莱 LNG 上游生产业务的话语权并在此项目中斡旋，才使日本得以享有文莱源源不断的 LNG 供应。

三菱商事作为股东握有文莱 LNG 上游生产业务的话语权，使得日本得以享有文莱源源不断的 LNG 供应

除了文莱以外，三菱商事在印度尼西亚油气资源的上游领域也牢牢掌控着主动权。

2009 年，三菱商事出资 39.4% 投资了一家石油天然气勘探开发业务公司。通过该公司间接持有印度尼西亚最大的民营 E&P（石油天然气勘探开发）企业“PTMedco Energi Internasional Tbk”（在雅加达证券交易所上市）19.97% 的股份。该开发公司在包括印度尼西亚纳士纳群岛和世界第三大岛加里曼丹岛在内的 5 个区域成功勘探并开发出石油、天然气。

除此之外，三菱商事还出资 25%，通过子公司正在推进印度尼西亚甘尼安矿区石油和天然气的勘探、开发及生产业务。该区探明的天然气储量约为 1.5 亿立方米，占整个印尼天然气储量的 1/3。

三菱商事在印尼天然气上游储备领域也有着不可撼动的地位。2011 年 1 月 6 日，印度尼西亚反垄断监管当局向日本三菱商事以及其他三家当地企业做出了罚款决定，称其违反了行业竞争法。裁决显示，收到罚单的企业印尼国家石油公司（PTPertamina）、印尼最大的石油公司麦德克（PT-Medco Energi International Tbk）以及其 PTMedco E&P Tomori Sulawesi 部门与三菱商事存在合谋行为，非法帮助一家日本企业赢得一份有关建造天然气储备工厂的合约。

这家天然气储备工厂位于印度尼西亚中部苏拉威西（Sulawesi）省中部的 Donggi – Senoro 液化天然气项目附近，该项目规模达到 18 亿美元。数据显示，三菱商事拥有该公司 51% 的股权，印尼国家石油公司的持股比例为 29%，麦德克为 20%。

值得注意的是，“PTMedco Energi International Tbk”正是上述提到的三菱商事间接持有 19.97% 股份的印尼最大的民营石油天然气勘探开发公司，印尼国家石油公司也早在 2007 年就与三菱有过合作，曾委托三菱提升苏拉威西岛的一套 LNG 装置产能。

由此可以看出，日本三菱商事在印尼石油天然气储备方面的影响力已经达到甚至在异国涉嫌垄断的程度，其在印尼天然气储备领域的布局之广与渗透之深可见一斑。

三井称霸南海天然气下游

日本商社不仅觊觎南海油气勘探、开采的上游环节和油气生产的中游环节，在下游运输与接收环节上也是紧密布局。三井物产、三菱商事等财团下属综合商社利用其拥有的关联企业优势、技术优势和情报优势意欲构建高效稳定的物流网络。三井财团作为日本最大的财团，在南海 LNG 下游运输、接收环节独占鳌头。

三井财团旗下综合商社三井物产投资于油轮和 LNG 船，并通过关联企业的高端技术控制整个物流运输体系，使三井稳坐南海物流霸主地位。以 LNG 船为例，核心技术均掌握在商船三井、川崎汽船这样的财团运输企业手中，三井可以称霸 LNG 船运输业也就不足为奇了。

三井财团下属的商船三井是一家世界级的 LNG 运输公司，拥有全球最大的一支 LNG 运输船队

三井财团下属的商船三井是一家世界级的 LNG 运输公司。1983 年商船三井便开始了 LNG 运输业务，现在全球 20% 的 LNG 运输项目由商船三井承揽。截至 2009 年，商船三井共拥有 488 艘商船，其中 200 艘为油轮和 LNG 船。第一劝银财团下属的川崎汽船也是船运 LNG 方面的巨头，川崎汽船 1919 年成立，是世界著名航运公司之一。南海的油气资源运输业务，基本掌握在这两家日本船运公司手中。

到目前为止，日本造船企业联合体框架已经形成，以三井财团的石川岛播磨重工为首的日本造船企业开始调整战略目标，经营目标从为争取造船吨数改为瞄准高附加值的船舶承造，如液化 LNG 船、特殊油类和化工产品运输船、海洋油气勘探和开采生产设备项目等。在日本财团企业的支撑下，日本一直保持着强大的造船实力。

在LNG的运输环节被日本财团掌控后，很多人可能认为日本财团对整个LNG产业链的布局就此结束了。其实不然，在LNG接收这一最后环节很多国家还需要日本人“帮助”，中国也是其中之一。

2006年，石川岛播磨重工与日本丸红株式会社一起，以300亿日元中标了上海液化天然气有限公司计划建设中的上海LNG（液化天然气）接受站项目的设计、采购和建设的总包合同。2007年，石川岛播磨重工又在中国接到了3笔LNG接收站用压缩机订单，订单总额达20亿日元。

不只在中国，南海周边国家乃至美国都不具备完善的LNG接收站建设技术，而日本企业则完全控制了这一技术，从而贯穿了由运输到接受LNG的链条。石川岛播磨重工曾表示，在中国经济持续高速发展和可能增加LNG进口的情况下，会增加一成的LNG接收站接单份额。

石川岛播磨重工是世界著名的重工业企业之一，在日本三井财团的二目会（总经理会）中占有一席之地，前身为1853年成立的石川岛造船所。石川岛播磨现集造船、重型机械、飞机、航天航空及军工于一身。尤其在造船和海洋工程领域拥有世界领先技术，是世界公认的强竞争力企业集团。

日本从20世纪70年代开始就一直是LNG最大进口国，进口量占世界总量60%，庞大的需求造就了日本LNG接收技术的成熟，并且这些技术都牢牢地掌握在日本财团企业手中。国际上LNG接收站所需的LNG主要设备，也基本被日本制造商所垄断。世界主要的LNG资源产地，均有日本公司的参与投资。日本制造LNG接收站的公司主要为石川岛播磨重工（三井财团）、三菱重工（三菱财团）和川崎重工（第一劝银财团），这些生产商生产完成后交给运营LNG接收站的大阪燃气公司、东京燃气公司和东邦燃气公司用于销售使用。

石川岛播磨属于三井财团重工企业。三菱重工属三菱财团麾下，是日本最大的军工生产企业，三菱财团“金曜会”（总经理会）成员。川崎重工与上述川崎汽船同属日本财团第一劝银旗下，川崎重工也是日本著名的重工企业。可以看出，日本财团在南海天然气上的布局从上游直到下游，真可谓是把钱从头挣到了尾。

“蜘蛛网”模式的强大控制力

日本财团好比一只大“蜘蛛”，财团的下属企业和关联企业相互协作组成了一个庞大的“蜘蛛网”，蜘蛛网某一区域的震动将会带动整个网的震动，从而协作捕获猎物。

在对中国南海争端问题关注的同时，日本财团在南海的隐秘布局也随之浮出水面。以三井和三菱财团为首的日本财团通过对南海资源上游和下游市场的渗透，最终达到掌控市场、垄断技术、攫取资源的目的。在这一系列过程中，日本财团的“蜘蛛网”战略得以实施。而一个企业获得项目就带动了多个关联企业的业务，最终得以共同发展。

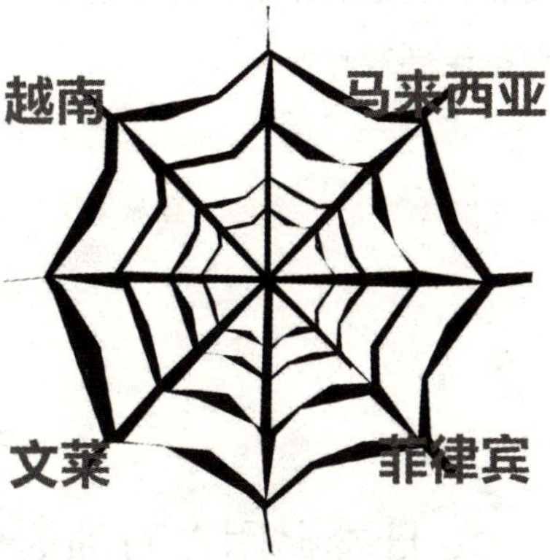

日本财团用其庞大的“蜘蛛网”覆盖住了东南亚各国，形成整体战略规划，才得以源源不断地在中国南海获取资源

2013 年 3 月份，日本拟向越南提供 5000 亿日元的援助资金，帮助越南建设港口和机场。其中沥县港口项目由日本伊藤忠商事（第一劝银财团）、商船三井（三井财团）和日本邮船（三菱财团）合计投资 200 亿日元。不仅如此，这三家日本企业还与越南航海总公司成立联合公司，其中越南航海总公司出资 51%，日本三家公司共同出资 49%，资金用以从 2011 到 2015 年建设沥县港，港口建成后由日本企业经营一段时间以回收成本。

据悉，该项目将由第一劝银财团下属川崎重工和三菱财团下属三菱重工提供工程建设所需设备与技术。这一项目的建设，既通过工程带动了关联企业的产品销售，又达到了财团对南海资源运输环节控制的目的。

2013 年 6 月，日本两大公司住友商事（住友财团综合商事）和三井物产（三井财团综合商事）与印度尼西亚油气监管机构 BPMigas 签署了一项从边际油田开发天然气项目的协议。协议显示，日本两家公司将在该天然气项目从设备制造安装到 LNG 开采液化全程参与。财团的关联企业自然在这个项目中分得一杯羹，三井住友建设、三井造船、石川岛播磨重工等大财团的关联企业均参与到这个项目中。

日本正是因为有着财团这样的“大蜘蛛”布局南海资源上下游，并且已经用其庞大的网覆盖住南海，形成整体战略规划，才得以源源不断地在南海获取资源。在这样的背景下，日本人又怎么可能真的对中国南海争端问题袖手旁观呢？

■原文发表于《环球财经》2013 年 10 月期，作者：白益民

第四节
日本财团在石油天然气产业中的利益格局

2007 年 4 月 12 日，日本三井财团的三井化学株式会社与中国石油天然气集团公司（简称中石油）签署了关于液化天然气贸易的合作协议。与此同时，新日本石油株式会社与中石油签署了一份长期合作协议，共同开发海洋石油和天然气资源。在前一天发表的《中日联合新闻公报》指出，就处理东海问题中日双方将按照互惠原则，加快磋商进程，在双方都能接受的较大海域进行共同开发，争取当年秋天形成东海油气共同开发方案。

第二天（4 月 13 日），三井财团的三井物产（综合商社）发言人表示，该公司与中国海洋石油总公司（简称中海油）签署了一笔有关液化天然气（LNG）现货贸易的交易。交易签署之际适逢中国总理温家宝对日本进行为期三天的访问。在此期间，两国签署了大量有关能源的协议。这份协议有助于中国的天然气产业租用日方设施，解决中方储存天然气的球形罐不足问题，三井物产公司也将得到一笔额外收入。

诱人的蛋糕

2003 年，中国已经超过日本，成为全球仅次于美国的第二大石油进口国，能源形势严峻，而且中国经济发展环境问题越发凸显，大规模利用天然气迫在眉睫。液化天然气（LiquefiedNaturalGas，简称 LNG）被公认是最干净的能源。其制造过程是先将气田生产的天然气净化处理，经一连串超低温液化后，利用液化天然气船运送。天然气对环境造成的污染远远小于石油和煤炭，作为一种清洁的能源，越来越受到人们的青睐。

2002 年 8 月 8 日，澳大利亚总理霍华德宣布与中国签订了总额为 250 亿澳元的液化天然气（LNG）出口合约。这是中国第一次进口液化天然气，该大型合约涉及的数量大约相当于世界最大的 LNG 进口国日本的进口量的 5%。这项合约为期 25 年，从 2005 年开始生效。这个合约可能会使“西北大陆架气田”对其在 Burrup 半岛的设施追加投资，购买第五辆液化天然气加工车。

澳大利亚西北海面的“西北大陆架气田”，由日本三井物产（综合商社）和日本三菱商事（综合商社）合资公司 JapanAustraliaLNG（MIMI）和国际石油资本皇家壳牌石油公司等 6 家公司联合生产液化天然气（LNG），每年出口量 300 万吨。此项投资本身价值约 15 亿澳元。这一合同长达 25 年，每年供气 370 万吨。该项目将使澳大利亚对中国出口每年增加 10 亿澳元，约年均增长 14%。由于中国成为西北大陆架气田的大主顾，中国海洋石油（CNOOC）也在商讨投资该气田的事宜。

2003 年 7 月 29 日，深圳燃气集团出让部分股权。四川新希望集团联手香港中华煤气，与深圳市投资管理公司签署深圳燃气集团有限公司股权转让及增资原则性协议。其中，新希望占股 10%，中华煤气占股 30%，深圳投资管理公司占股 60%。三方合资后的深圳燃气集团经营期限为 50 年。此后不久，新希望集团与日本住友商事及香港中华燃气成立合资企业。住友商事曾经参与投资新希望集团的华融化工项目，与香港中华煤气又有长期密切合作，三个“老关系”的手紧紧握在一起。

2003 年底，中国第一家液化天然气（LNG）基地在广东省大鹏湾正式开工；LNG 项目一期包括能力为 370 万吨/年的 LNG 接收站、383 公里的输气干线、配套建设的 456 万千瓦 LNG 电厂等，主要为珠江口东岸的广州、深圳、佛山、东莞四个城市和香港供气。该项目由中资绝对控股，中国海洋石油总公司（下称中海油）、英国 BP 公司、深圳燃气集团、香港中华煤气公司和香港港灯公司等均在项目中占有股份。

2004 年 5 月 27 日，四川新希望集团表示，已与湖北、安徽、四川、江苏和甘肃省的一些城市政府签订了为期 30 年的独家供应协议。根据协议内容，新希望将获得这些城市的天然气独家销售权。**新希望集团与日本住友商事旗下的分支企业及香港中华煤气成立合资企业共同经营这些项目。事实上，此时的住友财团与三井财团已经统合了其金融系统，形成“三井住友金融集团”。日本住友商事期待借助新希望集团和香港中华燃气的名气和关系拿下更多的协议。**

2006 年 5 月 26 日，日本三井物产株式会社（三井财团的综合商社）驻中国总代表副岛利宏在中国循环经济发展高层论坛上的讲话中说：“我在这里告诉大家一个消息，今天我们在澳大利亚开发的石油天然气资源就会运到中国的深圳，这是中国首次从澳大利亚进口石油天然气，将在今天到达，这也是全中国第一次从国外进口液化天然气。”此前的一天，中国媒体报道：一艘装载量为 12.5 万立方米的 LNG 运输船“西北海鹰号”，将装载中国进口的首批 LNG 到达深圳大鹏湾秤头角的 LNG 接收站码头。这艘船从澳大利亚西北的皮尔巴拉港起航，船上的 LNG 来自澳大利亚的西北大陆架油气项目。

2006 年 6 月 28 日上午，我国第一个液化天然气（LNG）试点项目——总投资达 291 亿元的广东 LNG 项目（深圳大鹏 LNG 项目）在深圳举行了隆重的投产庆典仪式。国务院总理温家宝和澳大利亚总理霍华德共同出席了广东液化天然气项目一期工程的投产仪式。广东地区 LNG 的后续项目还包括：大鹏湾 LNG 项目一期在年供气 370 万吨的基础上增加 200 万吨、年供气能力为 700 万吨的大鹏湾项目二期、年供气能力为 300 万吨的珠海 LNG 接收站项目一期。

珠海项目已列入国家“十一五”LNG 项目建设规划，预计将投资 80

亿元，计划在2010年部分建成投产。广东省政府官员预计，到2010年，深圳、珠海两个LNG项目输气管道连接，将形成珠三角东西两岸连通的“∩形”（马鞍形）天然气输送网络，气源将多元化，供气的安全性也将得到提高。待上述后续项目全部建成后，广东每年的LNG供气能力将超过1570万吨。

据测算，到2020年，中国的进口LNG市场将是个总值达600亿美元的“大蛋糕”。中国天然气市场正以超常规的速度发展，西气东输、陕气进京、海气登陆、广东和福建进口LNG等一系列重大天然气项目的完成和实施，标志着中国将进入一个天然气时代。**2002—2020年，中国将投入2200多亿资金主要用于天然气管线和LNG接收设备的建设。对国外资本来说，液化天然气（LNG）无疑是块诱人的大蛋糕，以三井物产为代表的日本商社及其财团关联企业针对中国市场在全球的快速布局也就不足为奇了。**

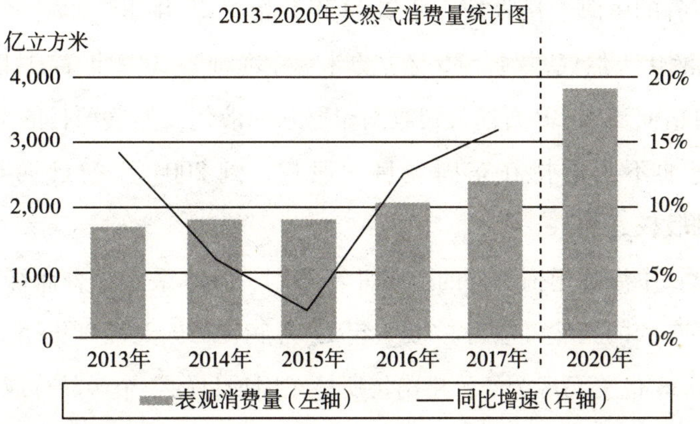

资料显示，2017年天然气消费达2418亿立方米，同比增长16%，在中国，天然气消费增长（年均5.4%，360亿立方英尺/日）超过国内产量，使得进口天然气占总消费量的份额逐年上升，液化天然气（LNG）无疑是块诱人的大蛋糕。

打响进军海外第一枪

中国地大物博的传统观念，被近年来严峻的能源供求形势击碎，同时环境的持续恶化也迫使中国必须使用更多的“清洁能源”。中石化、中石油、中海油等能源巨头在全球范围内获取天然气储量方面一直非常积极，在经历了多次被拒之后，终于在印度尼西亚打响了进军海外的第一枪。在海外能源“圈地运动”中，日本综合商社既是中国企业的引路人又是竞争对手。

2001年12月，中石油准备到海外购买油气田。因为没有足够的海外投资经验，中石油主动地找到三菱商事在中国的分公司。在接到中国石油的要求后，三菱商事委派了东京总部负责能源事业的专家和中国代表处的协调人员与中石油的调查团一起到了印尼。**经三菱商事介绍中石油接触了印尼能源工业的有关负责人，了解印尼油气田的基本情况。三菱商事还慷慨地向中石油提供了属于商业机密的有关原油品质的关键数据。**2002年5**月，中石油在三菱商事的帮助下以**2.16**亿美元的价格收购了美国**DevonEnergy**公司在印尼的油气资产。**

与中石油一样，中海油也在2002年顺利进入印尼，该国政府批准了中海油购买印尼东固地区天然气的协议，来自这个项目的液化天然气将被运送到福建省的中海油接收站。从2009年开始的25年里，印尼每年将供应260万吨液化天然气，约合36亿立方米。中海油于2002年12月以2.75亿美元的价格向英国BP石油公司收购印尼东固液化天然气项目的部分股权。此后中海油不断增持在东固项目的股权，到2004年初已拥有该项目12.5%的股权。

然而，中海油远征海外的道路并不顺利，日本最大综合商社三井物产也盯上了东固的天然气项目。2003年11月底，英国天然气集团（BG）表示欲以2.36亿美元现金的价格出售所持东固项目的3个产品分成合同区之一Muturi50%的股权（即整个东固项目10.75%股权）。三井物产与东固项目最大股东英国石油（BP）有着良好的合作关系，同时以三井物产为首的日本综合商社一直是日本对印尼投资的组织者和直接参与者，对印尼政府有着巨大影响力。

2003年12月2日，三井物产和英国天然气公司（BG）发布的公告称：在此前一天三井物产在印尼的全资公司三井印尼油气公司（MitsuiIndonesiaGasB. V. “MIG”）与英国天然气公司的全资公司BG国际公司签订了相关合同。三井物产付出2.36亿美元现金，并准备在2004年的第一季度完成此项交易。不过三井物产要完成此项交易需要得到如中海油等大股东的表态，因为执行该合同的先决条件，除了要得到印尼政府的同意外，还需要原项目各股东在规定的时间内放弃行使优先权。

此时，作为该项目的较大股东，中海油不得不谨慎考虑如果以同等条件行使优先权的话这笔交易是否划算。毕竟，这是中国的石油公司首次行使优先购买权。中海油从当时和未来该项目可能在公司业务中占有的比重、三井物产的出价以及 50% 的权益出售是否将影响中海油利益等方面进行了仔细分析并正式做出了决定：为保护及增加公司在这个重要项目中的影响力，中海油决定行使优先购买权。

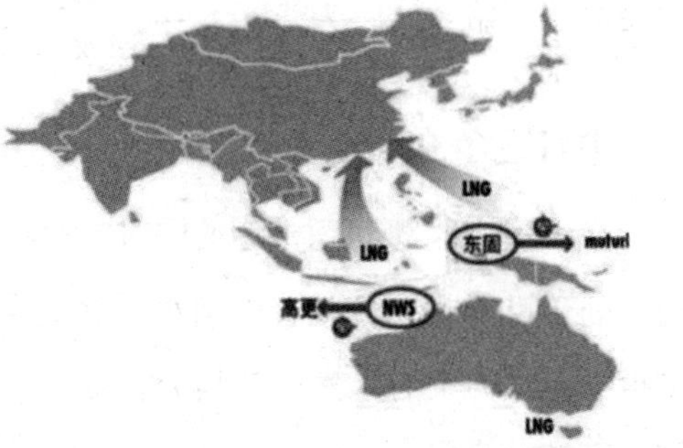

在经历了多次被拒之后，中海油终于在印度尼西亚打响了进军海外的第一枪，在 2002 年中海油顺利进入印度尼西亚，该国政府批准了中海油购买印尼东固地区天然气的协议，来自这个项目的液化天然气将被运送到福建省的中海油接收站

中海油 2004 年 2 月 3 日宣布已与英国天然气集团（BG）签署《销售与购买协议》，收购该公司在印尼 Muturi 产品分成合同中拥有权益中的 20.77%，收购价为 9810 万美元。中海油在 Muturi 产品分成合同中持有的权益由此从原有的 44.0% 增加到 64.77%，这使中海油在价值 30 亿美元的整个东固项目的权益相应地由原来的 12.5% 增加到 16.96%。

其实可以发现日本综合商社控制的股份就算在中海油多认购了 4.5% 股份后，依然拥有 23.6%，加上日本石油和印尼天然气的股份，日本公司控制的股份高达 35.8%。如果当初三井物产认购成功，日本公司合并的持股数将超过最大股东英国石油（BP）。中海油有选择地收购了东固项目中 Muturi 产品分成合同中拥有权益中的 20.77%，使该产品持有的权益达到 64.77%，也应该是多方博弈的结果。

此次转让的东固项目 10.75% 的股权，中海油获得了 4.5%，剩下部分就由其他日本综合商社（日商岩井、住友商事）持有，因此也可以看成一种双赢的选择。一方面中海油保证了单个产品合同的绝对控制权，另一方面也照顾了大股东和印尼政府的意向。事实上，中海油在这笔交易中成功阻止了日本三井物产的收购计划，从而也预示着中日在能源领域的竞争与冲突由此开始。

中日之争在所难免

在中国为能源问题头疼的同时，第一大天然气消费国日本在能源方面同样处于饥渴状态，随着中国对天然气需求的不断加强，日本人的神经更被扯紧。世界上有天然气的地方，除了有中国能源公司外，都会闪动日本综合商社的身影。

2004 年 11 月 4 日，《纽约时报》说，中日两国有关能源的争夺日益扩大，萨哈林天然气现已成为中日新一回合的能源争夺战场。据《纽约时报》报道："尽管日本人深信萨哈林油气将会供应日本使用，但中国并不愿让日本称心如意，北京利用投资集团间的矛盾，正准备跟美商埃克森－美孚石油公司洽商购买萨哈林的天然气。"

萨哈林－1 号的可采储量约为石油 3.07 亿吨、天然气 4850 亿立方米。埃克森－美孚、日本萨哈林油气开发公司、俄罗斯的罗斯石油公司、印度石油天然气公司在该项目中分别占股 30%、30%、20% 和 20%。其中日本萨哈林石油天然气开发公司，第一劝银财团的伊藤忠商事与富士财团的丸红这两大日本综合商社是其两大股东。虽然有俄国政府的强势介入和大股东埃克森－美孚镇守，日本综合商社在萨哈林项目上影响力仍不容忽视。

事实上，萨哈林－1 号的股东在 20 世纪 90 年代末就做出决定，该项目所产天然气的主要消费国是日本。但日本一直从中东、印尼和澳大利亚进口液化天然气（LNG）。因此，铺设管道进口天然气对日本而言并不合适。由于一直没能与日本谈妥，萨哈林－1 号项目从 2006 年开始为其天然气寻找新客户（石油主要供应印度），并最后由大股东埃克森－美孚与中石油初步签约，向中国供应天然气。

按照常理而言，如果萨哈林－1 号项目所产天然气全部销往中国，拥有 30% 开发权的日本企业也会按照比例从中获利，但日本各界的反应却并非如此，一种“忧患意识”和强烈的危机感开始升级。相关业界的人士认为：一旦日本得不到萨哈林－1号的天然气供应，日本的能源保障将受到影响。日本政府希望通过‘萨哈林1号’项目，投入巨额资金，推进能源供给地多样化以及实现廉价天然气调配的能源战略，将因此被迫大幅度改动。

2006年10月，全球最大的能源巨头埃克森－美孚宣布，俄罗斯萨哈林－1投资集团与中石油集团签订框架协议，将萨哈林－1号项目所产天然气供应给中国

日本媒体2007年2月曾报道，日本政府已代表综合商社向埃克森－美孚提出建议，希望埃克森－美孚将“萨哈林－1”号项目所产天然气的出口方向改为日本，并中止与中国方面此前在该项目所产天然气销售上的谈判。**据分析，日本此次之所以向埃克森美孚提出新的合作方案，是因为去年俄罗斯远东石油管道建设最终采用泰纳线方案已经令日本方面强烈不满，而中国随后对“萨哈林－1”号的介入，就更令日本不安了。**

在萨哈林开发方面，日本的三井物产和三菱商事参加了萨哈林－2号项目，预计从2007年底开始输出液化天然气。日本九洲电力公司签订了每年50万吨的购买合同，此外，东京电力公司和东京煤气公司等也就引入天然气一事达成了共识。对于日本企业来说，它们更倾心于萨哈林－2号项目，因为其拥有现成的基础设施，相关费用和成本能够进一步降低。

早在1994年，英荷皇家壳牌公司（Shell）、日本三井财团的三井物产、日本三菱财团的三菱商事成立项目公司就开始共同开发萨哈林－2号天然气项目。萨哈林－2号的石油储量为6亿吨，天然气储量为7000亿立方米。鉴于当时俄罗斯政府并没有开发该项目的资金实力，萨哈林－2号油气项目完全由外国公司参与开发。皇家荷兰壳牌石油公司（Royal Dutch Shell Plc）是该项目最大的股东，拥有该项目55%的股份，另外45%的股份分别由三井物产（25%）和三菱商事（20%）持有。

2006年底，在俄罗斯中央政府的干预下这两家日本商社被迫转让部分股票给俄罗斯国有天然气工业股份公司，但最终三井物产、三菱商事仍然持有12.5%和10%的股份。此外，萨哈林-2号的项目公司——萨哈林能源公司2007年2月8日与日本大阪能源燃气株式会社签署了一份时间跨度达23年的对日本供应LNG的备忘录。根据该协议，日本将从2008年4月1日起获得萨哈林-2号所产的液化气。

三井物产和三菱商事这两家日本最大的综合商社并不着眼于代理权，而是尽量争取开采权，并希望以主导者的身份参与液化工厂、输送等业务。日本综合商社着手构筑高效物流信息系统，参与仓库、流通中心等物流设施的运营。其中，在中国及亚洲地区开展国际多式联运成为其重点开拓领域。分析人士由此指出，日本财团希望彻底垄断萨哈林岛所产天然气的意图已经相当明显。

■原文发表于《经济》2007年8月，作者：白益民、袁璐

第五节

日本财团隐秘路线图

从冲突转向合作

2003年8月19日，中国海洋石油总公司、中国石油化工集团公司、英荷壳牌公司、美国优尼科公司在人民大会堂正式签署东海5个合同区的石油天然气勘探开发合同，合同四方将按照中海油30%、中石化30%、壳牌公司20%、优尼科公司20%的比例投资并享受收益。这一合同的签署，标志着我国拉开了大规模开发东海大陆架资源的序幕。

2004年7月7日，日方不顾中国政府的强烈抗议，派出调查船逼近中国“春晓”油气田进行为期3个月的所谓“勘探调查”。中国外交部对此事件立刻做出反应，通过外交渠道向日方提出了严正交涉，希望日本慎重

行事。而日本媒体则为这次日本政府到“春晓”油气田的行动叫好。8月7日，日本制定了“为确保蕴藏着矿物资源的大陆架的权益而尽早划定大陆架”的基本方针。

与此前进行大陆架调查相同，日本政府再一次启动了“官民一体”的机制。一直在向政府要求授予试开采矿业权的石油天然气资源开发公司（该公司是日本政府间接控股的一家上市公司，日本石油公团持有49.94%的股份）。于2004年收购了同样提出申请的“芙蓉石油开发公司”。芙蓉石油开发公司是富士财团（又称芙蓉财团）的丸红商社下属企业，此后更名为“尖阁石油开发公司”。

在东中国海，帝国石油公司和双日商社的开发公司也向政府提出了矿业权申请。与此同时，日本双日公司（日商岩井商社、日棉商社合并）正在向石油天然气资源开发公司探询出手开发公司的股票事宜，日本在东中国海的石油天然气开发以“石油天然气资源开发”和“帝国石油”两家公司联同相关综合商社为主体进行。

帝国石油成立于二战时期。1941年，美国开始禁止出口航空汽油，迫于形势，日本政府颁布了《帝国石油株式会社法》，将各公司的石油矿业部门进行整合，成立了一家“军需国策企业”——帝国石油公司，其目的就是为了确保日本战时的能源需求，确保日本陆海空三军的“能源命脉”。

二战结束后，《帝国石油株式会社法》于1950年被废止，帝国石油公司随即以“民间企业”的身份出现，但实际上其“官制开发”的色彩相当浓厚。自20世纪90年代起，帝国石油公司悄然启动了“全球抢油”计划，截至2007年，帝国石油公司已经成功地在亚非拉美洲安营扎寨，介入了当地的石油开采。

帝国石油公司除了出现在中国东海石油争端外，还很早就介入了中国南海油气争端。早在1978年7月，日本就与越南达成协议，就南海海底油气开发进行合作，与相关国家签订了石油天然气勘探与开发的合同。2004年10月，帝国石油公司成功地与越南合资开发油气田，并且联同三菱财团下属的三菱石油公司参与马来西亚的油气勘探开发。

近年来，随着中国经济的快速发展，日本越来越担心中国同它在世界上争夺能源，所以不断散布中国的能源消费增加导致国际能源市场价格暴涨、给世界经济复苏造成不利影响等言论。分析家认为，日本从半路杀出，不惜血本同中国争夺俄罗斯输油管道和天然气资源，争夺东海海域的石油天然气，关键还是日本的利益所在。由于中国东海大陆架有着丰富的海底矿产资源，日本对这一地区的资源早已垂涎三尺，不会轻易放弃。

中国与日本在争夺天然气上游资源上，可谓是互有胜负。能源问题本来可能成为连接中日两国乃至东亚地区的纽带，如今却有可能成为割裂两国关系的利刃。特别是东海问题不仅是经济问题，还涉及两国之间的政治问题。中日政府和企业现在认识到了如果不改变目前的这种过度竞争或者冲突的局面，将会两败俱伤。因此，2007 年 4 月，温家宝总理访日被称作“破冰之旅”，而在能源特别是天然气领域就如文章开头所描述的那样开始为合作迈出实质性步伐。

技术垄断确保 LNG 船运的优势地位

在中日天然气资源争夺战，中国近年来在伊朗、印度尼西亚、非洲一些国家，甚至在俄罗斯均有“斩获”。但是天然气工程是一个上下游一体化发展庞大的系统工程，从液化，车、船运，汽化和管道输送，到上游气田开发，相关产业整个价值链环环相扣。日本财团企业除了在天然气开放以外，在运输、储存这一重要环节拥有绝对优势。以三井财团为例，我们就可以清晰地看到日本财团在这一领域极强的竞争实力。

以三井财团的石川岛播磨重工为核心的日本 4 大造船企业联合体框架已经形成，它们在国际造船市场上推出的竞争战略目标，将不再是以中标的造船订单总吨数为标准，而重点是高附加值船舶的承造订单

液化天然气（LNG）船是国际上公认的高技

术、高难度、高附加值的“三高”产品，是一种“海上超级冷冻车”。造船企业建造LNG船获得的营业利润率在15%上下，油船为10%，而集装箱船则不足10%。**LNG船的主要核心技术为日本韩国的财团企业所垄断，但是LNG船的LNG存储技术和综合自动化调控技术仍为日本、法国、挪威所垄断。韩国虽然建造了大量LNG船，但上述两项关键技术则需要分别购买日本和挪威的专利。**

到目前为止，以三井财团的石川岛播磨重工为核心的日本4大造船企业联合体框架已经形成，它们在国际造船市场上推出的竞争战略目标，将不再是以中标的造船订单总吨数为标准，而是高附加值船舶的承造订单，如液化天然气运输船（LNG）、特殊油类和化工产品运输船、海洋油气勘探和开采生产设备项目等，以此确保日本第一造船大国的地位。

与此同时，三井财团的石川岛播磨重工向韩国三星财团的三星重工转让液化天然气（LNG）船设计技术，两家公司于2004年3月16日签署了技术转让协议。根据协议，石川岛播磨重工向三星重工转让LNG船的LNG储罐设计技术。三星重工将建造和销售石川岛播磨重工开发的LNG船，至此石川岛播磨重工成功将造船订单居世界第一的三星重工拉入本阵营。

石川岛播磨重工是日本最著名的重工业企业之一，是二木会（三井财团总经理会）的重要一员，其前身是1853年成立的石川岛造船所。它以造船业起家，以其机械、电机的综合技术力量取胜，目前石川岛播磨重工以成为集造船、飞机、重型机械、航空航天及军工于一身的大型企业集团。石川岛播磨重工在造船和海洋工程领域拥有极强的竞争力，可以建造各种超级大型油轮（VLCC/ULCC）、液化天然气船、散装货船、油轮、高速单体和双体客船，还可以建造驱逐舰等各型舰艇，并能生产高速燃气轮机和中低速柴油机，以及其他船用设备。

三井造船是三井财团内专门从事造船工业的企业，总部位于东京，下设舰船和海洋事业本部、钢结构事业本部、机械系统事业本部、建筑工程事业本部、环保设备事业本部、技术本部等部门。**在千叶、玉野造船厂已经实现了CAD系统综合，能够建造先进的导弹驱逐舰、导弹护卫舰、大型**

巡逻训练舰、潜艇救援船、科学考察测量船，以及液化天然气船和各种运输船等。三井造船专业性极强，技术实力雄厚，依托综合商社的市场能力，三井造船近年来在民用船舶领域取得了辉煌的业绩。

三井造船与三井物产2007年4月19日宣布，将联手开展在原产地对天然气进行固态化处理后再进行海上运输的业务，该业务采用“天然气水合物（NaturalGasHydrate，NGH）”技术。日前，同属三井财团的这两家公司以共同出资的方式设立了公司，于4月13日设立了NGH日本（东京都中央区）公司，注册资本为1000万日元，三井造船出资八成，三井物产出资两成。新公司将沿用三井造船此前开发的NGH及固态化设备以及专用运输船的技术，进行实用化方面的调查研究，计划在固态化设备及专用运输船达到实用水平后，于2012年开展该项业务。

在我国，政府希望作为能源供应的气体燃料份额从当前的3%升至2010年的8%，总共需要建造15艘至20艘LNG船，2015年前总共需要建造30艘至35艘大型LNG船。而中国仅上海沪东造船厂有能力造LNG船，技术合作方是法国阿尔斯通公司，2002年该公司与上海沪东造船厂达成协议，在中国共同生产建造LNG液化天然气船。中国船厂的LNG船的建造能力和技术水平，相比日本韩国财团企业还有明显差距。

2006年10月，三井财团的另一重要成员“商船三井”的社长生田正治公开表示“液化天然气将会是日本未来能源运输主要增长来源”。商船三井作为三井财团的海运公司，在铁矿、煤矿、石油、天然气等天然资源的运送市场占有重要地位。目前，商船三井独自拥有40艘液化天然气货运船，占全球LNG船总量1/3。商船三井预计，2009年其公司拥有的LNG船从目前的54艘（含合有的船）将增加到78艘，比现在扩大四成。生田正治更表示：“我们占有LNG市场最大的市场份额，中国是三井财团液化天然气运输的最大客户。”

日本财团环环相扣的“系统工程”

综合商社积极运作海外和国内市场无疑为物流运输企业提供巨大的发展空间，而物流运输企业的发展又积极推动了船舶制造企业的成长，为企

业的技术吸收和积累提供了广阔的市场空间。作为系统工程，液化天然气（LNG）的价值链并不局限在液化、运输、贸易等领域，还涉及更为广泛的制造业领域，带动多个产业的共同发展。

2003 年 6 月，三井物产牵头日本的东洋能源工程技术和日本煤气两家石化企业，以及日本建筑工程公司、新日本制铁和住友金属等组成了企业联合体，自阿联酋的多尔宾能源公司拿到了一个大型的天然气输送管道建设的工程项目。一期工程是构筑卡塔尔至阿联酋的天然气输送管道线，其后将建设连接海湾周边国家之间的天然气输送管线系统。

一期工程所需天然油输送钢管全部由日本的钢铁企业生产供货，建筑和石化企业担负施工建设和相关工程技术任务。另外，东洋能源工程技术和日本煤气两家企业组成的联合体，目前正在与伊朗协商承包伊朗天然气加工工程项目。

日本三大综合商社三井物产、三菱商事和伊滕忠商事组成的联合体已参与阿曼政府的新建天然气项目，三家公司以出资参股形式与阿曼天然气公司建起了合作关系。这样，阿曼政府今后对天然气的开发生产和加工，三家公司都将参加，它们将向日本的钢铁企业、成套设备生产企业和石油化工企业采购项目建设所需设备和技术，请三井或三菱财团内的建筑工程公司施工建设。

2007 年 2 月 19 日，新日铁的官方网站登出消息，新日铁与三井物产一起，从 MEDGAZ 公司获得了连接法国和阿尔及利亚的天然气输送管线用高强度、深海用途的 UO 钢管（大口径焊接钢管）的订单。该管线横跨地中海，敷设的最大海底深度将达到世界最深的 2160m，在这样深的海底应用高强度 X70 级的 UO 钢管在世界上将是首次。用于该管线的大口径焊接钢管的总量约为 9 万吨，其中新日铁的 UO 钢管将被用于包括海底最深处等部位，采用量约达到 5 万吨。

在中国，日本财团这种跨行业的合作也非常明显。上海宝钢和新日铁作为三井财团的成员为其天然气船、天然气存储设施、天然气管道项目提供充足的钢材。上海宝钢三期工程从 1978 年开始历时 23 年生产设备和技术几乎全部从新日铁进口，上海宝钢的第一主导产品汽车板国内占有率 50%，2006

年销售量达到250万吨，其功臣是与新日铁合资的汽车板项目。

说到上海宝钢是日本三井财团的成员时，可能有人会提出质疑。事实上，从《三井帝国在行动》一书中我们可以认识到：**现代日本财团的概念并非是控股公司对子公司的资本关系，而更多强调人脉关系、共同投资或相互持股而形成的利益共同体，其中处于核心地位的是财团的综合商社和主办银行。**以三井财团为例，它的综合商社是三井物产，主办银行是三井住友银行。在1999年中央电视台主持的财富对话节目中，我们看到这样的镜头：三井物产的社长上岛重二把上海宝钢的董事长谢企华称为老朋友，并把宝钢视为三井的成员。

2002年7月29日，上海宝钢集团与日本三井物产公司签订一项综合合作协议，共同打造中国最大的钢材物流合资公司，为宝钢客户提供个性化贴身服务

2002年7月29日，上海宝钢集团与日本三井物产公司签订一项综合合作协议。根据这项协议，双方以钢铁制品、半成品、钢铁原料、冶金设备、船舶运输及有关项目为主题，定期进行交流；在金融、信息、物流、中长期融资及企业资本运作等领域进行技术交流与合作；努力开发可行性较大的项目。2002年12月2日，三井物产与宝钢集团签订合作协议，正式合作成立了上海宝井钢材加工配送公司。在5年内，合资公司收购或新建国内加工能力在10万吨以上的25～30家钢材加工配送中心，建成中国最大的钢材物流合资公司，为宝钢客户提供个性化贴身服务。

在中国的西气东输工程中，也闪动着上海宝钢和新日铁的身影。上海宝钢以超过60%的供货量成为该工程最大的管材供应商。西气东输工程大约需要用钢182万吨，约有100万吨为螺旋管，82万吨为UOE管，其中很大一部分需要进口。据中国工程院院士李鹤林介绍：在UOE管上，除了舞阳钢铁公司提供的2万吨宽厚钢板用以自制JCOE管（UOE管的另一种压

在中国的西气东输工程中，也闪动着上海宝钢和新日铁的身影。上海宝钢以超过60%的供货量成为该工程最大的管材供应商

轧方式）外，其余的基本上是需要进口的。三井财团的新日铁公司的供应量就占到了中石油对外UOE管采购总量的25%左右，在其中拥有举足轻重的“话语权”。

2005年1月，新日铁宣布，将开始推广用于运输天然气的X120级高强度UO管。新日铁称，由于该钢管具有较大的强度，因此适用于远距离高强度下天然气的运输。新日铁还补充，这一级别的UO管还可用于中国西气东输。在塔里木—上海天然气管道项目中案，东线工程全长2000公里，中国石油设备总公司（CPMEC）为该部分工程，自日本购进7万吨大型UO钢管，新日铁等日商作为供货主力。

此外，日本住友财团作为三井财团的亲密搭档也在中国市场积极活动和布局。早在2000年6月，住友商事、住友金属与中国石油天然气集团公司的合资企业“宝鸡住金石油钢管有限公司”成立，年产12万吨石油天然气用的中径焊接钢管。**2004年7月，住友商事向中国石油物资装备（集团）总公司出售的8000吨钢管在黄骅港交货，发运至国家西气东输工程工地使用。2006年，住友商事、住友金属与中石油电子商务部签订了“战略合作框架协议书”，从而确保及时准确地把握中国石油企业进口钢管的市场情报。**

印尼东固LNG项目股东架构：

	公司收购前持股量（%）	完成收购后持股量（%）
英国石油（BP）	37.2	37.2
三菱商事	16.3	16.3
中海油	12.5	17.0
英国天然气集团（BG）	10.7	0
日本石油	12.2	12.2
KG	10.0	10.0

续表

	公司收购前持股量（%）	完成收购后持股量（%）
印尼天然气（Muturi）公司	1.1	7.3

注：印尼天然气（Muturi）公司由日商岩井与住友商事合资的日本天然气公司持有。

■原文发表于《经济》2007 年 8 月，作者：白益民、袁璐

第三章　中日能源东南亚争夺场

2005 年 10 月，在日本 JHN 石油集团成立 20 周年的大会上，中海油领导高度评价了 JHN 给予中海油的帮助，称日本企业为中海油培养输送了一大批高素质的员工，为中海油的发展贡献了力量。然而，事实真是这样的吗？日本一方面与中海油开展合作，一方面却在大力协助东南亚各国偷偷盗采中国南海的油气资源。

东南亚能源市场对于日本的重要性自然是不言而喻的，印度尼西亚是日本最大的天然气供应国，印尼对日出口的液化天然气约占日本天然气进口总量的 1/4；而在过去的十多年时间里，日本也一直是马来西亚液化天然气出口的唯一客户。可以说，中国南海的天然气资源就这样源源不断地被日本人“吸”走了。

在资源、能源来源的渠道上，中日两国有着惊人的趋同性。能源对外依存度的相向性、主要进口油气资源的同源性，再加上地缘政治经济的相关性，这些都将不可避免地导致中日两国在东南亚的国际石油天然气市场展开竞争，而这种竞争也将随着中国企业的“走出去”而变得日趋激烈和残酷。

作者题注：

随着中国在东南亚投资水电、矿产、石油管道等能源资源项目，其实在一定程度上，东南亚地区已经成为中国能源的桥头堡，所以中国能源战略应该未雨绸缪，及时调整，对日本在东南亚的能源投资抱以充分的警惕。

本章提要

日本一直在为马来西亚开发南海资源提供巨大的资金和技术援助，同时帮助其建设液化天然气厂加工南海天然气，使得马来西亚坐稳世界液化天然气第一出口大国的宝座。当然，日本也借马来西亚产出的南海资源，保障了本国能源供给。

在马来西亚液化天然气的18位买家中日本公司占15家，中国大陆、中国台湾、韩国各一家，可以说中国南海的油气已经成为联系日本和马来西亚双边关系的纽带，甚至为两国的经济发展做出了巨大的贡献。

日本在液化天然气（LNG）产业链的每个环节都拥有专业公司，负责天然气开采的国际石油开发帝石、天然气液化厂建设的日挥、液化天然气船建造的三菱重工、液化天然气船运营的日本邮船、项目融资的东京三菱UFJ银行等等。

三菱商事在海外能源项目的开发中，最突出特点的就是把庞大的投资项目和项目所在国政府以及国际资本统和在一起，进行合作，这也是三菱商事一边分散危险、一边积极开辟新兴事业的经营战略的特征。

为了帮助日本商社开拓缅甸市场，日本政府送给缅甸两个“大礼”：一是免除缅甸拖欠的37亿美元债务，并在时隔25年后重启对缅援助；二是向缅甸、越南、泰国等东南亚5国提供为期3年、总额高达6000亿日元的政府开发援助贷款。

在越、菲强硬抢占中国南海，以及日、美借机插足南海的背景下，中国可以尝试同文莱加强南海能源合作，进一步扩大中国南海的实际权益，提高中国在南海的话语权，未来一旦合作成功，将可能成为南海问题得到和平解决的可循模式。

第一节

中、日博弈印尼天然气

2009年7月6日，中国海洋石油有限公司（以下简称“中海油”）宣布，印度尼西亚东固（Tangguh）液化天然气项目（简称“东固项目”）生产的首船液化天然气已经成功出港。7月26日，福建LNG项目终于迎来了印尼东固项目第一船液化天然气。

东固液化天然气项目作为中海油最大的几个海外投资项目之一，被认为是中国南部福建地区的重要天然气来源。与此同时，严重依赖海外资源的日本面对中国在印尼的天然气投资神经早已绷紧，在中日天然气竞争的同时，日本财团也加快了对印尼天然气的布局。

第一回合：难分胜负

同中东相比，印度尼西亚靠近液化天然气最大需求地亚洲市场，占有独特的优势。同时，这还可以帮助亚洲国家减轻在资源供给方面对中东的依赖程度。

2002年12月，中海油以2.75亿美元的价格从BP收购了印尼东固液化天然气项目12.5%的股权。印尼政府批准了中海油购买印尼东固地区天然气的协议，从2009年开始的25年里，印尼每年将供应260万吨液化天然气，约合36亿立方米。福建省的中海油接收站所接收的天然气正是来自这个项目。

然而，中海油远征海外的道路并不顺利，日本最大综合商社三井物产也盯上了东固的天然气项目。此时，东固项目是印尼的第三大液化天然气生产中心。三井物产与东固项目最大股东BP有着良好的合作关系，同时以三井物产为首的日本综合商社一直是日本对印尼投资的组织者和直接参与者，对印尼政府有着巨大影响力。

2003年12月1日，三井物产在印尼的全资公司三井印尼油气公司（Mitsui Indonesia Gas B. V. “MIG”）与BG的全资公司BG国际公司签订了相关合同，三井物产支付2.36亿美元现金，购买BG集团出让的Muturi分项 50% 的权益（即整个东固项目 10.75% 股权），并准备在 2004 年的第一季度完成此项交易。

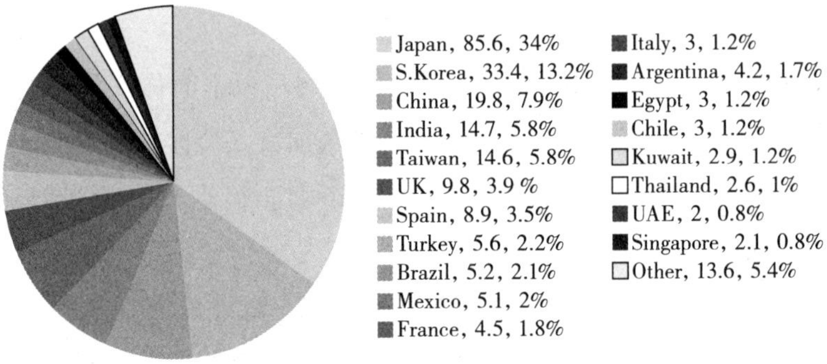

根据国际天然气联盟数据显示，2015 年世界前五大液化天然气进口地区分别为日本（34%），韩国（13.2%），中国大陆（7.9%），印度（5.8%）和中国台湾（5.8%）。

不过，三井物产要完成此项交易需要得到如中海油等大股东的表态，因为执行该合同的先决条件，除了要得到印尼政府的同意外，还需要原项目各股东在规定的时间内放弃行使优先权。此时，作为该项目的较大股东，中海油不得不谨慎考虑如果以同等条件行使优先权的话这笔交易是否划算。毕竟，这是中国的石油公司首次行使优先购买权。

中海油当机立断，从当时和未来该项目可能在公司业务中占有的比重、三井物产的出价以及 50% 的权益出售是否将影响中海油利益等方面进行了仔细分析，并正式做出了决定：为保护及增加公司在这个重要项目中的影响力，中海油决定行使优先购买权。

2004 年 2 月 3 日，中海油最终宣布与英国天然气集团签署《销售与购买协议》，收购了该公司在印尼 Muturi 分项中拥有权益中的 20.77%，收购价为 9810 万美元。由此，中海油在 Muturi 分项中持有的权益从原有的 44.0% 增加到 64.77%，这使中海油在价值 30 亿美元的整个东固项目的权益相应地由原来的 12.5% 增加到 16.96%。

事实上，此次转让的东固项目 10.75% 的股权，中海油获得了 4.5%，剩下 6.35% 的股权由其他日本财团的综合商社（住友商事、双日）持有。因此，除了中国，可以看到日本也是一大赢家。

就这次中日之争而言，一方面中海油保证了单个产品合同的绝对控制

权，另一方面也照顾大股东和印尼政府的意向。然而，中海油在这笔交易中成功阻止了日本三井物产的收购计划，从而也预示着中日在能源领域的竞争与冲突由此开始。

日本加快布局印尼

在中国为能源问题头疼的同时，第一大天然气消费国日本在能源方面同样处于饥渴状态。2005 年，日本共进口液化天然气约 5800 万吨，占世界天然气贸易总量的 41% 左右。其中，日本从印尼进口的天然气占到了日本进口总量的 29.9%。到 2011 年后，日本液化天然气需求量将突破 7000 万吨。面对国际能源市场日益激烈的竞争，日本加快了印尼的布局。

资料显示，东吉－赛诺罗（Donggi－Senoro）液化天然气项目（简称“东吉”）是印度尼西亚第四大液化天然气（LNG）生产基地项目，被三菱商事定位为作为主体推进开发的具有划时代意义的项目。2006 年 12 月，三菱商事从包括三井物产、丰田通商等共 8 家外国公司中胜出，赢得了东吉－赛诺罗的液化天然气工程。之后，三菱商事与印度尼西亚的梅科（Medco）能源公司、印度尼西亚国家石油公司签署建造 LNG 厂的协议。根据这项协议，3 家公司将共同投资 14 亿美元在印尼苏拉威西岛上建造一个具有年产 200 万吨 LNG 能力的工厂。

一年之后，2007 年 12 月 20 日，三菱商事与印度尼西亚国家石油公司（Pertamina）和 Medco 能源公司组成了一个合资公司来共同在印尼的苏拉威西岛上建造一个液化天然气（LNG）厂。此时，为争取到稳定的液化天然气，三菱商事一改以往作

东吉－赛诺罗项目是印尼的第四大 LNG 项目，项目价值 28 亿美元，也是该国重要的天然气基础设施项目之一

为小股东参与石油巨头主导的情况，争取到了半数以上东吉－赛诺罗项目的股份。

2008 年 10 月，印度尼西亚国家石油公司与三菱商事为首的财团正式签署了价值 160 亿美元的供气合同。这个由日本三菱商事、印尼北塔米纳公司、印尼梅科能源公司组成的财团将在苏拉威西岛建造印尼第四大液化天然气厂“东吉－赛诺罗液化天然气公司”，将从苏拉威西岛的瑟诺洛和马汀托气田向该厂供气，合同期限为 15 年，总供气量达 17000 亿立方英尺。2012 年正式投产后，产能为 500 万吨，其中向日本输出液化天然气 200 万吨。

而日本另一大综合商社伊藤忠商事株式会社把布局延伸到了基础设施建设，伊藤忠商事株式会社已开始着手承接印尼各地的能源与基础设施工程，投资金额将超过 40 亿美元。该会社总裁丹羽宇一郎表示，印尼目前经济形势稳定，投资环境已有较大改善，因此伊藤忠商事株式会社决心扩大在印尼的投资计划。

而有日本政府背景的日本国际石油开发帝石控股公司（Inpex）方面，为使日本的天然气有稳定的供应渠道，着手在印尼投资建立液化天然气项目。2008 年日本 Inpex 公司向印尼正式递交了在印度尼西亚建造一个投资 196 亿美元的浮式液化天然气（LNG）厂的有关计划。2009 年 9 月，印尼能源部批准了日本 Inpex 公司的开发计划。2016 年这个浮式 LNG 厂投产后将年产 450 万吨的液化天然气。

中日资源市场竞争不可避免

悉数日本财团在全球能源、资源领域的布局，我们发现，虽然日本对铁矿石、煤炭、天然气等能源、资源产品几乎全部都要依赖进口，但这种缺陷也让日本早早地步入国际能源市场。在全球能源、资源领域，日本各大财团企业凭借资金、技术等优势，并通过收购、并购等经济手段，让日本综合商社顺利安营扎寨，猎获大量的国际油气资源。甚至不夸张地说，有能源、资源的地方都会看到日本人的影子，而有日本人的地方一定藏有财富。

中日两国面对同种资源紧缺状况是一个不争的事实。而在资源、能源

来源渠道上，中日又有着惊人的趋同性。能源对外依存度的相向性、主要进口油气资源的同源性，再加上地缘政治经济的相关性，将不可避免地导致中日两国在国际石油市场展开竞争。这种竞争将随着中国油企的“走出去”变得日趋激烈和残酷。

■原文发表于《能源》2009年12月期，作者：白益民

第二节

三菱商事在LNG生意中的产业组织

入主印尼第四大LNG项目

日本在液化天然气（LNG）产业链的每个环节都拥有专业公司，负责天然气开采的国际石油开发帝石、天然气液化厂建设的日挥、液化天然气船建造的三菱重工、液化天然气船运营的日本邮船、项目融资的东京三菱UFJ银行等等。

将这些项目成功的必然元素有机地结合到一起，让每个机构各司其职，让日本布局海外的能源机器有条不紊运作的，是以三菱商事为首的、号称产业组织者的日本综合商社。它们凭借综合商社具备的情报、物流、金融等等优势，在海外为日本开辟了一处又一处的能源来源地。印尼的东吉－赛诺罗液化天然气项目成为三菱商事在该领域的里程碑。

当日本国际石油开发帝石株式会社在印尼上游积极拓展资源的时候，三菱财团的三菱商事则将其目标定格在液化天然气厂的建设。2007年6月，在经过甄选之后，印尼国家石油公司（Pertamina）和印尼最大的私人石油公司梅德科能源公司（Medco Energy）宣布，指定三菱商事为印尼东吉－赛诺罗（Donggi－Senoro）液化天然气项目EPC（设计、采购、施工）合同的承包商。

该项目位于中苏拉威西省，是印尼继邦坦、阿隆及东固之后的第四个

液化天然气项目。两个月以后，印尼国家石油公司、梅德科能源公司与日本三菱商事签署协议，将斥资 14 亿美元建造东吉 - 赛诺罗液化天然气厂，该厂计划年生产能力 200 万吨。所需的天然气来自 Senoro - Toili 气田和马丁托克（Matindok）气田，前者由印尼国家石油能源服务公司和梅德科液化天然气印尼公司各持股 50%，后者由印尼国家石油公司控制。

日本国际协力银行同意提供 37 亿美元项目资金中的一部分，成为该项目上游和下游的最大贷款人，但前提是日本的关西电力和中部电力可以在 12 ~ 15 年中每年各得到 100 万吨的液化天然气供应。

就在协议签署的当月，2007 年 8 月 20 日，日本时任首相安倍晋三访问印尼，并与印尼总统苏西洛签署了“印尼—日本经济伙伴协定”。协议中规定，即使未来印尼有新条规限定能源的出口，印尼方面也将确保供应给日本的液化天然气不会中断，而日本则将鼓励日本商家投资于印尼的能源发展项目。日本共同社说，日本和印尼签署的这个协定，主要条文是确保日本的能源供应安全。

时任日本首相安倍晋三与印尼总统苏西洛

随安倍晋三访问印尼的日本经济团体联合会会长御手洗富士夫在签约现场致辞称，往后 5 年日本商家将在印尼投资 8000 亿日元，投资项目包括石油、天然气、机械和汽车制造等。**印尼是日本最大的天然气供应国，印尼对日出口的液化天然气约占日本天然气进口总量的 1/4。此外，印尼也是日本的第二大煤供应国，以及第六大石油供应国。**

日本和印尼双边关系的发展也使得东吉 - 赛诺罗液化天然气项目迅速的推进，2007 年 12 月，三菱商事与印尼国家石油公司、梅德科能源公司成立了东吉 - 赛诺罗液化天然气公司来运营该项目，三家公司分别持股 51%、29% 和 20%，三菱商事成为该项目的控制者。

2009 年 2 月底，东吉 - 赛诺罗液化天然气公司和日本的电力公司关西电力和中部电力签订了临时销售协议，约定从2012年开始的12年中，这两家公司将每年获得100万吨的液化天然气。到2009年6月，该项目的前期工程和设计已经完成，负责项目的财团已经选择了EPC阶段的主要承包商。

“冷暴力”浇灭涨价企图

2009年6月中旬，发生了一件对东吉－赛诺罗液化天然气项目产生重大影响的事，出生在苏拉威西省的时任印尼副总统优素福·卡拉（JusufKalla）宣布，由于印尼国内能源的短缺，产自该项目的天然气必须全部供给国内的公司。印尼能源和矿产资源部也因为协议的天然气销售价格太低而反对该合同，此前一个月，印尼石油天然气上游监管机构BPMigas的主席Priyono也表示，希望天然气的价格至少为3.8美元/百万英国热量单位。

印尼方面在该协议上的食言使得日印两国关系出现有史以来最严重的恶化。最初，日本大使小次郎盐尻写信给印尼总统苏西洛，告诫其如果拒绝出口赛诺罗的液化天然气可能会对日印双边关系造成的危害。不久以后，日本时任首相麻生太郎在2009年4月1日举行的G20峰会上与苏西洛就该问题展开了讨论。他重申了东京的立场，认为印尼液化天然气的稳定供应对日本来说是至关重要的。

苏西洛的表态让东吉－赛诺罗液化天然气项目一度陷于停滞。**2009年8月4日，日本关西电力宣布撤销此前签订的该项目的液化天然气购买协议。当年11月2日，日本国际协力银行也表示，如果印尼政府坚持该项目生产的液化天然气用于国内，那么国际协力银行将撤销对该项目建设的资金支持**。在日本选择沉默后，缺乏大量资金以及技术的印尼根本无法启动这个液化天然气项目的建设。

与印尼政府观点不同的是，印尼国家石油公司则一直希望能够将该项目的液化天然气出口至日本，因为该公司认为只有这样，东吉－赛诺罗液化天然气项目才能够启动，同时，印尼国家石油公司也在为该项目的液化天然气寻求买主。

2010年3月24日，印尼国家石油公司天然气事业部部长哈利（Hari Karyuliarto）称日本九州电力和韩国天然气公司可能会购买此前关西电力撤销的部分，两者分别购买30万吨和70万吨的液化天然气。但是这两家公司的报价比关西电力低，而且销售协议的期限是15年。同年5月4日，印尼国家石油公司主席卡莲·阿古斯蒂亚万（Karen Agustiawan）也发文称由于政府的犹豫不决，更多的买家可能选择退出该项目。

在日本外交的强大压力以及印度尼西亚国内石油公司的压力下，2010年6月17日，以三菱商事为首的财团获得了印尼政府的批准建立东吉－赛诺罗液化天然气厂。但是约定至少出售25%的液化天然气在印尼国内市场，并修正了此前制订的项目发展计划。很快，当年10月，日本中部电力便确定将从2014年下半年开始的13年内每年购买该项目100万吨的液化天然气，而九州电力也确定了其30万吨的购买量。

谋求价值链的整合

三菱商事在海外能源项目的开发中，最突出的特点就是把庞大的投资项目和项目所在国政府以及国际资本统和在一起，进行合作。如沙特阿拉伯联合企业就是不仅关系到三菱商事而且关联到三菱集团命运的大型开发项目。还有伊拉克、马来西亚的液化天然气（LNG）等项目，都是由本国政府、国际石油资本介入的共同项目。这是三菱商事一边分散危险、一边积极开辟新兴事业的经营战略的特征。

三菱商事在海外能源项目的开发中，最突出特点的就是把庞大的投资项目和项目所在国政府以及国际资本统和在一起，这也是三菱商事一边分散危险、一边积极开辟新兴事业的经营战略的特征

因此，在东吉－赛诺罗液化天然气项目中三菱商事又选择了韩国天然气公司作为合作伙伴。2011年1月24日，三菱商事与韩国天然气公司各出资75%和25%成立苏拉维西液化天然气发展公司，该公司持有东吉－赛诺罗项

目59.9%的股份。在此次重组之后，梅德科能源持有的股份变为11.1%。

三菱商事计划通过与韩国天然气公司成立的合资公司向该项目投资28亿美元，这一决定也增强了其他股东的信心，第二天，印尼国家石油公司和梅德科能源国际公司宣布将为该项目分别投资13.87亿美元和6.108亿美元。

作为三菱财团的综合商社，三菱商事在该项目中只是扮演了一个产业组织者的角色，其获得的权益由财团相关的制造业企业来负责实操。在该项目中，作为大股东的三菱商事将工程设计、采购、施工和调试服务承包给日挥株式会社，合同价值17亿美元。日本政府机构日本贸易保险计划则为日挥株式会社在该项目的EPC合同提供一份保险单，并且为三菱商事12.5亿的投资提供保险。

此后，三菱商事逐渐将其在东吉-赛诺罗液化天然气项目中的产业链向上游延伸。2011年1月31日，三菱商事以2.6亿美元的价格收购了印尼梅德科能源国际公司旗下Tomori勘探开发公司的全部股份，而该公司拥有东吉-赛诺罗项目主要原料气供应源Senoro-Toili气田20%股份。当年12月，三菱商事邀请韩国天然气公司成为Senoro-Toili天然气田的成员，并将Tomori勘探开发公司49%的股份转让给韩国天然气公司。

东吉-赛诺罗项目不同于以往公司作为小股东参与的石油巨头主导型项目，自计划之初就由三菱商事主导，且属于日本企业的首次尝试。通过该项目，三菱商事进一步丰富了其在天然气业务方面的经验和技巧，加强了其在液化天然气领域的各项功能，为保障面向日本的能源稳定供应做出了很大贡献。

■原文发表于《环球财经》2013年第10期，作者：白益民

第三节

双面文莱

2012年11月14日，文莱政府宣称，预计2035年文莱石油日产量将从现在的40万桶增加至80万桶，为此将加大在陆地和海上的油气勘探力度。

虽然文莱是唯一对我国南沙部分岛礁提出主权要求而未驻兵的国家，但20世纪90年代以来，文莱勘探活动逐步向北推进，已经深入我国南沙海域，并采走了大量油气资源。当我国需要维护南海自身利益时，文莱又是一个难得的帮手。

跨越九段线采油气

在文莱，海上与陆地石油工业几乎完全受文莱壳牌石油公司（BSP）控制。以2002年为例，文莱共生产约3660亿立方英尺的天然气，其中文莱壳牌公司生产的天然气就占90%。

文莱壳牌石油公司（BSP）成立于1957年，由文莱政府和壳牌集团各出资50%建立。最早在1899年，壳牌石油公司便来到处于英国殖民下的文莱进行油气勘探。起初，壳牌在文莱并不顺利。

1925年，壳牌转移至文莱西北沿海的诗里亚地区（Seria）进行勘探，希望能够寻找到具有一定储量的资源。4年之后的1929年，壳牌下属马来亚石油公司（Malayan Petroleum Company）发现了文莱第一个能够商业化的陆上油田——诗里亚油田。直到1960年，诗里亚油田都是文莱唯一商业生产的油田，二战时期该油田达到生产高峰，每天可产1.5万桶原油。

到了1960年，海上油气勘探技术得到突破，当时已经成为合资公司的文莱壳牌石油公司（BSP）运用海上勘探技术，在文莱西北沿海发现了储量惊人的“South West Ampa”气田，而该油田位置紧邻中国南海传统海疆线。迄今为止，South West Ampa气田仍在生产运作，成为文莱寿命最长的油田，并且其仍然拥有文莱一半以上的天然气储量和产量。

1969年，在靠近“South West Ampa”气田的地区，文莱壳牌公司发现了另一个重量级油田Fairley油田。**次年，位于文莱北部、明显跨越中国南**

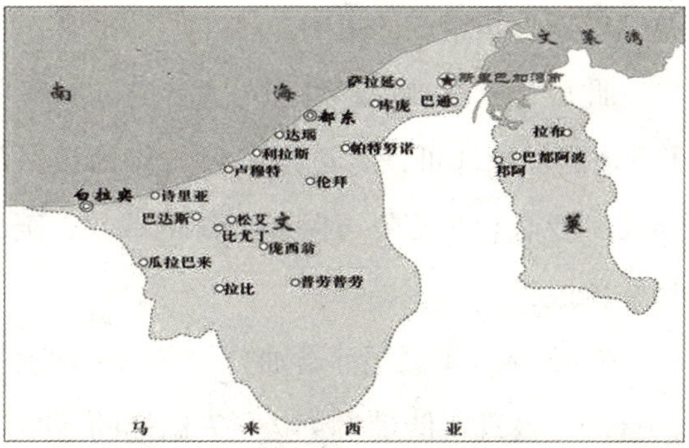

在文莱，海上与陆地石油工业几乎完全受文莱壳牌石油公司（BSP）控制

海九段线的超重量级油田“冠军油田”（Champion）被文莱壳牌石油公司发现。现在，该油田已经有40个平台超过260口油井，石油储备占文莱国家的40%，并且每天能够生产10万桶原油。1975和1979年，文莱壳牌公司又相继发现Magpie油田和Rasau油田两个海上大型油田，使得文莱的石油当量提高到了25万桶/年。

1984年1月1日，文莱苏丹（国王）正式宣布文莱完全独立。即便如此，文莱壳牌石油公司依然处于文莱油气开发的垄断地位。2003年12月18日，文莱政府与文莱壳牌石油公司签署陆地及第一、第二大陆架石油开采协议，将文莱壳牌与文莱国家的合作关系延长至2022年。

争议区块联手外企

2011年3月24日，《文莱时报》刊登《CA1、CA2：光明与未来》一文，引用文莱国家石油公司总经理Azren Taib的话说：“CA1和CA2两个区块十分具有前景，够我们忙一阵子的了。”他还表示，CA1、CA2区块的签署是具有历史性的事件，预示着文莱国家油气行业新的开始。

CA1、CA2**成为文莱能源新希望，要从2001年说起。当年1月29日，文莱政府宣布对外开放婆罗洲沿海两个深水区块J和K，每个区块面积均为5000平方千米。当时，这两个区块既深入我国南沙群岛的南通礁又与马来西亚存在争端，文莱却声称两区块完全位于其专有经济区域内。**

经过公开竞争投标，2002年2月文莱将深水区块K授予了由三菱商事、壳牌石油和美国康纳石油公司（2002年8月合并为美国康菲石油公司）组成的集团，同时将深水区块J授予了道达尔菲纳埃尔夫公司（2003年5月6日更名为道达尔石油公司）、澳大利亚必和必拓公司和美国阿美拉达赫斯公司组成的集团。

此后，以法国道达尔公司为首的国际集团被文莱政府授予了文莱深水J区块的勘探许可证，道达尔公司作为该区块的作业者拥有60%的股权，澳大利亚必和必拓公司拥有25%的股权，美国阿美拉达赫斯公司拥有剩余15%的股权。

2002年，美国墨菲石油公司和马来西亚国家石油公司在与区块J重合的区域，发现了储量为4亿~7亿桶的Kikeh油田，占文莱声称拥有主权的海上区域的一半。2003年4月，马来西亚方面甚至不惜动用武力，用海军巡逻艇驱逐了文莱方面在J区块活动的道达尔的勘探船。同年6月，道达尔宣布暂停在J区块的勘探工作。

对于当时的文莱来说，由于本国已有油田的产量在不断下降，J和K区块将成为文莱维持石油和天然气产量的重要来源。最终，2009年8月，马来西亚新任总理纳吉布访问文莱时与文莱方面达成联合开发协议。2010年9月21日、10月14日，马来西亚与文莱先后签署了在文莱西北部100公里海域CA1（原J区块）和CA2（原K区块）进行40年联合开采商业石油、天然气的合作协定。

根据最新协议，CA1区块由法国道达尔（54%股份）、澳大利亚必和必拓（22.5%）、美国阿美拉达赫斯公司（13.5%）、美国墨菲石油公司（5%）、马来西亚国家石油公司（5%）参与，道达尔是作业者。CA2区块由马来西亚国油、美国墨菲石油、荷兰壳牌、日本三菱商事、美国康菲持股，分别为45%、30%、12.5%、6.25%、6.25%，马国油是作业者。

2012年4月18日，《Penn Energy》报道称，道达尔公司在CA1区块深水勘探井Julong East井中获得了重要的石油发现，但并未透露更多信息。此前，道达尔在该区块只探得了一口干井。

南海问题的突破口？

虽然文莱在南海侵犯了我国领土，但在诸国中是中国目前十分希望取得南海合作的国家。未来中国南海战略中，文莱的角色将会十分微妙。

2011年11月21日，访问文莱的温家宝总理与文莱苏丹哈桑纳尔签署

文莱石油财富都被由王室为首的经济集团所垄断，因此，文莱苏丹哈桑纳尔自然成为全国最富乃至世界最富的人

了海上石油天然气合作协议。温家宝总理在当地大学发表讲话称，经济上中文两国要实行经济合作，包括海上油气田的勘探合作和油气田上下游合作。话外之意，便是取得南海合作。

文莱《婆罗洲公报》2012年3月21日报道，中国政协主席贾庆林在文莱访问期间，与文莱苏丹举行会谈，并提出推动中文各领域合作的四点建议，计划未来与文莱共同落实南海各方行为宣言精神，进一步加深两国在南海问题上的合作。

2012年12月，文莱连同马来西亚的退出，使得由菲律宾组织的菲律宾、越南、文莱、马来西亚四个声索国会议不得不宣布取消。对此，日本《共同社》发文表示，尽管文莱在南海问题上也主张拥有“主权”，但该国重视对华关系，对讨论南海问题态度消极，此次做出取消会议的决定很可能是出于对中国的顾虑。

在越南、菲律宾强硬抢占中国南海以及日本、美国借机插足南海的背景下，中国制约越南、菲律宾在南海侵略行为的同时，与文莱加强南海能源合作，将进一步扩大中国南海的实际权益，提高中国在南海的话语权。中文两国未来一旦合作成功，也有可能成为南海问题得到和平解决的可循模式。

■原文发表于《中国石油石化》2013年第2期，作者：白益民

第四节

大马身后的武士刀

日本一直在为马来西亚开发南海油气资源提供强大的资金和技术援助，并帮助其建设液化天然气厂加工南海天然气。与此同时，日本借马来西亚产出的南海资源，保障了本国能源供给。

马来西亚总理纳吉表示，马来西亚计划注资13亿美元，建造液化天然气（即“LNG”）接收站，力争2020年成为亚洲地区最大的液化天然气贸易枢纽中心。或许很少有人知道，马来西亚国内的液化天然气厂所需天然气几乎全部来自中国的南海。马国也因开发南海油气资源，国家经济实现了突飞猛进。而这一切的背后，则有着日本这个“幕后推手”的帮助。

日本一直在为马来西亚开发南海资源提供巨大的资金和技术援助，同时帮助其在陆地建设液化天然气厂加工南海天然气，使得马来西亚坐稳世界液化天然气第一出口大国宝座。与此同时，日本也借马来西亚产出的南海资源，保障了本国能源供给。

日本商社涉足南海

20世纪50年代，荷兰壳牌便将勘探船开进南海进行勘测，宣称在马来西亚沙捞越民都鲁近海150到250公里发现了中央洛克尼亚（Luconia）气田。

很显然，这个位于北纬4.5°、东经112.5°的气田处在中国南海领域。此后马来西亚并未进行实质性的开采，然而随着20世纪70年代石油危机席卷全球，为了保证国内能源的稳定供应，1974年8月17日马来西亚成立了马来西亚国家石油公司（简称“马国油”），随即将目标直指中国南海天然气资源。

与此同时，在石油危机中遭受重创的日本也开始寄希望于油气资源开发前景广阔的中国南海。1975年，马国油计划开展液化天然气项目，次年2月，在经过马来西亚政府批准后，深谙液化天然气厂建设以及液化天然气运输之道的日本三菱财团的三菱商事（综合商社）便与荷兰壳牌及马国油进行谈判，考虑以何种方式落实该项目。

经过详尽的规划之后，1978 年 3 月 31 日，马国油与三菱商事和壳牌签署了合资协议，于当年 6 月 14 日成立了马来西亚液化天然气私人有限公司（Malaysia LNG Sdn. Bhd 简称 MLNG），负责运营这个包括三条液化天然气生产线的项目。其中马来西亚国家石油公司拥有 65% 的股份、三菱商事和壳牌各拥有 17.5%。而该项目所需的天然气全部来自位于中国南海的中央洛克尼亚气田。

1979 年 9 月 28 日，日本日挥株式会社（三菱财团）联手美国普尔曼公司就承建马来西亚液化天然气项目与马来西亚液化天然气公司签署了合作意向书，并成功在 1980 年 6 月 20 日签订了项目合同。同月，日本东京电力与东京燃气对购买马来西亚液化天然气公司的液化天然气表现出兴趣。

1982 年 8 月 8 日，马来西亚液化天然气私人有限公司拥有 600 万吨/年（现在为 800 万吨/年）的 LNG 项目一期成功提前交付，生产的 LNG 全部供给日本公司。第二年 1 月 8 日，该项目正式开始商业生产，并在一个月后将第一批 LNG 运抵东京燃气的袖浦工厂。3 月 27 日，马来西亚液化天然气公司与东京电力和东京燃气签署了正式的液化天然气买卖协议。

随着在中国南海越来越多的油气资源发现，现有的液化天然气厂处理能力已经不能配合马来西亚的天然气产量，所以 1992 年 6 月 1 日马国油再次携手三菱商事与壳牌，成立了马来西亚液化天然气 Dua 公司（MLNG Dua）来扩建三条新的处理能力为 780 万吨/年的液化天然气生产线，其中马国油持股 60%，三菱商事和壳牌分别持股 15%，沙捞越政府持股 10%，工程建设的合同则再次落在了日本日挥株式会社的手中。截至 1996 年，这三条生产线全部竣工并投入

东南亚各国中，马来西亚在南海的石油年产量超过 3000 万吨，天然气近 1.5 亿立方米。如今，马来西亚已深入中国南沙群岛 200 千米以内，年获利三十多亿美元

生产。

在此期间，日本与马来西亚液化天然气公司签署了大量的买卖协议，包括西部电力、东北电力、大阪燃气、关西电力、东邦燃气、东京燃气、静冈燃气以及日本仙台市天然气局。十多年以来，日本一直是马来西亚液化天然气出口的唯一客户，中国南海的天然气就这样源源不断地被日本人吸走！

左亲中国右近马国

当三菱商事等日本财团企业在南海周边活动的时候，另外一些日本公司则与中国海洋石油总公司一起进行南海石油的开发。1985 年 11 月 8 日，中海油在第二轮招标中率先与 JHN 公司签订了位于中国南海珠江口盆地 16/06 区块的合同。这成为日本公司在南海与中国的第一次合作。

JHN 公司是由日本新南海石油开发株式会社（日本石油资源开发株式会社的子公司）、日本新华南石油开发株式会社（石油公团和阿拉伯石油联合子公司）和日本矿业珠江口石油开发株式会社（三菱财团关联企业）组成的作业者集团，持有 16/06 区块内陆丰 13 - 1 油田 75% 股份，剩余的股份由中海油持有。

在 2005 年 10 月 JHN 成立 20 周年大会上，中海油深圳总经理朱明才高度评价 JHN 给予中海油的帮助，称其在成本控制和人才培养上带给中国企业许多经验。不仅如此，JHN 还为中海油培养输送了一大批高素质的员工，为中海油的发展贡献了力量。然而事实上，日本一面与中海油合作，一面却在大力协助马来西亚开发中国南海资源。

在马来西亚液化天然气的 18 位买家中日本公司占 15 家，中国大陆、韩国、中国台湾各一家

1987 年，由日石三菱（现新日本石油开发）、日本石油公团（现日本石油天然气矿物资源机构）和

三菱商事分别持股47.24%、45.39%和7.37%成立的日本石油勘探（马来西亚）公司成立，接收位于马来西亚砂拉越州美里市西北部70公里的SK－10区块，作为运营商持有75%的权益，剩余股份由马来西亚国家石油公司持有。

该区块已处于中国南海传统海疆线以内。两年之后，1989年，由日本石油开发株式会社（现新日本石油开发）、石油公团以及三菱商事成立的日本石油勘探（砂拉越）公司接收马来西亚近海SK－8区块37.5%的权益，荷兰壳牌作为运营商持有37.5%的股份，剩余股份由马国油持有。

SK－8区块位于马来西亚美里市西北部250公里，处在中国南海以内，并且这一区块也是马来西亚入侵南海最深入的区块。在此后的两年内日本的石油公司又在马来西亚SK－10区块发现了Helang气田，并在SK－8区块发现了Jintan气田和Serai气田，但并未进行勘探生产。而众多气田的发现则给予了日本帮助马来西亚建造液化天然气厂的机会。

1995年11月8日，马来西亚液化天燃气Tiga公司（MLNGTiga）应运而生，由马国油、沙捞越政府、壳牌、日本石油液化天然气公司（新日本石油旗下）及钻石天然气开发公司（三菱商事全资子公司）分别持股60%、10%、15%、10%和5%，兴建液化天然气厂。

这个天然气厂包括两条处理能力680万吨/年的生产线，主要用来对产自SK－10区块和SK－8区块的天然气进行液化，项目由日挥及其合作伙伴在2003年建成。随着天然气液化厂的逐步建设，曾经在二战期间作为日本军用石油供应商的帝国石油公司也开进南海。

该公司于2000年10月12日分别接受了日本石油开发（马来西亚）公司和日本石油开发（砂拉越）公司各15%的股份，成功进入SK－10项目和SK－8项目，正式开始这两个项目积极的勘探以及生产设施的建设。

2003年11月，帝国石油宣布位于SK－10区块的Helang气田投产，天然气产量为250百万立方英尺/天，凝析油为10000桶/天。随后，位于SK－8区块的Serai气田和Jintan气田也分别在2004年6月21日和9月6日投产，这两个气田的天然气产量为770百万立方英尺/天，凝析油产量为

22000 桶/天。

如果按照国际标准（100 万立方英尺/日 =1033.55 万立方米/年，1000 立方米天然气 =1 吨原油）进行换算，仅这两个油田一年的油气产量约为 900 万吨，这相当于中国第一大海上油田渤海油田油气产量的 1/4。

截至 2010 年，马来西亚出口液化天然气 2300 万吨，其中 60% 出口到日本，占日本液化天然气总进口量的 19.5%，也是日本最大的液化天然气供应商，而同年仅有 0.9% 供应给中国，占中国总进口量的 13%。**在马来西亚液化天然气的 18 位买家中日本公司占 15 家，中国大陆、韩国、中国台湾各一家。中国南海的油气俨然已经成为联系日本和马来西亚双边关系的纽带，甚至为两国的经济发展作出了巨大的贡献。**

将南海 LNG 返销上海

日本和马来西亚不仅大肆在中国南海开采资源，而且将这些油气资源卖回到中国。2006 年 7 月 21 日，中国海洋石油总公司旗下的上海液化天然气有限公司与上述马来西亚液化天燃气 Tiga 公司（MLNGTiga）签订协议购买天然气。根据合同，马来西亚从 2008 年开始的 25 年内向上海供应液化天然气，数量从 110 万吨起逐年增加，2012 年后保证每年供应 300 万吨液化天然气。马来西亚液化天燃气 Tiga 公司出产的液化天然气主要来自 SK－10 区块和 SK－8 区块，而这两个区块则都已侵入中国南海疆域。为了迎接这些来自马来西亚的天然气，中国上海的液化天然气接收站开始紧锣密鼓地推进。

2006 年 8 月 10 日，在日本丸红株式会社的协助下，以日本三井财团的石川岛播磨重工为核心，由中国台湾大型工程公司中鼎工程公司（CTCI），以及中国大陆的设计单位五环设计院（WEC）等 3 家单位所组成的跨国联合体，以约 300 亿日元中标了上海液化天然气（LNG）接受站项目的设计、采购和建设的总包合同。上海液化天然气接收站共拥有 3 座容量为 16 万 5 千立方米的储罐，每年可接受 300 万吨 LNG 的大型项目。

这是中国大陆继深圳和福建省之后的第三个液化天然气接收站项目，

也是以石川岛播磨为代表的日本厂家，在中国液化天然气接受站项目中实现的首次中标。2008 年 11 月 15 日，第一艘运载 1000 万立方米液化天然气的专用运输船顺利靠泊上海五号沟液化天然气项目专用码头，也是第一船来自马来西亚的液化天然气。鲜为人知的是，这艘名为“阳剑号”（Su-narrows）的巴哈马籍的液化天然气船竟然是由日本三井财团的商船三井负责运营。

事实上，早在 2003 年 3 月，日本国际协力银行便与马来西亚国际船运有限公司（MISC）旗下的六家船舶公司签署贷款协议，用于融资购买液化天然气运输。此后这六家公司各得到了 7000 万美元左右的资金，并且这六家公司向日本三菱重工和三井造船各订购了三艘液化天然气船，于 2005 年交付，其中三艘就是用来运输 MLNGTiga 公司生产的液化天然气。

这些年来，日本国际协力银行通过融资、技术、设备的援助、专业服务，来参与与其他国家的激烈竞争，并获得最终的订单。截至 2011 年 9 月，马来西亚国际运输公司所拥有的液化天然气船共计 26 艘，其中就有 11 艘来自日本。

■原文发表于《中国石油石化》2012 年第 24 期，作者：白益民

第五节

中缅油气管道遭美日围堵

2012 年 6 月底，中缅油气管道瑞丽段在瑞丽市畹町镇正式开工，这也意味着中缅油气管道离贯通仅有一步之遥。这段工程长达 48.6 公里，是连接中缅油气管道与国外段的“咽喉”工程。

中缅油气管道是继中哈油气管道、中俄石油管道以及中土天然气管道之后的第四个油气管道，有利于实现石油运输渠道多元化、保障中国能源供应安全。中缅油气管道计划于 2013 年 5 月建成，到时将极大改变中国能

源运输格局，改变当前过于依赖马六甲海峡的现状，同时也可促进西南地区与湄公河流域国度的经济合作。

然而，随着缅甸政局的变化、美国对缅甸政局的影响以及日本商社加大对缅甸的投资，这一工程背后潜藏的，已经不仅仅是“机遇”，可能还有“陷阱”。

来之不易的能源大通道

缅甸天然气储量位居世界第十，是中国周边国家中的一个“天然气大国”。而能源对于中国经济持续增长十分重要，因而参与开发缅甸天然气资源，成为中国一个顺理成章的选择。更为重要的是，缅甸特殊的地理位置（濒临印度洋），可帮助中国打通印度洋通道，保障中国石油的运输安全，破解“马六甲困局”。

2004 年 8 月，云南大学能源专家吴磊等 3 人提出了一份《关于修建从缅甸实兑到昆明输油管道的建议》的研究报告。在报告中，三位专家建议修建一条打通印度洋的输油管道，起于缅甸实兑港，终点为云南昆明。其设计方案油、气双线并行，建成之后输油能力为每年向中国输送 2200 万吨原油、120 亿立方米的天然气。其中，天然气主要来自缅甸近海油气田，原油主要来自中东和非洲。

然而，在管道谈判的初期，缅方坚持只向中国输气，而中方则坚持油气并行，中缅油气管道谈判因此一度受挫。后经多轮谈判，出现转机，2009 年 3 月 26 日，中缅两国签订了《关于建设中缅原油和天然气管道的政府协议》等文件。

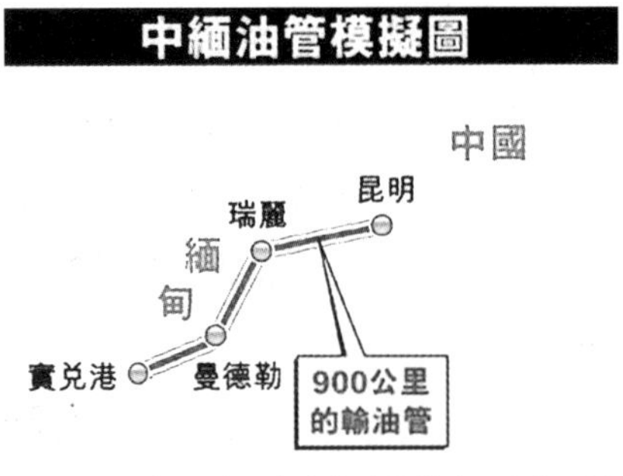

早在 2004 年，中国专家就建议修建一条打通印度洋的输油管道，起于缅甸实兑港，终点为云南昆明，最终实现油、气双线并行

2009 年 6 月 16 日，中石油与缅甸方面正式签署中缅管道运营协议，中石油将负责设计、建设、运营和管理这条跨境输油管道项目，总投资约 20 亿美元。一年后，2010 年 6 月 3 日，中国国务院总理温家宝和缅甸联邦政府总统吴登盛，共同触

摸标志中缅油气管道开工的电子球，中缅石油天然气管道工程正式开工建设。

事实上，管道从计划到开工建设一直受到多重势力的阻挠。缅甸历来被视为中国与印度的“缓冲国”，中国与缅甸能源合作的不断加深，无疑让印度分外眼红。就在中缅谈判陷入僵局时，印度加快了与缅甸的能源合作与基础设施建设的速度。2007 年 2 月 5 到 11 日缅甸《时报周刊》报道，印度计划向缅甸实兑港投资 1.3 亿美元改造扩建，以开拓一条通往东南亚的新的贸易通道。

中缅油气管道还一直受到西方媒体以及反华势力的诋毁。2009 年西方媒体联手“瑞区天然气运动”流亡组织发布“权力走廊”的报告，声称“管道将经过缅甸许多村庄，引发强制拆迁、环境破坏及人权侵犯”。部分西方媒体也蛊惑称，“缅甸人民面临严重能源短缺，这种大规模能源出口只会加剧社会动荡”，并警告：外国投资者与缅甸做生意面临金融和安全风险的“完美风暴”。

日本商社与中国争“气”

2010 年之后，随着缅甸结束军政府统治，缅甸开始实施民主化，并对政治、经济进行一系列改革。欧美国家也开始逐步解除对缅甸的经济制裁，日本商社加快了对缅甸油气的投资，再次掀起了投资缅甸的热潮。

2012 年 1 月 12 ~ 14 日，在日本经济产业大臣枝野幸男率领下，以日本最大的炼油公司 JX 控股、三井财团的三井物产（综合商社）以及第一劝银财团的伊藤忠（综合商社）为首的日本企业代表团对缅甸进行了访问，目的便是促进日缅在能源和采矿领域的合作，推动日本企业在缅甸投资石油、天然气的开发。

2012 年 4 月 21 日，为了帮助日本商社开拓缅甸市场，在缅甸吴登盛总统访日期间，日本政府送给缅甸两个“大礼”：一是免除缅甸拖欠的 37 亿美元债务，并在时隔 25 年后重启对缅援助；二是从 2013 年起向缅甸、越南、泰国等东南亚 5 国提供为期 3 年、总额高达 6000 亿日元的政府开发援助贷款。

作为日本企业的“头狼”，以三井、三菱为首的日本综合商社加快了对缅甸的能源领域投资。2012 年 4 月中旬，伊藤忠联合多家石油公司，与缅甸能源部旗下的石油天然气公司共同勘探安达曼海域的油气资源。此外，还将在缅甸内陆地区开发钼矿、钨矿，预计总投资额将达数百亿日元规模。三井物产也着手改造、更新缅甸国内使用天然气的化肥生产设备，此外还计划在日本政府支援下，争取仰光市内变电站和供、排水设施的改造工程订单。为了加大在缅甸的投资力度，6 月 7 日，三井物产在缅甸首都内比都设立办事处。

而此前不久，富士财团的丸红（综合商社）与丰田财团的丰田通商两家都已在内比都开设办事处。与此同时，三菱商事不甘示弱，也开始在内比都招兵买马筹建办事处。

三井物产等综合商社纷纷在缅甸首都设办事处的目的，在于同缅甸政府就日元贷款等日本政府开发援助（ODA）协调具体援助项目。

事实上，中缅在管道接洽的过程中，也面临着不少石油公司的竞争，其中最强劲的对手莫过于日本企业。日本商社很早就参与了缅甸天然气的开发，并且希望通过液化运往日本或出售给他国。

据缅甸《上游在线》报道，2006 年 12 月，丸红与国营韩国天然气公司以每百万英国热量单位 7 美元的价格投标购买缅甸的天然气，这个价格几乎是其他竞争者报价的 2 倍，使得对管道怀有希望的中国十分不安。所幸的是，由于当时缅甸军政府受西方政府经济制裁，对中国投资十分依赖，使得中国在天然气争夺上能后来居上。

虽然目前日本商社相对于中国来说，在缅能源投资较少，但在不远的将来日本必将成为缅甸能源领域的一个重要角色。

美国：又一个强劲对手

鉴于中国在缅甸的影响力加大，以及缅甸地缘政治的重要性，美国也开始改变对于缅甸的制裁政策。

2009 年以后，随着美国高调重返东南亚，美国对缅甸实施平行政策，即在与缅甸政府对话的同时与反对派领导人昂山素季接触。2010 年缅甸宣布实施民主化改革，美国主动给缅甸经济制裁松绑。

2011年11月30日，希拉里对缅甸进行“破冰之旅”的访问，并与缅甸高层进行会谈，承诺放松对缅甸的制裁，并对其提供经济支援。2012年5月17日，奥巴马提名德里克·米切尔担任驻缅甸大使，并且宣布开始放松对缅甸出口金融服务和投资的限制，这也成为改善美缅关系最实质性的举措。

6月7日，美国一些参议员力劝美国政府允许美国石油公司参与缅甸油气的开发。共和党参议员詹姆斯·英霍夫在当天举行的参议院外交委员会听证会上说，美国政府拟议中的新规定允许美国企业在缅甸投资，却不包括石油企业，政府将因此犯“战略错误”。在他看来，美国企业包括石油和天然气企业能以负责任的企业行为和透明化的经营方式，在缅甸扮演积极角色。

现如今，随着缅甸的开放及西方逐步解除封锁，大量的外资企业将会涌进缅甸，使以往中国企业一家独大的现象不再继续。2011年9月3日，在中方毫不知情的情况下，缅甸总统吴登盛通知国会，将根据人民的意愿，在本届政府任期内搁置兴建伊洛瓦底江密松水电站项目。

中缅合资的水电站被搁置不仅导致中方企业蒙受巨额损失，也让中方担心起“中缅油气管道”的前景来。2011年11月，中石化专家张抗在“2011天然气高峰论坛”上说道：“目前缅甸天然气主要运往泰国，资本主要是韩国、泰国、日本掌握。2015年修成管线，最近水电站的事情给我们非常清醒地上了一课，不是那么简单。即使能够建成，2015年难以规模输气。可能会输气，但是达到一定规模输气不现实。”

缅甸不稳定的局势也让“中缅石油管道”的前途显得扑朔迷离。由于缅甸政府方面的腐败，再加上西方媒体的蛊惑，民众对于管道建设并不支持。与此同时，缅甸内战又是一个不确定因素，特别是自2011年6月缅甸政府军与克钦独立军开战以来，其和解的前景渺茫，这又直接影响了油气管道的施工。

正如日本媒体描述的那样，缅甸日益显出与中国渐行渐远的迹象。然而，随着中国在缅甸投资水电、矿产、石油管道等能源资源项目，一定程

度上，缅甸已成为中国能源的桥头堡。所以，缅甸的西化可能成为西方对中国设下的一个陷阱，而中国能源战略应该未雨绸缪，及时调整，对日、美在缅甸的能源投资抱以充分的警惕。

■原文发表于《中国石油石化》2012年第9期，作者：白益民

第四章　越南能源战略的同谋者

近年来，越南和日本往往在对中国海洋问题上“一唱一和”，这是因为中国南海对于日本而言，同样是一条非常重要的交通运输线。如果越南能够拥有南中国海岛屿的“主权”或将此海域变为“公海”，无疑对日本来说都是好消息。同时，中国和越南双方在南海的争端一旦升级，就会给日本制造出缓解压力的空间。

在许多人看来，南海争端是中国与东南亚一些国家的事情，背后是美国的强大支持，或许还有日本的掺和，但对另一个大国俄罗斯的南海参与，却知之甚少。事实上，从 19 世纪 70 年代开始，越南之所以敢大胆向中国南海油气进军，盗采中国南海油气资源，基本上全部仰仗于苏联老大哥的“帮助”。

随着苏联的解体，俄罗斯在南海周边的影响力变得越来越弱，越南便开始将美国石油公司作为优先的合作对象，企图共同开发南海。当然，越南拉拢美国石油公司的目的有二：其一是为了进一步强化其对中国南海油气田的“占有”；其二则是希望通过与美国建立利益共同体，从而牵制中国。

作者题注：

在南海问题上，中国一直秉持“搁置争议，共同开发”的友好立场，越南却把“友好”当成“无能”，肆意掠夺中国南海油气资源。所以，作者认为中国应该主动出击，还越南以颜色，给予一个出其不意，打乱越南在南海的阵脚。

本章提要

矿业对越南国民经济的贡献率居全国各行业第八位，仅石油天然气每年上缴利税就占全国财政收入的25%，创造直接就业岗位43万人。石油天然气行业对越南如此重要，殊不知，越南的石油天然气几乎全部来自海上，并且相当一部分是从中国南海盗采而来的。

越南在成长过程中，也曾从中国获取过大量的资源和武器，但是自从20世纪70年代在南海上发现巨额的石油财富后，饱经战争折磨的越南便开始觊觎这块历来属于中国的领土，对南中国海进行肆无忌惮的盗采，不断试探中国的底线。

苏联帮越南在南海“抢油”，完全是出于自身利益和政治需求，根据1981年双方签订的协议，苏联可以从越苏石油公司拿到一半的销售分红，20世纪80年代末，苏联之所以成为世界上最大的石油生产国之一，一部分份额就来自南海。

虽然现如今中俄双方出于反击以美国为首的西方势力围堵的需要，理应加强经贸、能源以及东北亚地区安全领域等方面的合作，但是，中国也不要忘了，俄罗斯一直将中国视为对手，从来就没有忘记过围堵中国。

领土狭长、能源缺乏的日本一直做着自己的扩张梦，为了增强国家的能源安全、摆脱几乎90%原油进口来自中东的现状，近年来日本政府积极执行其所谓的“越南战略”，力图通过企业投资的方式插手南海油气资源开发。

目前，日本、菲律宾、越南在东海钓鱼岛、南海黄岩岛及南沙群岛等问题上轮番挑衅，使中国的海疆形势面临着空前复杂的局面，日、菲、越三国已在中国海疆成掎角之势，共同对中国形成了一个包围圈。

第一节 越南结伙盗采南海

长期以来，越南都在拉拢美国石油公司非法开采中国南海油气资源。对此，中国应该适时出击，给其严厉警告。同时，中国石油企业在南海应与国际石油公司积极合作，尽快实现有效开采。

2012年8月11日，越南《劳动报》报道，2000年以来，越南矿业产值占国内生产总值的10%～11%，年出口额约85亿美元，其中原油出口约60亿美元。**矿业对越南国民经济的贡献率居全国各行业第八位，仅石油天然气每年上缴利税就占全国财政收入的25%，创造直接就业岗位43万人。殊不知，越南石油天然气几乎全部来自海上，并且相当一部分是从中国南海盗采而来的。**

越南在南中国海一共划定了185个海上油气招标区块，分年分批面向全球进行招标。越南的招标区块不仅涵盖了自己占据实控的海域，而且包括了中国实控的海域。越南在侵夺中国南海权益方面的胆量之大、胃口之贪，达到了令人吃惊的地步。为了抗衡中国，越南国家石油不惜让出控股权，拉拢以美国石油公司为首的西方石油公司参与南海油气共同开发，将南海问题复杂化、国际化。

一心拆散“中美”联盟

1988年，由于看好南海油气的开采前景，美国克里斯通能源公司通过购买菲律宾沿海地区的两个油气合同，介入南海油气开采的活动中。没想到，这也成为中美南海合作的开端。经过三年勘探，克里斯通对南海地壳构造的演变过程有了了解。后来经过科学推断，该公司发现被称为“万安盆地”的浅海海底可能蕴藏着丰富的油气资源。

起初，克里斯通公司以为这一区域属于越南。后来，公司请了一些专家去马尼拉、吉隆坡、夏威夷等地的图书馆查阅了大量资料，又经过与法律顾问的讨论，最后一致认为这块海域的管辖权属于中国。于是，克里斯通主动找到中海油，并于1992年5月8日签署了“万安北－21”石油合同。这也成为中国在南沙群岛海域的第一个石油合同。

然而，越南等南海周边国家早已将南海油气作为分食的对象，与西方石油公司签署了大量的油气合同，因此“万安北－21”石油合同也被称为“迟到的合同”。这份合同从一产生就遭到越南的重重围堵。在签署的前一天，越南外交部表示，“万安北－21”合同区域主权属于越南，要求克里斯通停止在越南领海进行非法勘探开采。对此，中国外交部强有力地驳回了越南的无理要求。

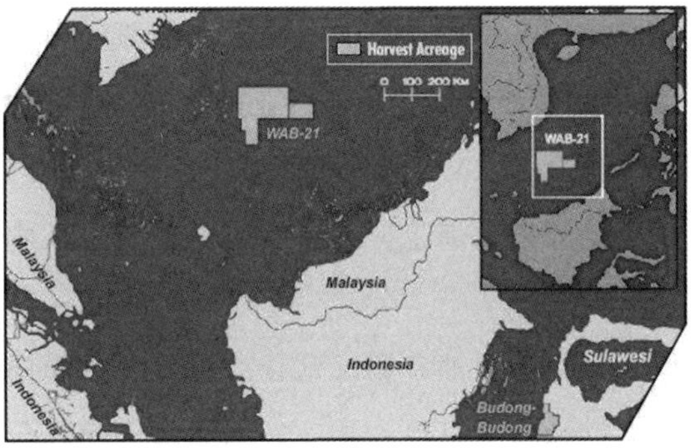

图中黄色区块即“万安北－21”海域，“万安北－21”位于南海海域内，符合我国对自己海域及其海床和底土享有主权权利和管辖权要求

为了迫使克里斯通放弃南海开采权，越南通过种种政治手腕和商业力量对其施压。越南驻联合国大使找到美国国务院，要求约见克里斯通公司老板，并于1992年7月10日专程赶到科罗拉多州丹佛的公司所在地。他警告该公司说：“万安北－21”合同涉及中越之间争议地区，这对于克里斯通公司是危险的。”随后，越南国家石油公司董事长也致函克里斯通公司，再次要求其取消与中国刚刚签订的合同。

除了动用各种力量威胁恐吓之外，越南还对中国勘探船进行武装威胁。1994年4月13日，克里斯通公司租赁中科院南海海洋研究所的勘探船“实验2号”开始在合同区进行勘探作业。就在当天，越南出动5艘武装船将中国勘探船团团围住，要求中国勘探船撤离。为避免事态恶化，防止冲突升级，最后中国勘探船于16日撤离作业区。

对于那次围堵中国勘探船，越南政府还恶人先告状，率先向中国发难。越南新闻媒体公开发表《反对克里斯通能源公司在属于越南主权的四政滩（中国南沙万安滩）地区进行非法活动》的文章，声称克里斯通公司与中国海油签订的合同“侵犯”了越南的“主权”，要求立即废除这一合同。

越南一边在国际上攻击中美两家公司签订的合同，一边在这个中美合

同区域周围与别的公司非法签订合同，进行物探作业，并架上钻机进行钻探。同时，越南将属于中国主权范围内的万安滩海域，划分成几个区块，在世界范围公开招标。2004 年 9 月 12 日和 19 日，越南分别在英国伦敦和美国休斯敦举行大型招商会，发布北部湾包括中方一侧海域和海南岛附近海域的对外招标通告，并宣布第二年开始合同谈判。

同一年，针对“万安北－21”石油合同区块归属问题，越南不动声色地花钱雇请美国纽约一家名叫“柯温顿—伯林”的法律事务所，编造出一套中国南沙应当“归属越南”的说辞，在世界多种场合兜售，还扬言要上国际法庭打官司，状告中国和美国克里斯通公司所谓的“违法行为”。

为了瓦解中美联盟，越南不惜让出控股权，拉拢其他美国石油公司参与该区域的开发，制造合同重叠，搅浑南海。1996 年 4 月，越南石油与美国杜邦石油公司的子公司——大陆石油公司（现康菲石油）签订了一个牵涉面积约为 12100 平方公里的勘探与开采合同。其中，美方拥有 70% 的股份，合同区域完全在“万安北－21”合同区之内。

面对这场不可避免的风波，中海油并没有像越南国油一样主动出击，而是选择了按兵不动。最后，克里斯通公司被美国大陆石油公司兼并，“万安北－21”石油合同被带进了大陆石油公司。而美国大陆石油公司显然更愿意与条件优惠的越南进行合作。最终“万安北事件”就这样悄然终结，中海油丧失了在万安海滩油田的权益。

优惠条件利诱美孚石油

苏联解体之后，鉴于俄罗斯对南海的影响力越来越弱，越南开始将美国石油公司作为优先合作对象，共同开发南海。20 世纪 70 年代，美孚便开始在越南附近海域进行勘探工作，并于 1974 年发现了越南当今最大的油气田——白虎油田。最后由于美国在越战中战败，美孚被迫退出该油田的开采，由越南和苏联石油公司接管。

越南拉拢美孚石油公司目的有二：其一，进一步强化对南海油气田的占有；其二，通过与美国石油公司建立利益共同体，牵制中国。与此同时，面对与油气储量堪比中东的南中国海，美孚也一直垂涎三尺。最后在

1992 年，越南国油开始与美孚积极商讨南海油气田的合作计划。

彼时冷战刚刚结束，美国政府一直对越南实施经济封锁。但是，1993 年美孚成功与越南签署海上油田合作协议之后，美越关系随之出现了缓和。与美孚的合作不仅打破了美国对越南的经济封锁，而且有助于越南国油向南海进军，可谓一箭双雕。

1996 年 4 月 18 日，美孚石油公司与 3 家日本石油公司共同组建 MJC 石油公司，合作开发蓝龙油田。

该油田位于中国的万安北盆地，属于中国传统疆域。虽然油气储量丰富，但鉴于蓝龙油田地质构造复杂，勘探难度太大，美孚公司不得已全部撤了出来。

当然，越南能够如愿邀请到美孚参与当地油气开发，与其极为诱人的优惠政策有着很大关系。越南政府规定，与越南签订油气勘探和开发产量分成合同的外国投资者，可按产量的一定比例进行成本回收。成本回收后，产量分成将按浮动比例进行，外国投资商将得到 30% ~50% 的回报，而且外国投资商还不用缴纳所得税、海关税以及与石油勘探活动有关的进口税。2000 年之后，为了加速抢占油气，越南修订了新的《石油法》，开出了更加诱人的条件：在合资公司里，外方石油公司持股可高达 80% 。越南国油的意图很简单，就是抢在中海油前面抢占南海油气田。

然而，此时的中国在油气开发合作中依然严守着 51% 的控股底线，外商合资开发南沙深海油气资源在政治、经济上要承担相当大的风险，致使外商大多涌向越南、马来西亚，在南海全力开发油气资源，短期内南海竖起了上千口深海油气井。

越走越近的美越联盟

2004 年 9 月，越南开始对其南部海域富庆盆地的 9 个勘探区块进行对外招标。然而，这一区域部分区块属于中国“九段线”之内。由于越南优惠的石油开发政策，大批西方石油公司趋之若鹜。2005 年 10 月，美国第二大石油公司雪佛龙与马来西亚国油获得了该盆地一个石油区块的勘探权。雪佛龙获得的区块靠近越南两大生产油田白虎油田（Bach Ho）和黑狮子油田（Su Tu Den），具有良好的开采前景。

与此同时，美国第三大石油商康菲也在越南安营扎寨。经过多年经营，康菲在越南的投资额高达10亿美元，成为越南境外最大的投资者。2006年，该公司计划未来几年斥资10亿美元拓展南海油气业务。按照计划，康菲公司将投资1.15亿美元用于发展15.1号区块。该区块包括黑狮子（Su Tu Den）油田、白虎（Bach Ho）油田、金狮子（Su Tu Vang）油田、棕狮子（Su Tu Nau）油田。显而易见，康菲俨然成为帮助越南开采南海油气的“急先锋”。

随着美国石油公司在中国南海利益的加深，美国政府的态度也从消极转为积极，2009年7月，在参议院的听证会上美国国务院官员甚至承诺将保护在中国南海活动的美国石油公司的利益

2008年8月，越南不顾中国的反对，与埃克森美孚石油公司签署南海合作协议，计划对117、118及119区块实施勘探作业。这三块区域位于越南南部和中部沿岸的南海海域，处于中越争议海域。越、美双方的合作开发，势必牵涉中方利益。对此，驻华盛顿的中国外交官在时年7月22日向这家世界头号石油公司发出抗议，并声称协议有违中国主权。

对于中国外交部的警告，越南政府表示将出动海军保护外国石油公司在南海作业。经过3年的开发，2011年10月25日，埃克森美孚发表声明，称公司在位于越南中部海岸外的南海海域119区块发现了油气，这将令越南扭转化石燃料生产和出口下滑局面的可能性加大。

随着美国石油公司在南海利益的加深，美国政府的态度也从消极转为积极。2009年7月，美国国务院官员斯科特·马谢尔在参议院的听证会上对中国和越南在南海问题上的紧张局势表示“关切”，并承诺将保护在南海活动的美国石油公司的利益。而在1992年，美国石油公司与越南合作时，美国表示不介入企业活动当中。

长期以来，越南方面一直盗采中国南海石油，甚至将其视为“理所当然”。2011年10月12日，在中越签署《关于指导解决中华人民共和国和越南社会主义共和国海上问题基本原则协议》的第二天，越南公然违背条约，与印度国油签署了为期3年的南海油气开采合同。

在南海问题上，中国一直秉持“搁置争议，共同开发”的友好立场，越南却把“友好”当成“无能”，肆意掠夺中国南海油气资源。所以，笔者认为中国应该主动出击，还越南以颜色，给予一个出其不意，打乱越南在南海的阵脚。这样也可以给南海周边国家以警告。在南海开发的美国石油公司里，埃克森美孚、雪佛龙等都已在中国布局多年，在华有着巨大的利益，与中海油也一直保持着良好的合作关系。特别是康菲公司，在中国渤海湾有着大量的油气合同权益。中国这块巨大市场对于这些美国石油公司来说，意义非同小可。

鉴于此，笔者认为，中国应对参与南海开发的美国石油公司予以警告。同时，大力开发南海中南部的石油天然气资源，积极对外招标，并将这些美国石油公司作为优先合作的对象。**当美国石油巨头公司与中国有着巨大共同利益时，美国政府对南海问题的态度必会受到影响。或许只有这样，中国才能从越南手里夺回本属于中国的油气资源。**

■原文发表于《中国石油石化》2012年第20期，作者：白益民

第二节
日越“亲善”图南海

三菱财团插旗南沙

越南之所以能够在南海问题上肆意妄为，除了有着众多西方石油资本支持以外，还得到了一个亚洲重要盟友日本的帮助。一方面日本协助越南开发海洋资源，从中获取大量利益，另一方面越南借此拉拢日本，意在对抗中国。

1992年8月21日，日本三菱商事联合下属的三菱石油株式会社、三菱石油开发株式会社以及日本石油公团合资成立了日越油气公司（Japan

Vietnam Petroleum），四家公司分别持股3.5%、46.9%、0.3%和49.3%。当年10月，三菱石油与越南最大的油气公司越南石油天然气总公司签订了在越南头顿市近海九龙盆地15-2区块构造勘探、开发石油的产品分成合同，并由日越油气公司负责实施勘探。

经过将近两年的勘探之后，1994年6月20日，日越油气公司代表宣布，在15-2区块的“黎明（Rangdong）”构造带上首次钻探即告成功，找到优质原油。值得注意的是，此油田完全处于中国南海海疆断续线内。

黎明油田第一口钻井命名为15-2-RD-1X，试验产量14400桶/天，在当时属“东南亚地区一个油层最高产量之列”。日越石油公司对黎明油田的前景充满信心。

1995年5月，日越油气公司在黎明油田东北20公里处打了15-2区块上的第三口井—东方-1X，并成功发现了东方油田。不过由于当时日越油气公司将精力放在了黎明油田上，并没有对其进行开发。

1998年7月15日，三菱石油宣布启动黎明油田的商业生产。同年8月30日，黎明油田正式开始生产和输出，生产峰值达到4.5万桶/天。根据之前三菱石油与越南政府达成的协议，日越油气公司会获得黎明油田50%的输出量。

2000年2月，日越油气公司将黎明油田30%的权益转让给美国康纳公司（现美国康菲石油公司前身），转让之后三菱财团通过日越油气公司持有15-2区块46.5%的股份，美国康纳公司持有36%，越南石油天然气公司旗下的勘探生产公司持有17.5%。2005年，日越油气公司因股东之一的日本石油公团破产而进行了重组，新日本石油开发株式会社拥有97.1%的股份，三菱商事持有2.9%。

2006年6月中旬，日本通过了“国家能源新战略”，提出日本应当加速海外油田投资，到2030年计划把本国公司在海外油田独立开采原油占本国进口原油的比例，从当时的15%提高到40%。日本政府官员表示，为了确保这个目标的实现，政府愿意为这些公司的海外扩张活动提供必要的补贴。

2007年4月，日越油气公司对东方油田进行了重新评价，估计原油储量为498万吨。时年5月24日，新日本石油投资5300万美元启动了东方

近年来，日本与越南的能源合作日益密切，图中后排左二为日本外相前原诚司

油田的开发工作。为了保持投资最小化以及开发的低成本，东方油田的大部分生产设备来自黎明油田。日越油气公司持有东方油田64.5%的股份，其余35.5%由越南石油天然气总公司旗下的石油勘探生产公司持有。2008年8月24日，东方油田成功开采出第一批石油，日产量约2000桶。

日本财团“掘金”南海

1993年4月15日，日本住友商事的子公司日本大熊石油开发公司联合澳大利亚必和必拓油气公司、马来西亚国家油气公司、法国道达尔公司和越南石油天然气总公司签署了开发“大熊”油田的产品分成合同。这五家公司分别持有10.625%、43.75%、20%、10.625%和15%的股份权益，开发工程总投资15亿美元。

大熊油田由越南和苏联于1981年6月成立的越南—苏联石油天然气联合公司（Vietsovpetro）勘探发现，1986年开始投产。该油田位于越南石油重镇头顿市东南250公里，处于中国万安盆地北部，油田靠近中国南海海疆断续线，越南将其划入南昆山盆地（Nam Con Son）的05－1区块。

1994年，大熊油田开始产油，全年累计产油66.4万桶，当时被称为东南亚最好的一类油田。2003年，大熊油田由越南国家石油公司勘探和生产公司（PVEP）接管运营。

在南海，日本还在越南05－1b和05－1c区块活动。这两个区块则完全侵入中国海疆线。2004年10月28日，新日本石油联合日本另外两大石油巨头出光兴产株式会社、帝国石油株式会社（现日本国际石油开发株式会社）与越南石油天然气总公司，签署了越南海上05－1b和05－1c区块的产品分成合同。三家公司各拥有35%、35%和30%的权益。当天越南政府批准日本公司在胡志明市建立办事处，开展相关的勘探活动。

上述两个区块位于1997年住友商事曾参与开发的大熊油田的东南方向上，距离胡志明市350公里，侵入中国传统海疆线。

2007年1月9日，作为油田作业者的出光兴产旗下的出光油气开发株式会社开始在该油田进行勘探钻井。2011年2月，出光油气开发株式会社在05－1b和05－1c区块的daiNga构造中成功发现了油气。

日越联手对抗中国

事实上，越南一直试图将与中国南海争端问题扩大化，并不断寻求其他国家的支持。日本便是主要拉拢的对象。日本方面也希望借此插足南海。

2012年4月21日，**越南总理阮晋勇在东京就中国与东盟部分成员国存在主权争端的南海问题表态，“为了该地区的和平稳定，包括日本在内的各国都应提供合作”，并希望日本等地区外国家积极参与。**

日本与越南在南海油气开采上有着众多合作，而且南海处在日本从中东进口石油的“马六甲海峡—南海—台湾海峡”这条“海上生命线”的关键地位。

2012年1月9日傍晚，日本自民党总裁谷垣祯一在河内总理府与越南总理阮晋勇举行了会谈。会谈中，双方再次就日越两国在安保与经济合作方面加强战略合作伙伴关系进行了确认，并就定期交换信息和情报达成一致。**围绕海上安保问题，谷垣宣称，中国在南海问题上的权益正在不断扩大，日本也对此表示“重大关切”，“南海问题不能事不关己，有必要从多方面解决有关争议”**。

2014年3月5日，日本政府再次向越南提供250亿日元政府开发援助（ODA），用于帮助越南实施应对气候变化四期项目，提高经济管理能力和竞争力二期项目

作为世界经济强国，日本非常懂得“金钱援助”的力量，并利用其为本国外交铺路，其中最为人熟知的便是日本官方发展援助（ODA）。据2006年统计，1992年以来，日

本累计向越南提供110亿美元的ODA援助款项，在所有援助国中高居榜首。而这也为日本石油公司在越南的顺利活动铺平了道路。

2009年6月27日，日本经济产业省决定对正在加强石油储备的泰国和越南等东南亚国家提供援助，在技术和人才培养方面进行合作。报道称，此举旨在应对全球石油需求扩大导致油价高涨，以及自然灾害或战争等因素使产油国停止出口，“确保亚洲地区整体上的石油稳定”。

■原文发表于《中国石油石化》2013年第1期，作者：白益民

第三节

南海油气争夺背后的日本怪兽

2011年7月12日，日本海上自卫队与美国、澳大利亚海军在濒临南海的文莱近海海域举行联合军演。而此次军演挑选在美参联主席迈克·马伦访华期间，马伦就南海问题所表示出的强硬态度与远在南海的军事演习遥相呼应。

很多人这时才意识到，原来日本一直隐藏在背后，暗地支持东盟国家与中国在南海展开争夺，而南海对于日本的战略意义和日本在南海的布局也逐渐浮出水面。

日本的越南战略

2011年7月12日，在美参联主席迈克·马伦访华期间，日本海上自卫队与美国、澳大利亚海军在濒临南海的文莱近海海域举行联合军演

2008年《日本经济新闻》刊发了一篇题为“日本的越南战略”的文章，宣称在越南的投资是日本时任首相麻生太郎的亚洲策略之一。文中指出由于国际原油价格在高位出现大幅波动，日本企业急于强化原油开采和生产业务。

事实上，日本早已将南海深处的石油视为自己的一块肥肉。

近代的越南，从中国的藩属国，到法国殖民地，再到南北越统一，这片土地是在炮火中孕育而成的。**越南在其成长过程中，从中国获取过大量捐赠的资源和武器。但是，自从20世纪70年代在南海上发现巨额的石油财富后，饱经战争折磨的越南开始觊觎这块历来属于中国的领土，对南中海进行肆无忌惮的占领和开采，不断试探中国的底线。**

而位于亚欧大陆另一个方向、与中国有着难分难解复杂关系的日本，其近代史的大门同样是在列强的枪炮中打开的。

自1868年开始的明治维新之后，日本逐渐走进列强的行列。从甲午战争小试牛刀到后来的日俄战争，从侵占东三省到全面侵华战争，再到太平洋战争，日本军国主义思想引领下的扩张梦想一步步实现。与此同时，三菱、三井等具有高度凝聚力和产业发展能力的财阀应运而生，作为一个资源匮乏且秉承扩张战略的岛国，财阀则跟随军队的步伐攫取每一片战场上的资源，在这段时期产业得到了大规模的扩张。

近年，越南和日本时常在对中国海洋问题上一唱一和。例如，中国方面一直主张“冲之鸟岛”是岩礁而并非岛屿，而越南则公开指责如果中国按照中日东海争议中区分“岛屿”和“礁石”的标准，中方主张的南中国海“岛屿”则不成立。**而南海对于日本，同样是它重要交通运输线，如果越南拥有南中国海岛屿主权或将此海域变为公海，对日本来说无疑是个好消息。中国与日本、越南任何一方在东海或南海的争端升级，都会给另一方压力缓解的空间，同时也是推波助澜般的煽动。**

日本南海淘金路

早在1978年7月，日本就与越南达成协议就南海海底石油开发进行合作，并由日本的帝国石油和三菱石油公司负责。

越南已经开发的白虎油田、青龙油田、大熊油田、东方油田、Rubby油田和Bunga－Kekwa油田的勘探开发历程中几乎都可以看到日本石油企业的身影。

自1986年秋，日本各石油公司利用日元升值、油价下跌的机会，到海外进行石油勘探和购买外国油田的举措日趋积极。**即使是在国内泡沫破裂、经济进入大萧条的时候，日本企业依旧没有放弃其海外扩张战略，并于 1993 年与澳大利亚、马来西亚、越南、法国等四个国家签订了开发大熊油田的产品分成合同，其中日本的大熊石油开发公司占 10.625% 的股份。**

1994 年，日本又联合美、俄两国同越南油气总公司签订勘探、开发 05－1B 标区油气资源的分成合同。短短几个月之后，由三菱石油公司和日本国家油气公司控股的日越油气公司在“越南大陆架”上 15－2 标区的“黎明”构造带上的首次钻探即告成功，找到优质原油，试产量达每天 10346 桶，属“东南亚地区一个油层最高产量之列”。除此之外，日越油气公司还在这个标区的“东芝麻”构造上钻了第二口探井，几年内便以不亚于白虎油田的产量进行大规模开发。

几年的经济萧条并没有使日本企业陷入困境，经过并购、重组等方式重新洗牌后的日本将自己掩饰得更为低调，加强了其在东海和南海的石油扩张。2004 年日本出光兴产株式会社、JX 新日本石油和天然气勘探公司、日本国际石油开发株式会社与越南石油天然气总公司签署了一项位于胡志明市东南大约 300 公里的海上油气区块的产量分成合同，并于 2011 年 2 月在该区块中发现了石油和天然气。

日本在南海上的油气开采投资项目近年来更加频繁。2007 年 4 月，日本石油公司投资 5300 万美元启动了东方油田的开发，日本石油通过其子公司日本越南石油公司持有东方油田 64.5% 的股份。同年 11 月日本石油公司收购了越南南部海上 16－2 油田 40% 股权，为了加快勘探和开发的速度以及配合日本在南海的能源战略，日本国有石油、天然气和金属开发公司于 2010 年 6 月向该项目注资 56 亿日元。负责该项目的日本最大炼油企业 JX 新日本石油和能源公司（前身是新日本石油公司）在 2011 年 1 月份成功地在该油田一口勘探井内发现了天然气和凝析油。

2009 年 7 月，日本三井石油勘探公司与越南油气总公司合资为越南的一个天然气项目投资 40 亿美元。次年，日本外相冈田克也在河内与越南副总理兼外长范家谦举行会谈，双方就由两国外交、国防人士参加的“日越战略对话”一事达成共识，并围绕中国和越南等国各自主张拥有主权的南沙群岛问题密切交换信息。冈田在会谈中称，“日本对南海问题不能毫不关心”，范家谦则希望日本对越南的立场给予理解与配合。

同年11月，日本石油公司和日本国有石油、天然气和金属开采公司在东京与越南石油和天然气集团公司签署协议，在开发南亚特别是南海油气资源方面展开全面合作。上述三家公司还在越南合作成立一家液化石油气公司，负责将开采到的天然气液化后运输到日本。

领土狭长、能源缺乏的日本一直做着自己的扩张梦。为了增强国家的能源安全、摆脱几乎90%原油进口来自中东的现状，近年来日本政府积极执行其所谓的“越南战略”，力图通过企业投资的方式插手南海油气资源开发。

不仅如此，日本还想以所谓“保护台湾”为借口占有南海（台湾是中国领土，又何谈“日本保护”!）。日本军事问题专家平松茂雄早就叫嚣要配合美国航母“保卫”台湾周边海域，因为“台湾位于日本航路上重要的位置。如果台湾被中国大陆统一了，南海将变成‘中国的海’”。专家分析认为，日本所谓“保护台湾”是假，意图强占南海资源才是其真实目的。时至今日，日本石油企业三十多年前在中国南海投资的海上油气项目正在凸显巨大的价值，所以，日本可能放弃这一片自己耕耘这么多年的金矿吗?

日本军事研究家平松茂雄早就叫嚣要配合美国航母“保卫”台湾周边海域

第二个波斯湾

南海大陆架已知的主要含油盆地有十余个，面积约85.24万平方公里，几乎占到南海大陆架总面积的一半。中国国土资源部的数据显示，南海有含油气构造200多个，油气田180个。按照最为乐观的估计，南海地区潜在石油总藏量约为550亿吨，天然气20万亿立方米，绝对堪称“第二个波斯湾”。而根据国土资源部的统计，截止到2006年底，中国石油的剩余经济可采储量仅为20亿吨，天然气也仅为

2.4 万亿立方米。

南沙群岛，历来是中国领土不可分割的一部分。从 20 世纪 60 年代开始，中国南沙群岛露出水面的岛礁以及海域被周边国家侵占，迄今为止越南占领中国南沙群岛约 28 个岛礁。

在掠夺南海石油过程中，由于缺乏资金、技术和设备，为了吸引西方大国联合勘探开采南海油气资源，越南政府规定，与越南签订石油、天然气勘探和开发产量分成合同的外国投资者，可按事先达成的协议，以产量的一定比例进行成本回收。成本回收后，产量分成将按浮动比例进行，外国投资商将得到 30% ~50%。而且外国投资商还不用缴纳所得税、海关税或与石油勘探活动有关的进口税。这一系列优惠活动吸引了大量的外资来南海淘金，越南借此将更多的大国捆绑在南海的利益链条里，从而一箭双雕，让中国在南海问题上面临多方树敌的尴尬局面，试图逼迫中国采取妥协措施。事实上，南海复杂局面已经如此，越南此举在一定程度上已经收到成效。

另一方面，日本将储藏丰富石油资源的南海作为其扩张战略的重要跳板。而且南海处在日本从中东进口石油的“马六甲海峡—南海—台湾海峡”这条“海上生命线”的关键地位，所以日本为了保证其畅通无阻以及维护自己在南海的利益，在背后推动东盟来牵制中国。

■原文发表于《能源》2011 年 8 月，作者：白益民

第四节

日菲越联手意欲何为

从南海争端到东海冲突

2012 年并不是玛雅传说的“世界末日”，却是中国海洋的多事之秋。这一年，日本、越南、菲律宾三国轮番上演抢占中国固有领土的闹剧。近

年来，最令人瞩目的就是此次钓鱼岛之争。这场由石原慎太郎“购岛”言论引发的争端，又一次让中日关系跌到冰点。

钓鱼岛争端的爆发，在一定程度上缓解了中国在南海对越南、菲律宾的压力。这或许是日本在东海策应越南、菲律宾的南海诉求，以换取在东盟的巨大经济利益。此外，在越南、菲律宾争夺中国南海边疆的背后，都有日本为其撑腰。

2011年初，面对越南、菲律宾对中国南海主权的蚕食，中国逐步改变以前“韬光养晦”的政策，开始反击他国对南海领土的侵扰，南海局势争端日趋激烈。由于自身力量不足以对抗中国，菲律宾、越南相继寻求与中国同样有领土争端的日本的支持，以抗衡中国。

2011年9月27日，菲律宾总统阿基诺三世对日本进行访问，并与日本首相野田佳彦举行会晤，双方就加强南海安全合作达成一致。这一结果，正是在对待中国的领土问题上，日、菲两国寻求到了国家利益的某个共同点的产物。

为了获得日本支持，菲方做了大量外交努力。2011年9月9日，日本与菲律宾两国政府还举行了有关亚洲地区海洋安全问题的首次副司局级磋商，讨论如何应对中国在东海和南海海域主权主张。事实上，日、菲两国与中国在领土问题上都有悬而未决的争端，双方期望通过联手互动来对抗中国，以谋求其自身利益最大化。

一个月后，2011年10月30日，越南总理阮晋勇也效仿菲律宾总统对日本进行为期四天的访问。访问期间，野田佳彦与阮晋勇再次就南海问题达成一致。日本也因此将成为越南在南海问题上最好的“合作伙伴”。此外，越南还给日本“献出”巨大的“经济大礼包”，让日本企业有机会参与越南核电建设以及稀土开发。

2012年，中菲两国海监船在中国南海黄岩岛区域展开了长达2个月的对峙

2012年4月10日，中国12艘渔船在黄岩岛海域遭遇

菲律宾军舰的干扰，菲军舰一度企图抓扣中国渔民。由此，中菲两国海监船在南海展开了长达 2 个月的对峙。南海局势愈演愈烈。与此同时，4 月 22 日，越南总理阮晋勇在访问日本时表示，希望日本等地区外国家能够积极参与南海事务。

然而，就在南海局势一触即发之际，2012 年 4 月 16 日，在美国访问的东京都知事石原慎太郎突然抛出购买钓鱼岛言论。石原宣称，如果日本政府“畏惧”中国不敢出钱将钓鱼岛“国有化”，那就由东京都政府来做。随后，石原还举办募捐活动，不遗余力地将钓鱼岛争端扩大。石原的言论犹如亚马孙森林的蝴蝶一样，改变了脆弱的东北亚局势。

随着钓鱼岛冲突的扩大，中日关系又一次面临着巨大的考验。2012 年 5 月 13 日，时任中国国务院总理温家宝与日本首相野田佳彦举行了会谈，就钓鱼岛归属问题上展开激烈的交锋。据《日本经济新闻》报道，在会上，温总理再次阐述了钓鱼岛是中国领土的立场。而野田却强调钓鱼岛是日本领土，并表示“中国在包括钓鱼岛在内的海上活动趋于频繁，刺激了日本民众的感情”。

2012 年 7 月 7 日，在纪念卢沟桥事变这个敏感的时期，野田佳彦突然宣布日本政府要购买钓鱼岛，并且着手准备相关程序。野田政府宣称，由中央政府来购买可以使事态在可控范围之内，如果由东京都政府购买，石原的言行可能会随时刺激到中国。无论由日本政府还是东京都来购买，钓鱼岛由日本实际控制的事实已经暴露在中国民众眼前。

随着日本政府所谓钓鱼岛“国有化”的展开，中、日之间的钓鱼岛之争愈发激烈。2012 年 8 月 15 日下午，香港保钓人士乘“启丰二号”保钓船进入钓鱼岛海域宣誓主权。四天后，日本地方议员等 10 人不顾中方反对，登上钓鱼岛。中日关系因钓鱼岛争端迅速恶化，东海局势愈演愈烈。

值得注意的是，钓鱼岛争端的爆发，一定程度上缓解了中国在南海对越南、菲律宾的压力。2012 年 9 月 16 日，中国外交部洪磊称，习近平同志将出席 21 日东盟博览会开幕式，并与东盟国家首脑举行会谈。此举不排除中国意在缓和与越南、菲律宾的南海危机，以集中精力应对钓鱼岛冲突。

“献”给日本的经济订单

很多人可能认为，由于钓鱼岛争端导致中日关系急速下滑，中华大地多处爆发了大规模的反日游行，日资在华利益势必受到强烈的震动，日本企业也将很难获得中国的经济订单、打开中国市场。事实上，虽然日资企业在华利益受损，但日本在越南、菲律宾获取了大量的经济订单，其收益或将超过在华遭受的损失。

2012年6月13日，在中日冲突刚刚爆发时，越南最大国营能源企业——越南国家油气集团欲与日本企业共同开发南海油气田，并计划在7月上旬举办仅限日本企业参加的说明会，届时将提议联合开发南海约20个矿区。其中包含位于中越边境附近的北部湾的北部矿区，以及中部、东南部、西南部矿区等。同时，还有意向日本企业开放总额近2万亿日元的石油精炼设施等基础设施建设投资机会。

越南是东南亚第三大石油出口国，其近海的海上油田每年可开采1500万吨原油。日本是越南最大的石油出口国。此外，吉坤控股、出光兴产株式会社、三井石油开发株式会社等日本石油巨头在南海安营扎寨，获取了大量开采权益。此次南海油气开发，日本企业不仅在开采权的竞争中抢得先机，还获得炼油厂和煤炭火力发电站等相关基础设施开发投资机会。

紧随其后，日越合资新成立的稀土元素研究与技术转移中心也于2012年6月16日在河内正式启动。该中心配备了4.2亿日元（约合530万美元）的设备，尽管还没有展开任何研究活动，但已经开始测试其矿物焙烧炉和混合沉降器从矿物质中提取稀土元素的能力。日、越联手稀土开发意欲打破中国在稀土供应的“垄断”局面。

此外，由日本援建的越南两座核反应堆的核电项目在越南也如火如荼地展开，此次核电合作也成为日本核工业的一根救命稻草。日本希望通过日本国际合作银行为越南提供低息贷款。同时，日本还将通过海外发展援助计划，帮助越南修建道路、港口以及其他基础设施，以支持核电站的建设。

据越南计划投资部外国投资局的最新数据，截止到2012年8月20日，日本已新签和增资项目投资总额达43.3亿美元，占越南外资总额的

51.1%，在向越南投资国家和地区排行榜上位居第一。而第二名的萨摩亚独立国和第三名的韩国投资总额加起来才15.45亿美元，不到日本投资额的一半。

此前菲律宾总统阿基诺三世在对日本访问时，甚至将中国在中国南海的行为与纳粹德国相提并论，同时呼吁日本扩大对菲投资

日本企业在越南“大捞特捞”银子的同时，在菲律宾也掀起投资热潮。2012年3月5日，日本国际协力机构已经开始研究资助菲律宾政府公私合作伙伴项目的可能性。日方官员表示，该机构今年将完成3个项目的可行性研究，并可能提供非常优惠的贷款，期限可达25年，年利率为1.4%。此前，该机构2010年曾承诺向菲提供20亿美元的贷款援助。

5天后，日本野村综合研究所执行干事水野（Mizuno）透露，日本企业将加大在菲律宾的投资力度。2011年4家新来菲律宾的日资企业总投资为3.14亿美元，而原有企业的扩大投资预计为7.35亿美元。此外，日本造船企业也有意来菲律宾落户。

日、菲两国紧密的政治合作，又进一步促进了日本在菲的投资。2012年6月28日，应日本外相玄叶光一郎邀请，菲律宾外长德尔罗萨里奥对日本进行访问。访问期间，菲律宾外长与日本外相就双边经济合作、海上安全合作进行探讨。此外，德尔罗萨里奥还专程拜访了日本副首相冈田克也，会见日本国际协力机构理事长田中明彦讨论进一步发展经贸关系。

事实上，日本、菲律宾之间一直有着广泛的政治经济联系和合作。日本早已成为菲律宾最大的出口对象国和进口对象国。据菲律宾国家统计局公布的2010年海外各国对菲律宾直接投资统计显示，日本对菲律宾直接投资所占比重为29.8%，远远超过其他国家。

日本为菲、越送军火

日本不仅挑起中日钓鱼岛冲突，还在背后帮助菲律宾、越南提升在南海的军事实力，同时鼓动其挑起南海冲突。如此一来，菲律宾、越南可以给中国南海造成压力，以策应日本在钓鱼岛的活动。日本、越南以及菲律宾在中国领土争端上的一唱一和，对中国形成夹击之势，让中国应接不暇，难以应付。

2012 年 4 月 16 日，在石原抛出“购岛论”的同一天，日本自卫队首次参加美、菲定期联合军演。事实上，当时中菲正处于黄岩岛对峙时期，中菲两国关系因此下降至冰点，南海局势极为紧张。日本自卫队借机开始不断利用军事手段加强与菲律宾等国的军事交流，以进一步渗透南海，巩固其南海运输“生命线”。

除了参与美国的南海军事演习，日、美两国于 4 月 23 日就共同使用太平洋海域美军基地达成共识。根据协议，日本自卫队有可能使用菲律宾巴拉望岛或吕宋岛的美军基地，与美军形成“遥相呼应”之势。当然，作为基地的使用条件，日本将对提尼安岛美军基地提供巨额“整备费”。

2012 年 5 月 26 日，太平洋岛国峰会在日本冲绳如期举办，其举办目的主要就是消除中国在太平洋国家的影响力。日本作为本届峰会的议长国，拉拢同盟国美国也参加了峰会。此外，日本以“尊重各国航行自由”为幌子，承诺未来 3 年 5 亿美元的援助。对此，日本《产经新闻》直接将“要把太平洋岛国首脑会议的成果用于牵制中国”作为社论。

2 天之后，日本海上自卫队 3 艘练习舰抵达菲律宾进行为期 5 天的“亲善访问”，这是日本继召开太平洋岛国峰会“牵制中国”之后的又一行动。日本自卫队计划向菲律宾海岸警卫队提供至少 10 艘巡逻艇，而菲律宾将提供一处可供日本海上保安厅船只停泊的港湾，并加强与日本的海上合作往来。

随着钓鱼岛冲突的愈演愈烈，日、菲的军事合作也日益密切。2012 年 7 月 2 日，日本与菲律宾签署防卫合作备忘录，旨在加强海上安全保障领域的合作，促进两国军队的交流。为了表示合作的诚意，日本驻菲律宾大使清水慎 7 月 30 日表示，计划于 2014 年将 12 艘“崭新的”巡逻艇交付菲海岸警卫队。这与美国提供的“老旧的、拆除武装的”舰艇截然不同，届时将极大提升菲律宾在南海争端防御能力。

2016年8月18日，日本向菲律宾提供的首艘巡逻艇抵菲，日本称日方提供的巡逻艇与美国提供的“老旧的、拆除武装的”舰艇截然不同，将极大提升菲律宾在南海争端的防御能力

除了提升菲律宾的海上军事实力，日本还煞有介事地充当越南南海争端的“帮腔”。2012年7月14日，为应对中国政府设立“三沙市”以及中海油的南海招标，日本外相玄叶光一郎与越南外长范平明举行会谈。双方就在海上安全领域加强合作、由日本协助越南提高沿岸警备能力达成共识。日、越政治、军事紧密合作势必又一次加强日本南海事务的参与能力。

凭借日本自卫队在南海的军事支持，越南、菲律宾乘中日钓鱼岛争端爆发之机，相继在南海向中国施压。2012年8月7日，越南出版《东海的越南印记》一书，将“中国南海”改称为“南海”，以此来宣称所谓越南在西沙、南沙的“主权”。此前在2012年6月21日，越南国会通过《越南海洋法》，在法律上已将西沙群岛和南沙群岛包含在越南“主权”和“管辖”范围内。

一个月后，菲律宾总统阿基诺三世也于9月12日正式宣布把菲律宾西海岸外的南中国海海域命名为“西菲律宾海”，以明确菲律宾的主权诉求。此外，他还表示菲律宾将把新的命名提交联合国备案，以便明确划定自己的主权范围。越南、菲律宾在南海的频频举动，让中国在南海、东海两头被围堵。

目前，日本、菲律宾、越南在东海钓鱼岛、南海黄岩岛及南沙群岛等问题上轮番挑衅，使中国的海疆形势面临着空前复杂的局面。日、菲、越三国已在中国海疆成掎角之势，共同对中国形成了一个包围圈。这样，三国可以借争端显示其实际占领的现状，并使其固定化、合法化。

■原文发表于《环球财经》2012年10月期，作者：白益民

第五节
越南盗采中国南海油气，俄国幕后是主谋

2012年7月26日，应俄罗斯总统普京的邀请，越南国家主席张晋创开始对俄罗斯进行为期5天的正式访问。访问期间，为了寻求俄国在南海的支持，张晋创向普京献出大礼，将向俄方提供金兰湾作为物资技术保障站，未来将加强两国军事合作。金兰湾是东南亚最优良的深水港湾，一直是美国重返亚太梦寐以求的立足点。对此，俄方自然也“报之以李”，向越南提供100亿的贷款，深化双方能源合作，帮助越南发展核电站。

俄罗斯总统普京与越南国家主席张晋创（左）。事实上，近三十年来，越南之所以向南海油气进军，盗采中国南海油气，基本上全部仰仗于俄罗斯老大哥的帮助

在许多人看来，南海争端是中国与东南亚一些国家的事情，背后是美国的强大支持，或许还有日本的掺和，但对另一个大国俄罗斯的南海参与，却知之甚少。事实上，近三十年来，越南之所以向南海油气进军，盗采中国南海油气，基本上全部仰仗于俄罗斯老大哥的帮助。这位老大哥不仅帮助越南树起了一口口勘探井，还大量向越南出口先进武器制约中国。正如俄政治和军事分析研究所分析师亚历山大赫拉姆奇欣分析的那样，“越南可制衡中国，因此这个战略盟友对于我们特别重要”。

谁帮助越南撬开南海大门

目前，已有四家俄石油公司在越南安营扎寨，并且无不在南海拥有着大量的开采权益。更为重要的是，俄罗斯石油公司作业的油气田早已跨越中国所规定的“九段线”，深入中国海疆。可以这样说，俄罗斯是南海石油开采的带头大哥。

其实，俄越两国的南海合作由来已久，两国合作可以追溯到越战时

期。越南战争之后，越南接收了美孚在南海发现的白虎油田。当时越南根本没有石油开采技术，于是邀请苏联石油公司参与该油田的开发。1978 年 11 月 3 日，时任越南领导人的黎笋访问莫斯科，与苏联签订政治军事同盟条约——《苏越友好合作条约》。在如愿得到苏联的安全保证之后，越南立即磨刀霍霍向南海出击。

1981 年 6 月，原苏联天然气工业部（现俄扎鲁别日石油公司）与越南石油天然气总局（越南石油公司的前身）对半出资成立越苏石油公司（现俄越石油公司）。同年 10 月，首批苏联专家飞抵越南，在头顿开建海岸基地，为日后的开采做准备。毫不夸张地讲，这也成为越南石油工业发展的开端。

1984 年，苏联“米哈伊尔·米尔琴科”号勘探船在白虎油田钻出第一股可用于商业用途的石油。一年后，另一块油田“龙”油田也开始喷出“黑金”。1988 年，越苏石油公司终于在白虎油田的 3000 米之下的花岗岩层抽取到高质量石油，初步探明储量约 5 亿吨。此前，没有任何石油专家认为石油能够存于花岗岩层，因此越方称其为石油勘探和生产史上的重大突破。

整个 20 世纪 80 年代，苏联石油公司总共帮助越南在南海开辟出 8 块油田，分别是“白虎”“龙”“代洪”“沃克”“巴赫”“巴登”“坦高”及“汉龙”。其中的“巴赫”拥有最大的储量，年产油 13 万吨，这让越南当局兴奋不已。越南在南海盗采油气的成功，大大刺激了东南亚其他国家觊觎中国南海油气的野心。

在苏联的帮助下，越南的石油产量也扶摇直上。1986 年，白虎油田产量 5 万吨。1987 年升至 25 万吨，1990 年已达 270 万吨。1991 年初，随着大熊油田全面投产，越南当年的石油总产量达到 360 万吨，次年进一步上升至 550 万吨。其中，大熊油田正是位于中国称为万安盆地北部，属于中国的传统疆域。在苏联的帮助下，越南从一个石油进口国摇身一变成为石油出口国，而其石油产量基本上全部来自南海。

事实上，当时苏联也深知，苏方石油公司已经深入中国传统南海疆域。为了防止不测，1984 年 4 月，苏越两国陆战队在南海举行联合演习，假想越苏石油公司的船只在南海水域遭遇外国舰船袭击，在形势不利的状况下，苏联驻金兰湾基地的海军陆战队应越南政府邀请加入战局，最终将“来犯之敌”挫败。

当然，苏联帮越南在南海“抢油”，完全是出于自身利益和自身的政治需求。根据1981年双方签订的协议，苏联可以从越苏石油公司拿到一半的销售分红。20世纪80年代末，苏联之所以成为世界上最大的石油生产国之一，一部分份额就来自南海。另外在政治层面上，除了通过控制资源来压制中国经济发展的势头，苏联还可以通过对南海石油的掌握，达到影响越南政局的目的。

向南海加速进军

苏联解体之后，国力衰退的俄罗斯虽然无力经营东南亚，但依旧将越苏石油公司作为插手南海事务的战略核心，完完整整地保留下来。1991年，俄罗斯与越南签署了协议，将苏越石油的经营合同延长至2010年，并将其股份归于俄罗斯国有企业扎鲁别日石油公司。扎鲁别日石油公司成立于1967年，为俄罗斯政府100%控股的股份制公司，主要负责经营俄海外油田的开发。

扎鲁别日石油公司作为俄罗斯在南海战略的执行者，依旧保持苏联的嚣张派头，继续向中国南海深海进军，向中国底线发起挑战。1992年5月18日，中海油与美国克里斯通能源公司签署“万安北－21”石油开发合同，共同开发位于万安滩的油气资源。中越两国也因此陷入僵局。可是在1994年，合资的俄越石油公司却在“万安北－21”合同的同一区块，签署石油开采合同，制造合同重叠。

目前，已有四家俄石油公司在越南安营扎寨，并且无不在南海拥有着大量的开采权益。更为重要的是，俄罗斯石油公司作业的油气田早已跨越中国所规定的“九段线”，深入中国海疆

经过多年的苦心经营，如

今扎鲁别日石油公司也成为越南石油工业最重要的参与者，占据了南海油气开采合同的半壁江山。俄越石油公司也因此成为扎鲁别日石油公司最重要的资产，占据了其营业额以及利润的2/3以上。

扎鲁别日石油公司不仅为俄罗斯今后进入南海，插手南海事务奠定了基础，同时给俄政府带来了巨额的财富。1981至2009年，俄越石油公司累计开采石油约2亿吨，向越南国库上缴280亿美元，向俄罗斯国库上缴86亿美元。

随着已开采油田储量的降低，近年来俄越石油公司加大了深海进军的步伐。2008年1月13日，俄罗斯扎鲁别日石油发布报告称，俄越石油公司在越南城市头顿东南135公里处的大陆架发现商业石油储量。这个Nam Rong－Doi Moi油田拥有约5660万立方米石油储量和16亿立方米天然气储量。

为了获得更多的南海油气资源，扎鲁别日石油公司还帮助越南石油在海外获得资源作为交换。2009年8月28日，扎鲁别日石油公司与越南石油达成谅解备忘录，准备在古巴近海深水区开展石油和天然气的勘探和生产工作。作为交换，扎鲁别日石油公司将参与到越南近海的一些油气资源的开发。

根据1991年签署的合同，俄越油气合作本应在2010年底结束。可是为了延长在南海的油气权益，俄罗斯不惜牺牲自身油气资源以换取在南海的长期利益。2010年7月14日，俄罗斯对位于亚马尔涅涅茨自治区的LNG项目举行招标。作为俄海外石油战略执行者扎鲁别日石油却破天荒地参与招标，并一举打败俄罗斯石油、卢克石油等俄罗斯石油巨头，获得了开采权。但这个地区真正的开采者其实是合资的俄越石油公司。

2010年12月27日，俄扎鲁别日石油公司与越南石油公司在河内签署协议，将合资的俄越石油公司的经营权延长至2030年。除了延长经营权，股权也发生了略微的改变。越南石油公司在俄越石油公司拥有的股份从原先的50%提升至51%。通过隐形的利益交换，俄扎鲁别日石油如愿延长了其在南海油气的活动，这也意味着中俄在南海的矛盾将日益突出。

为了获得更多的南海资源，扎鲁别日石油公司开始将目光向其他南海周边国家，增强其在南海的影响力。2012 年 6 月 25 日，扎鲁别日石油公司与文莱国家石油公司签署全面合作备忘录，共同开展油气领域的商业合作，探讨在能源领域、电站、可再生能源建立合资企业，并与世界最大的天然气公司俄罗斯天然气公司加强天然气合作。此外，俄方还计划派遣专家加入文莱国家能源研究院的国际顾问委员会担任职务。

俄气：又一个帮凶

俄罗斯天然气工业股份公司（简称“俄气”）是继俄罗斯扎鲁别日石油公司之后，另一家帮助越南石油争夺南海的俄罗斯能源巨头。2012 年 4 月 5 日，该公司与越南石油公司签署合作开发海洋天然气的协议，共同开发南海的 05－2 和 05－3 区块。据美国道琼斯新闻报道称，这两个区块包括“木星”和“海石”气田，储量估计分别达 556 亿立方米和 251 亿立方米。其中，俄罗斯天然气工业股份公司将在合资企业中持 49% 股权。

就在签约的当天，越南国家主席张晋创还专门会见了俄气总裁阿列克谢·米勒一行。会谈时，张晋创表示，此次合作将有助于推进越俄特别是油气领域的战略伙伴、全面合作关系。俄气总裁阿列克谢·米勒也重申，俄天然气工业股份公司将继续努力，有效开展双方合作计划项目，巩固双方的能源伙伴关系。

美国之音对此强调称，俄气是俄罗斯政府控股的能源巨头，虽然这两个油气区块位于越南专属经济区内，并不在有争议的海域，但它意味着俄罗斯将更多地介入南海地区事务，而越南则需要利用俄罗斯对抗中国。

图为越南海军装备的俄制闪电级导弹艇。事实上，俄罗斯一直是越南最大的军备出口国，占据了武器进口额九成以上

但是，中国对于俄罗斯帮助越南参与南海油气开发、介

入南海事务并没有更多的担心。例如在2012年4月9日，中国现代国际关系研究院俄罗斯问题专家王郦久曾表示，俄罗斯与越南有许多能源和军事方面的合作，但俄罗斯一直明确在属于中国主张的领海区域不会犯忌“介入”，这是一条中俄之间默契的“底线”。

相对于扎鲁别日石油公司来说，俄气只能算一个“迟到者”。该公司在2000年9月11日与越南石油公司签订了10亿美元的油气开发合同，着手在越南大陆架的112号、113号区块进行天然气开发，从而正式进入南海的油气开发。作为一个“后来者”，俄气一直积极寻找各种机会，扩大其在南海油气的开采权益。

2008年5月23日，以总裁阿列克谢·米勒为首的俄罗斯天然气工业公司代表团对越南进行工作访问，寻求能源合作。在访问期间，该公司与越南石油公司签署协议，获得了N129、130、131和132四个南海油气区块，从而一跃成为越南油气开采重要的参与者。协议还规定，双方将建立联合企业“天然气工业越南”公司，以保障双方在俄罗斯以及在其他国家境内参与石油天然气项目。

2009年9月15日，俄罗斯总理普京会见了前去访问的越南总理阮晋勇。会谈后双方在能源领域签订了若干个协议，商定在越南建设该国首座核电站。对此，在俄媒体上出现了“俄助越建站治华”的说法。除了援建核电站，俄罗斯还将向越南提供总价约为20亿美元的6艘潜艇。事实上，俄罗斯一直是越南最大的军备出口国，占据了进口额九成以上。

在会谈时，普京指出，两国关系具有特殊战略意义。他说，“无论俄罗斯还是越南都十分重视两国之间的关系”，俄越关系在战略伙伴关系的基础上得到发展。普京还强调指出，俄罗斯与越南在能源领域积累了丰富的合作经验，越俄石油公司这家合资企业无论在石油开采量上还是在经济效益指标上，都已跨入世界主要石油天然气企业的行列。

普京与越南总理阮晋勇的会谈又一次推动俄气参与南海油气开发。会谈之后，俄气总裁阿列克谢与越南石油公司总经理杜文厚正式签署成立“天然气工业越南”的合资合同，并签署战略合作伙伴协议。此外，两个公司还对开采越南112号大陆架的石油天然气合同签订了补充性条款，将扩大该合同的适用范围，增加开采 111/04 号和 113 号大陆架。

俄罗斯油企吹起南海集结号

俄国有企业俄气、扎鲁别日石油公司不断扩大南海权益的同时，俄私有石油公司也不甘落后，伺机从南海分杯羹。2011 年 4 月 6 日，俄罗斯第三大石油公司秋明—英国石油公司与母公司英国石油公司签署协议，出资 18 亿美元收购后者在越南与委内瑞拉石油开采项目和管道项目，从而成为越南油气开发的运营商，加入南海油气开发。

很长一段时间里，俄罗斯都在考虑恢复冷战时期苏联在全球的军事基地，其中便包括重返越南金兰湾。1970 年代，越南与苏联间关系良好，越南在 1979 年将金兰湾基地交由苏联使用

俄秋明—英国石油公司收购获得南海 06－1 区块 35% 的股份，项目资产包括 Lan Tay（南泰）和 Lan Do（南陇）两个凝析气田、南昆山管道和岸上终端 32.7% 的股份，以及符美县 3 电站 33.3% 股份。并且担任该区块的作业者。目前 Lan Tay 和 Lan Do 气田是越南最大的气田，并且位于中国所规划的“九段线”以内，处于有争议海域。此外，印度国油以及越南油气公司也是该项目重要的参与者，分别拥有 45% 和 25% 的股份。

继秋明—英国石油公司之后，俄罗斯第四大卢克石油公司也开始在越南参与收购石油开采项目。2011 年 5 月 3 日，该公司子公司“LUKOILOverseas”从加拿大 QuadEnergyS. A. 手中收购了位于越南海上的 HT－02（HanoiTrough－02）石油项目的 50% 股份。该项目的储量约 1.8 亿吨标准燃料。对于卢克石油主动要求“搅浑”南海，越南哪有不答应之理，于 10 月 20 日批准了此项收购案。

事实上，卢克石油与越南政府早有结交，并且一直保持着良好的合作。早在 2006 年 12 月 14 日，越南政府就邀请卢克石油公司参加在越南建造一个或两个炼油厂。紧接着在4天之后，卢克石油便在莫斯科宣布在越南建造炼油厂的计划。这个计划将允许卢克石油公司从越南向印度和中国出售精制石油产品。

2011年11月2日，4家俄罗斯石油公司（卢克石油公司、秋明英国石油公司、扎鲁别日石油公司和巴什石油公司）表示，有意参与越南大陆架9个油气区块的竞标。对此，秋明英国石油公司对此评论称，该公司有兴趣参与越南这一具有前景的市场的发展，正在对该地区高效增长的各种可能进行研究。据俄《生意人报》称，这些区块主要是天然气田，石油区块的储量可能为2000万~3000万吨。

目前，随着俄罗斯国企、民企吹起南海“集结号”，俄罗斯与中国在南海的矛盾势必日益突出。虽然如今中俄双方出于反击以美国为首的西方势力围堵的需要，理应加强经贸、能源以及东北亚地区安全领域等方面的合作，但是，中国也不要忘了，俄罗斯一直将中国视为对手，从来就没有忘记过围堵中国。在南海问题上，中国也应在适当的时机给予俄罗斯一定的压力，同时也要防止俄罗斯在背后放冷箭。

■原文发表于《能源》2012年第9期，作者：白益民

第五章　远东地区的能源三国志

2001 年 7 月，中国与俄罗斯签署了《中俄输油管道可行性研究工作协议》等一系列文件，并确立了铺设从俄罗斯安加尔斯克到中国大庆的输油管道（安大线）的计划。一旦安大线修建成功，中国不仅能够获得稳定而长远的石油供给，同时中俄关系也将随着双方石油供求机制的形成与巩固而得到提升，而这些并不是日本所乐意看到的。

2004 年 3 月，日本通过政治上的游说、金钱上的收买以及利益上的诱惑，终于“迫使”俄罗斯采取了远东石油管道的“新方案”：即一条管道通过纳霍德卡流往日本，另一条管道通往中国大庆。显然，俄罗斯也在打着自己的如意算盘，希望能够利用两条输油管道兼顾政治和经济两方面的利益。

如今东北亚国家能源竞争日益激烈，而中日俄三国作为远东地区三个最关键的国家，一直都在上演着合作与博弈的游戏。面对着俄罗斯的朝令夕改和日本的咄咄逼人，在即将到来的东亚能源主导权和定价权的大战中，中国要怎样才能实现破局，脱颖而出？

作者题注：

中国与日本同为石油进口大国，两国应在能源上实现合作，这样才能够实现双赢，加强相互间的利益协调，共同挑战俄罗斯的石油霸权，而大庆作为中国的能源基地，具备作为东北亚能源中心的地缘优势潜力，无疑能够成为远东能源合作的试验田。

本章提要

日本、中国作为世界上最大的能源进口国，无时无刻不希望保证自身能源供应。而俄罗斯作为世界上最大的能源出口国，也希望摆脱对欧洲能源出口依赖，扩大出口，能源“向东看”成为平衡东西方最主要的能源战略。

俄罗斯积极发展与中国和日本等东北亚地区国家的能源合作，以平衡和牵制为手段，既可以利用东北亚地区的大量资金开发远东地区，亦可利用中日两国在能源争夺上的矛盾大搞平衡战略，从而牢牢掌控东亚能源主导权和定价权。

实际上，中俄两国在俄罗斯供应给中国的天然气价格上一直都存在分歧，双方的谈判也在不断进行。俄罗斯对中国石油供应上的强硬举措，其实更多的是在试探中国的底线，也试图为今后与中国就天然气谈判增加筹码。

在中国和俄罗斯的能源合作举步维艰之时，日本则依靠三井等财团企业在俄罗斯能源领域“闷声发大财”。开采萨哈林-3项目的名单包括日本贸易巨头三井物产、三菱商事，事实上，萨哈林-2项目中也有着三井财团的参与。

从中俄“安大线”和日俄“安纳线”管道争夺再到“萨哈林”项目的豪抢，日本对能源的觊觎以及和中国的对垒旷日持久。可以清晰地看到以三井、三菱为首的日本财团不断地通过破坏、蚕食的伎俩来搅乱整个远东能源市场。

大庆地处中国东北松嫩平原中部，位于该地区中心地带，为东北亚区域经济、贸易、地理三个重心的交汇点。无疑，大庆可以成为未来连接东北亚能源合作的“桥头堡”角色。

第一节
中俄能源合作尚待走出纸上谈兵

中国是俄罗斯“双头鹰”战略的重要棋子，是其在亚太地区的重要战略协作伙伴，同时也是牵制美国、欧盟国家的重要因素；另一方面，日本是俄罗斯经济发展所需资金和技术的重要来源。

俄罗斯积极发展与中国和日本等东北亚地区国家的能源合作，以平衡和牵制为手段，既可以利用东北亚地区的大量资金开发远东地区，亦可利用中日两国在能源争夺上的矛盾大搞平衡战略，从而牢牢掌控东亚能源主导权和定价权。

普京再次就任俄罗斯总统后于2012年6月5日首次访华。访问期间，中俄两国签署了17份不同种类文件，能源合作成为两国元首正式会谈的主要议题。但备受关注的中俄天然气价格谈判，并没有因为这次访问取得任何突破性进展。耗时6年时间、久攻不下的天然气合作，或许是中俄能源合作进展缓慢的一个真实写照。

1996年4月中俄两国签署《关于中华人民共和国和俄罗斯联邦共同开展能源领域合作的协议》后的十余年间，中俄两国又在能源领域签署了众多合作协议。**但就目前情况来看，真正落地的项目却寥寥无几，中国的俄罗斯能源战略似乎一直“雷声大雨点小”，中俄能源合作也是“光说不练假把式”。**

反观日本与俄罗斯之间的合作，无论在石油或天然气方面，都取得了实质性进展。日本三井、三菱等财团企业不断进入俄罗斯，与俄企业进行富有成效的合作。

东方能源无油产出

2001年7月16日，时任中国国家主席江泽民访问俄罗斯，与俄罗斯总统普京在莫斯科签署了《中俄睦邻友好合作条约》，这份具有历史意义的条约为中俄两国全方位的合作提供了动力，中俄两国能源“合作”的漫漫长路由此开始。

2006年3月21日，俄罗斯总统普京开始了对中国为期两天的国事访问，对于这次访问，外界普遍认为中俄关系正处于历史最高点。当日，中俄两国签署《中俄联合声明》，中石油与俄罗斯天然气工业股份公司、俄罗斯石油公司和俄罗斯管道运输公司签署了三份合作文件，分别是：《中国石油天然气集团公司与俄罗斯天然气工业股份公司关于从俄罗斯向中国供应天然气的谅解备忘录》、《中国石油天然气集团公司与俄罗斯石油公司关于在中国、俄罗斯成立合资企业深化石油合作的基本原则协议》和《中国石油天然气集团公司和俄罗斯管道运输公司会谈纪要》。

自1996年中俄两国签署《能源合作协议》以来，中俄两国又在能源领域签署了众多合作协议，但就目前情况来看，真正落地的项目却寥寥无几

第一份天然气供应协议，至今仍没有落地；第三份关于中俄石油管道的文件，在历经“安大线”“安纳线”“泰纳线”风波3年后的2009年才最终定锤；而第二份关于中俄企业成立合资公司进行能源合作的协议，中俄两国后来分别成立了“东方能源”公司用以收购俄罗斯油田、成立中俄东方石化（天津）有限公司用以进行石化生产，但现在看来似乎也有些华而不实。

2006年普京访华的4个月后，7月14日，俄罗斯石油公司中石油公司进行了首次公开募股，中石油在受邀认购之列。当月，中石油通过其全资子公司中油国际，投资5亿美元收购了俄罗斯石油公司上市发行股票66225200股，每股价格7.55美元。通过股份购买，中石油实现与俄罗斯石油公司的战略合作关系。

2006年10月，中俄两国企业合资在莫斯科注册成立“东方能源”（Vostok Energy）公司，注册资金1.1亿卢布，其中俄罗斯石油公司持有51%股份，中石油持有剩余49%股份，“东方能源”董事会一共5人，俄方3人，中方2人。该合资公司主要负责俄罗斯石油天然气的勘探与开发。

次年10月，东方能源公司以11.795亿卢布的价格中标俄罗斯伊尔库茨克州上伊恰尔和西乔两个勘探区块，勘探区块面积分别为3994平方公里和4322平方公里，预测储量共计8000万吨。根据协议要求，东方能源公司需要在这两个勘探区块于2010年前进行1500公里二维地震，2012年前钻9口探井。值得关注的是，这两个区块均位于俄罗斯向包括中国在内的国家供应石油的泰纳线附近。

俄罗斯石油公司在伊尔库茨克州拥有13个区块勘探许可，另外2个则是由东方能源公司持有。在上伊恰尔区块，东方能源公司购买了这个区块25年的开采许可，该区块预计拥有5000万吨石油和900亿立方米的天然气储量。在西乔区块中，东方能源同样购买了开采许可，该区块则拥有3000万吨石油和150亿立方米天然气储量。

东方能源公司的合作在有条不紊地进行中。2010年5月25日，东方能源公司在俄罗斯伊尔库茨克州西乔勘探区块第一口探井开钻，钻井总承包商为俄罗斯石油钻井公司。7月20日，西乔1井完成取芯作业，在一半以上岩芯中见到油气显示，其中具较好油气显示岩芯长73.44米，随钻气测预计油层5层45.22米，拥有开采可行性。

然而在此之后，由于受到俄罗斯税收制度的影响，东方能源在伊尔库茨克州开采所有的两个油田面临亏损，所以该公司直到现在也没有继续进行该项目的地质勘探工作，更别提有石油产出，此项目也随即淡出人们视线。

东方石化天津公司无油可炼

中石油与俄罗斯合资的另一个公司中俄东方石化（天津）公司同样面临窘境。

2006年12月6日，俄罗斯石油公司亚太地区代表Sergey Goncharov通过中国媒体透露，该公司与中石油合资成立了中俄东方石化公司，用于炼油厂的建设和运营，并且将有望在2007年开始运作。他还说，双方在注册资本的出资比例分别是中石油51%、俄石油49%，董事会成员为中方3人、俄方2人。但该合资炼油企业的具体建设地点、具体产能以及网络铺设都还没有确定。

最终在2007年10月，合资公司被中俄提上日程，中石油和俄罗斯石油公司组建了中俄东方石化（天津）有限公司，中石油和俄罗斯石油公司分别占有51%和49%股份，计划投资40亿美元在天津滨海化工区建设运营千万吨级的大炼油厂项目，同时兴建上百个加油站。

2009年2月底，天津市政府下发了《天津市2009年重点前期工作项目安排意见》，首次披露中俄东方石化炼油项目的部分细节，并预期2010年开建。在此之前2月17日，中俄两国政府刚刚就“石油换贷款”的合同达成一致，中国国家开发银行为俄罗斯石油公司和俄罗斯石油管道公司提供总计250亿美元贷款，换取俄罗斯平均每年1500万吨、总计3亿吨的石油供给。

对于这次“石油换贷款”，俄罗斯方面希望将石油全部运往天津的东方石化炼厂，显而易见，俄罗斯不仅想通过运往中国的石油偿还中国贷款，而且还希望在自己拥有51%股份的东方石化（天津）公司进行炼化，使得自己获得更多利益。但中石油认为，其在东北三省的多家炼油厂完全有能力消化这些石油，况且中俄石油管道的中国终点——大庆就是一个石化炼制重镇。中俄双方展开数轮谈判，但一直未能就天津炼厂油源达成共识。

随后，中石油东北炼厂开始扩建。2009年7月20日，中石油辽阳石化扩建项目正式开工，项目完成后辽阳石化将具备1000万吨的俄罗斯原油加工能力。7月22日，中石油宣布吉林石化1000万吨炼油扩建正式开工奠基。9月，中石油大庆炼化“大乙烯”工程正式开工建设，计划完成120万吨/年乙烯扩建工程。12月底，中石油大连石化炼化厂二次装陆续建成，原油加工能力进一步提高。而此时的中俄东方石化（天津）公司的项目还没有任何眉目。

中石油东北炼厂开始扩建

2009年10月13日，时任俄罗斯总理的普京访问中国，两国总理出席中俄总理第十四次定期会晤，并签署了一系列协议。俄罗斯石油公司和中石油在当天签署了《中俄上下游领域扩大合作备忘录》，主要内容是关于中俄东方石化（天津）有限公司的。据当时媒体透露，中俄石油换贷款计划有望在此前签署的1500万吨/年的基础上，额外追加1000万～1500万吨，总数扩大到2500万～3000万吨/年，这些追加的原油全部供应东方石化（天津）公司。

不过，种种原因一直在延误东方石化（天津）项目的落地。2009年10月，天津推出“双城双港”新规划，东方石化（天津）公司的项目也由此前的天津滨海新区大港改迁到天津南港工业区，作为支持新规划实施的助力。但是，南港所规划的炼厂修建区还需要经过填海工程才能正常使用，这大大延误了中俄石化合作，致使项目迟迟不能破土动工。

俄新社2012年2月15日报道，俄罗斯国家石油管道运输公司副总裁米哈伊尔·巴尔科夫表示，中国方面请求增加“东西伯利亚—太平洋”（泰纳线）管道对华的石油出口量，但是目前没有就这个问题做出任何决定和计划。俄罗斯对中国石油管道出口仍然保持每年1500万吨水平。这意味着东方石化（天津）公司将会无油可炼，继续拖延。

中石油、中石化一筹莫展

中俄两国不断互访，合作协议也在不断签署。2005年7月1日，中国国家主席胡锦涛访问俄罗斯，与俄罗斯总统普京在克里姆林宫举行会谈。这次访问，中俄双方签署了多项协议，涉及石油天然气、电力及金融等诸多领域。其中两项重要协议便是中国石油化工集团公司（中石化）与中国石油天然气集团公司（中石油）分别与俄罗斯石油公司（Rosneft）签署的《一号议定书》和《长期合作协议》。

其中《一号议定书》约定，中石化与俄罗斯石油公司共同出资成立一家石油公司，负责在萨哈林－3号地区的油气勘探开发。《长期合作协议》约定中俄双方在

2010年5月，俄罗斯副总理、俄罗斯石油公司董事会主席伊戈尔·谢钦曾表示，准备联合中石油开发马加丹地区鄂霍次海大陆架项目和东西伯利亚的一些中小型油田

石油贸易、石油工程技术服务、石油勘探开发以及科技信息交流等多方面进行合作。这两项协议的签署，在当时被普遍认为预示着中俄两国能源企业将进行实质性的合作。

但在后来，实质性进展并没有如期而至。2007 年，根据之前的《一号议定书》约定，中石化公司与俄罗斯石油工业公司签署了一份合作协议，两家公司共同出资勘探萨哈林－3 号项目维宁斯基（Veninsky）区块的油气资源。但是到了 2010 年 9 月，中石化却因其在萨哈林 3 号项目中没有勘探出石油折戟而归。

中石油在俄罗斯也没有进展。2010 年 5 月俄罗斯副总理、俄罗斯石油公司董事会主席伊戈尔·谢钦曾表示，准备联合中石油开发马加丹地区鄂霍次海大陆架项目和东西伯利亚的一些中小型油田，双方将通过中俄合资企业“东方能源”公司（与上述开发伊尔库茨克属同一公司）展开活动。马加丹是俄罗斯远东未开发地区，拥有丰富的石油和天然气储量。

不过后来中石油和俄罗斯石油公司发生定价纠纷，两国在能源合作乃至国际关系上都出现了降温，俄罗斯最终取消了与中石油共同开发马加丹鄂霍次海大陆架项目的计划。据 2011 年 6 月 7 日俄罗斯《生意人》报道，在同中国合作伙伴出现纠纷之后，俄罗斯石油公司决定邀请日本公司参与开发马加丹大陆架和东西伯利亚的油田。日本《日经新闻》则称，日本财团将获得同俄罗斯石油公司组建的东西伯利亚和远东油田勘探开发合资公司 49% 的股份。

日本商社“暗度陈仓”

2011 年 6 月 16 日，日本能源署代理署长在俄罗斯圣彼得堡表示，日本决定参与开发俄罗斯马加丹大陆架和东西伯利亚的油田，地质勘探工作将于当年底开始，双方甚至开始商定建立合资炼油厂和石化企业。当天，俄罗斯东西伯利亚油田管理局局长鲁特别尔科称，之前，俄罗斯石油公司曾建议同中石油在合资的东方能源公司框架内联合开发马加丹专案，但是，双方的合作出现了不应有的市场运作“红灯”。

2011 年 8 月 4 日，俄罗斯马加丹政府发表声明称，日本丸红商事（富士财团的综合商社）正在与俄罗斯石油公司洽谈参与鄂霍次克海大陆架油气资源的开发。丸红欧洲战略规划部门负责人说“由于地理位置的接近，日本购买这一地区油气资源将很有前景”。

在中国和俄罗斯的能源合作举步维艰之时，日本则依靠三井等财团企业在俄罗斯能源领域“闷声发大财”。就在上述中石化退出俄罗斯萨哈林-3号油气田项目一周之前，日本就已介入其中。2010年9月21日，俄罗斯天然气工业股份公司副首席行政官告诉日本经济新闻（Nikkei）商业周报，开采萨哈林-3项目的名单包括日本贸易巨头三井物产、三菱商事，还有荷兰壳牌公司。

事实上，不仅仅是萨哈林-3号项目，萨哈林-2号项目中也有着三井财团的参与。1991年2月，日本三井财团的综合商社三井物产便联合美国马拉松石油公司（Marathon）和美国麦克德莫特（Mcdermott）公司参与中标了萨哈林-2号天然气项目股份，三井物产持有项目12.5%股份，日本三菱财团的综合商社三菱商持有10%股份，其余股份由俄罗斯天然气工业股份公司持有。

萨哈林-2号项目中，三井物产和三菱商事还拿下了为该项目建造液化天然气厂的合同。2003年5月15日，三井财团下属的东洋工程株式会社和三菱财团下属千代田化工建设株式会社宣布，获得了萨哈林-2项目位于普里戈罗德诺耶的液化天然气（LNG）工厂的EPCM（设计、采购、建设、管理）合同，开始建造该液化天然气厂。

在萨哈林岛，俄罗斯修建一条贯穿南北的油气管道，而日本三井财团的新日铁则为该管道建设提供了高品质钢管。2003年9月5日，日本美达王株式会社接到俄方900公里长管道建设总计33万吨的钢管订单，总价值达到2.8亿美元，这成为日本企业有史以来接到的最大钢管订货单。美达王获得订单之后，分包给了日本三井财团的新日铁、住友财团的住友金属和第一劝银财团的JFE钢铁株式会社，三家公司分别获得6万吨、9万吨和18万吨。

三井物产早在20世纪90年代就开始为俄罗斯提供装备和技术。那时刚刚成立的俄罗斯天然气公司便开始积极评价三井物产安排技术设备进口和融资可能性的能力，1993 年，三井物产为俄罗斯提供了大量施工机械和其他设备，其中包括用于俄罗斯通往欧洲天然气管道的建设供给，三井物产安排的供给方则为日本日立挖掘机株式会社和美国履带式推土机供给商卡特彼勒（Caterpillar）。2005 年，三井物产继续扩展机械贸易，与奥地利 Austrian IKO Holding AG 公司合作，向俄罗斯提供日本小松株式会社的装备机械。

2004 年 8 月 6 日，日本三井财团的船运物流企业商船三井与日本千代田株式会社签订合同，约定由商船三井负责运输千代田建造液化天然气厂所用的全部设备。从那以后，商船三井为萨哈林－2 号液化天然气项目从日本、韩国和中国运输了总计 140000 吨的设备。同年 11 月 15 日，商船三井获得了萨哈林－2 号项目长期租赁液化天然气船的合同，商船三井为该项合同建造一艘液化天然气船，此后便开始从萨哈林－2 号项目运输液化天然气。

在俄罗斯物流领域中，日本三井物产（三井财团）紧紧咬住了连接俄罗斯远东和西部内陆的铁路“大动脉”——西伯利亚大铁路

在俄罗斯物流领域中，三井物产则咬住了连接俄罗斯远东和西部内陆的铁路“大动脉”——西伯利亚大铁路。在 2007 年 10 月，俄罗斯铁道公司、Russkaya Troyka 公司同意与三井物产正式开展业务合作，加强俄罗斯的物流事业建设，基于三方的业务合作协议提供西伯利亚铁道的货物专用特快列车——直达货运列车服务。相比全部用海运物流运送货物，直达货运列车服务的开设，可将运输时间从 60 天缩短至 25 天，而且中途不停车为货物安全增加了保障，大大节省了物流成本并减少了风险。

三井物产参与到西伯利亚大铁路中，为本国企业进入俄罗斯提供了物流方便，更带动了日本汽车企业进驻俄罗斯。

三井财团的丰田汽车于 2005 年 5 月 26 日在圣彼得堡郊外建设了其在俄罗斯的第一家汽车装配厂。这成为日本汽车制造商在俄罗斯的首个汽车工厂，同时也是圣彼得堡有史以来最大的一个投资项目。

2011 年 2 月，三井物产联手俄罗斯汽车生产商索勒尔斯公司（Sollers）在俄罗斯远东符拉迪沃斯托克（海参崴）地区建厂组装生产“丰田 SUV”，双方各持 50% 股份。三井物产负责利用西伯利亚铁路开展的物流环节，将远东地区生产的汽车通过铁路运至俄全国进行销售，丰田则为俄罗斯工厂提供零组件和训练工作人员。

到 2012 年 4 月，丰田汽车在俄罗斯远东地区已经设立 3 个经销中心，即符拉迪沃斯托克、哈巴罗夫斯托克和纳霍德卡。4 月 23 日，丰田汽车宣布，将在这一年 9 月初为其俄罗斯圣彼得堡的工厂新增第二轮班，雇佣 600 名新员工。该厂的员工数量将增至 1750 人，年产量增至 5 万辆。

中俄合作不及矛盾先至

中俄之间的能源合作最成功之举当属通往中国大庆的“泰纳线”支线的开通，中日俄石油管道博弈反反复复持续了近 10 年之久，从“安大”到“安纳”，再到“泰纳”，最终在 2009 年告一段落。可是，还没欢喜多久，中俄双方关于管道费用问题又产生了矛盾。

2009 年 2 月，中石油与俄罗斯石油公司签订了一份期限为 20 年的石油换贷款合同，合同约定自 2011 年 1 月 1 日至 2030 年 12 月 30 日，俄罗斯石油公司通过泰纳线输油管道每天向中国输送 30 万桶原油，中国国家开发银行则向俄罗斯提供 250 亿美元的贷款，其中 150 亿美元贷向俄石油，100 亿美元贷向管道输送商俄罗斯石油运输公司。根据合同，石油价格按月修订，具体价格由太平洋科济米诺港出口的泰纳线管道混合原油的离岸价格的每月均价有所折扣，中石油也按月向俄罗斯石油公司支付购油款。

合同签署后一年内相安无事，中石油不仅于在 2009 年底将 100 亿美元支付给俄罗斯石油公司，又在 2010 年支付了余下的 50 亿美元。俄罗斯石油运输公司也在 2009 年和 2010 年收到了贷款，并将贷款用于泰舍特至斯科沃罗季诺的远东管道一期工程等基础设施项目的建设，其中的 2.85 亿美元投入到全长 64 公里的中国大庆支线的建设。

但是在 2009 年底，俄罗斯石油运输公司突然宣布一项规定：为收回泰

纳线建造成本，将开始对管网征收关税，而且，“不管通过泰纳线管道运输石油的距离长短，都必须交纳这一关税”。这使得中石油陷入了被动，因为虽然只通过一条到中国漠河边境全长64公里的支线向中石油输送原油，但中石油仍须为每吨石油交纳约63.96美元的费用。而中俄双方在2009年2月所签订的原协议很可能没有对运输关税做出明确的规定。

所以，中石油方面不愿意多付这部分款项。理由很简单，俄罗斯石油运输公司的这项规定是在中俄双方2009年2月签订石油换贷款合同之后出台的，这对中方而言不公平，况且中石油所得石油通过的管线只有区区64公里长，没有必要支付如此多的管道关税，即便支付，也应该按管线长短计算。

而俄罗斯方面则希望通过向中方征收管道关税，来间接获取筹建泰纳线二期通往俄远东科技米诺港的资金，以便将石油出口到日本、韩国等东南亚国家，为其石油找到一个更加广阔的市场。

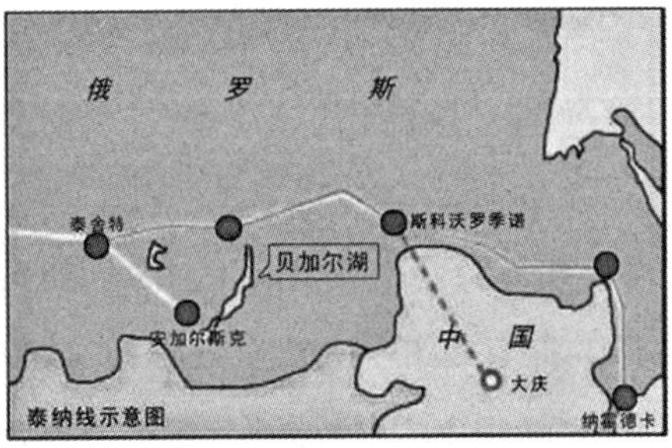

虽然只通过“泰纳线”一条到中国漠河边境全长64公里的支线向中石油输送原油，俄罗斯方面依然要求中石油为每吨石油交纳约63.96美元的费用，俄罗斯此举显然是在试探中国的底线

实际上，俄罗斯方面的这次管道征税，似乎也在为中俄之间天然气价格之争做试探。此前，中俄两国在俄罗斯供应给中国的天然气价格上一直存在分歧，双方的谈判也在不断进行。此次俄罗斯对石油供应的强硬举措，或许更多的是在试探中国的底线，为今后与中国就天然气谈判增加筹码。

中俄双方互不相让，矛盾也一触即发。2010年3月中旬，俄罗斯石油公司通过媒体谴责中方欠缴油款，认为截至2月底，中石油子公司中联油理应为125万吨石油向俄石油支付5.553亿美元。但中方单方面决定从购油款中扣除了3840万美元与中方无关的管输关税，只支付了5.169亿美元。3月底，俄罗斯石油公司发言人对路透社表示，俄方将提交两国元首层面进行解决，俄方保留向国际仲裁法院提起诉讼的权利。

直到2012年2月，中俄之间的纷争才得以停息。2月28日路透社援引俄国媒体报道称，俄罗斯石油公司和国家石油管道运输公司就俄罗斯对华原油供应纠纷与中方达成一致，中方已于1月中旬向俄罗斯石油公司偿还了总计1.34亿美元的欠款。

2012年4月16日，俄罗斯石油公司发公告称，在其4月10日以通讯方式召开的非例行会议上，该公司股东同意向中国提供每桶石油1.5美元的出口优惠。这意味着俄罗斯石油公司收入将减少约30亿美元。

虽然中俄此次石油管道关税风波得以解决，但这也给中国企业敲响了警钟。在对俄合作的同时，中国企业应做好随时面对俄罗斯出难题的准备。而在今后中俄天然气谈判中，也需要提前做好功课。

■原文发表于《环球财经》2012年7月期，作者：白益民

第二节

中俄能源合作的搅局者

2013年3月23日，俄罗斯石油公司与中国签署协议，将出口中国的原油数量提高一倍以上，同时中国国家开发银行将为俄罗斯石油公司提供美元贷款，这项协议让全球最大的能源生产国俄罗斯与最饥饿的原油消费国中国之间的关系更加紧密。

然而，不得不提的是，对同样是能源需求大国的日本来说，俄罗斯远东地区丰富的石油天然气资源一直是其觊觎的对象，中日两国围绕俄罗斯能源开发和能源出口问题这场旷日持久的争夺也远未停止。

此次中俄能源合作大单，能否让中日两国在东北亚地区的能源争夺暂时告一段落？在东海地区与中国剑拔弩张的日本会否给中俄能源合作背后捅刀？这一切都尚未可知。但是可以看到的是，日本堪称中俄能源合作的最大破坏者。

“两线”之争

中俄大规模能源合作早在1996年4月俄罗斯时任总统叶利钦访华期间就已提上日程，此后两国就铺设从俄罗斯通向中国的输油、输气管道问题进行数次磋商，并签署多项协议。2001年7月，中国国家主席江泽民应邀访问俄罗斯，与俄罗斯签署了《中俄输油管道可行性研究工作协议》等文件。同年9月7日，中国国务院总理朱镕基访问俄罗斯，与俄总理卡西亚诺夫在圣彼得堡正式签署《中俄输油管道可行性研究工作总协议》，正式对双方输油管道合作的相关事宜做了具体规定，确立了铺设从俄罗斯安加尔斯克到中国大庆的输油管道（安大线）的计划。

安大线即将实施让日本极度紧张，日本认为一旦安大线修建成功，不仅中国将获得稳定而长远的石油供给，一定程度上解决中国经济发展的后顾之忧，而且中俄关系将随着双方石油供求机制的形成与巩固而得到提升，中国在俄罗斯远东地区的影响力将进一步得到提高。相反，日本相应的利益和支配地位将被削弱。

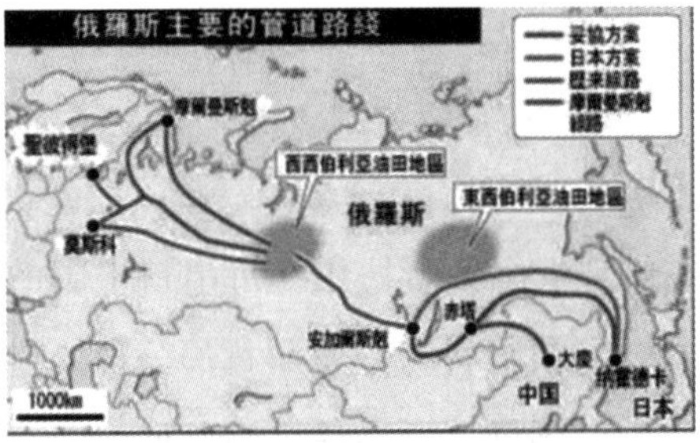

“安大线”西起俄罗斯伊尔库茨克州的安加尔斯克油田，绕过贝加尔湖后，一路向东，经过赤塔州，进入中国，直达大庆。日本方面认为一旦“安大线”修建成功，中国在俄罗斯远东地区的影响力将进一步得到提高，而日本相应的利益和支配地位将被削弱

正是基于此原因，2003年1月10日，日本前首相小泉纯一郎火速飞抵莫斯科，与普京签署了《日俄合作行动计划》。在该计划中，小泉向俄罗斯提交了“修建安纳线（安加尔斯克到俄罗斯远东港口纳霍德卡），原油流向日本”的管道建议。小泉在建议中承诺，日本每天从俄罗斯进口100万桶石油，还准备提供50亿美元贷款协助俄罗斯开发油田及修建输油管。

小泉的出现使得俄罗斯政府关于石油管道该修往何方的决策开始倾向日本。美国著名的国际关系研究机构布鲁金斯研究所的俄罗斯能源问题专家菲奥纳·希尔博士认为，对于俄罗斯人来说，能源行业不只是一个商业

问题，而且是国家政治问题。

若按“安纳线”计划，北线包含美、日及东南亚诸多国家，不仅可以解决俄罗斯本国远东地区的工业用油问题，而且油管出口在纳霍德卡，从这里再向中国、日本、韩国出口原油，俄罗斯在政治和经济两方面的利益就可以得到兼顾。“这无疑符合俄罗斯能源外交最大化的方向。”希尔博士如是说。而且“安大线”建成运营后，油管出口在中国，俄国对在石油价格与供油量方面可能失去主导地位也不无担忧。

在经过俄能源部以及俄各大石油公司的仔细研讨之后，2003 年 3 月 12 日，俄政府经审议后基本确定了“一线双向”的石油管道“折中方案”，即修建“安纳线”的同时修建“安大线”分管道，并决定先修“安大线”。5 月 18 日，俄总理卡西亚诺夫宣布“折中方案”基本通过。俄提出的“二并一”方案实际上是对争论不休的“中俄方案”和“远东方案”的折中，是俄政府在分别支持两种方案的力量之间作出的一种妥协。

“日元炸弹”伎俩

俄罗斯提出的“折中方案”并不能让日本满足，因为日本深知短期内俄罗斯的石油生产根本无法保证供应两条管道，这一明显有利中国的“折中方案”让日本朝野震惊。随即，日本再次对俄罗斯进行了新一轮“能源外交”，全力以赴游说俄罗斯优先建设安纳线。

2003 年 4 月，日本经济产业大臣平沼赳夫率领一个庞大的经济代表团赴俄罗斯游说，以进行大规模经济技术合作为诱饵，要求俄罗斯优先进行安纳线的建设。2003 年 6 月，日本前首相森喜朗和外务大臣川口顺子赴俄游说。他们在访俄期间声称，如果俄罗斯同意优先修建“安纳线”输油管道，日本方面将提供 75 亿美元的资金，协助俄罗斯开发东西伯利亚新油田。日本还愿意再追加 10 亿美元的投资，承担寻找及开采俄远东石油的成本，在必要时会派日本地质专家帮助俄罗斯勘探东西伯利亚地区的石油，这无疑对缺乏资金、技术的俄罗斯有着巨大的“诱惑力”。

很快，日本的金钱诱惑奏效。当年 6 月 20 日，俄高层领导人表示“安

大线”与“安纳线”各有优势，最终方案要在对西伯利亚储油量及经济技术可行性等问题进行全面论证后才能决定。同时，俄罗斯向中国提出无限期推迟原定于2003年8月25日举行的两国政府能源分委会会议。媒体对此纷纷发表评论，认为“最后拍板确定将延到2004年3月俄总统大选以后”。

为了进一步打动俄罗斯优先动工安纳线。2003年7月，日本政府再次派遣能源厅长官冈本严来游说俄罗斯。冈本严转达了日本政府将提供低息贷款支援俄罗斯东西伯利亚油田的开发，并表示愿意提供日本石油开采技术。通过不懈的努力，日本终于获得了意想不到的效果。据日本经济产业省的有关人士表示，俄罗斯方面对此表现出了极大的兴趣，很有可能同意首先铺设日本石油管道，日本对此充满信心。

2003年10月20日，日本首相小泉纯一郎与俄罗斯总统普京在“曼谷亚太经济合作组织领导人峰会”上进行了会晤，日本同意出资50亿美元，资助兴建全长4000公里的安纳线石油管道，另外再为开发西伯利亚油田追加20亿美元的资助，而其中的部分资金为低息贷款。日本准备资助油管建设的大部分费用，并答应不要求俄罗斯政府提供担保。双方还同意就东西伯利亚原油管道开发合作加快专家级谈判。

政治上的游说、金钱上的收买、利益上的诱惑——不可否认日本“明枪暗剑”、花样翻新的手段已经奏效。日本曾承诺以10亿美元的高价，帮助作为“安纳线”出海口的滨海边疆城市进行经济开发和环境保护，而这座城市顺理成章地成为“安纳线”的忠实拥护者。与此同时，当时已有布利亚特州、赤塔、哈巴在内的“安纳线”沿途7个州都支持日本石油管线方案。很显然，石油管道谈判的天平已经严重倾向了日本方面。

日本声称，如果俄罗斯同意优先修建“安纳线”输油管道，日本方面将提供75亿美元的资金，协助俄罗斯开发东西伯利亚新油田

2003年11月13日，俄罗斯自然资源部副部长扬科夫在“俄公司生态项目会议”上称，自然资源部已否决了尤科

斯公司提出的“安大线”石油管道建设项目。而这也宣布，经过大半年从政治、经济、新闻媒体、民间等各个层面对俄发起强大攻势，日本终于动摇了俄罗斯决策者修建安大线的决心。

俄罗斯的如意算盘

安大线的被否使得有利于日本的安纳线成为俄罗斯唯一的选择，随即，2003 年 12 月 15 日至 17 日，俄罗斯总理卡西亚诺夫访问日本。12 月 16 日，日本经济产业大臣中川昭一与卡西亚诺夫会谈时表示，日方将为建设连接东西伯利亚和远东纳霍德卡的石油管道提供合作，解决资金和环境方面的问题。当天下午日本首相小泉纯一郎在首相官邸与卡西亚诺夫也进行了会谈，并且发表了共同声明称推进日本与俄罗斯的东西伯利亚石油管道具有重要意义。

最终，2004 年 3 月 3 日，俄石油管道运输公司公布了远东石油管道“新方案”，计划修建两条管道，一条通往纳霍德卡，另一条分管道通往中国。管道起点是贝加尔—阿穆尔铁路的枢纽泰舍特，途经阿穆尔州和哈巴罗夫斯克边疆区的 4 个地区，总长度约 4100 公里，建设周期 4 年。

“泰纳线”的出台标志着日本排挤中国并自己利用俄罗斯石油的战略目的已经初步实现，而此时令俄罗斯政府没有想到的是，日本开始以种种借口推迟当初许诺投资的资金。其中最主要的借口就是：日俄两国的“北方四岛”争端还没解决，使得提议遭到日本公司的反对。日本希望通过管道的投资获得领土谈判的主动权。但日方在领土问题上固执己见甚至提出新的领土要求，使俄方意识到日本政府的投资仍是烫手山芋。

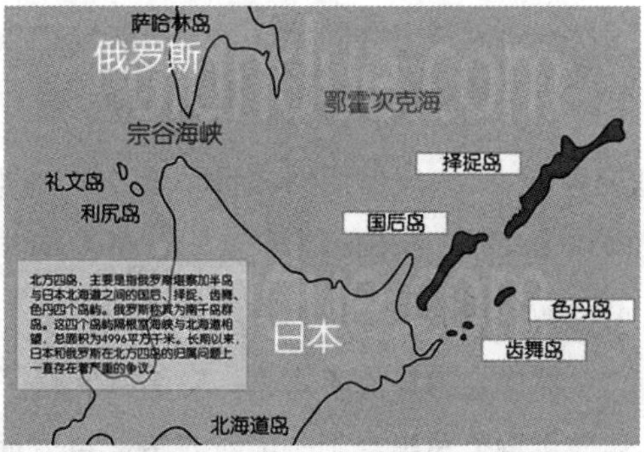

日本以日俄两国的北方四岛争端还没解决，使得提议遭到日本公司反对为由，不断推迟当初许诺投资的资金，甚至希望通过管道的投资获得领土谈判的主动权，日方的得寸进尺也让俄罗斯方面失去了耐心

日本的得寸进尺似乎让俄罗斯方面失去了耐心，2005 年 4 月 5 日，俄罗斯总统助理

伊万诺夫率领代表团访问北京时表示俄罗斯政府已基本敲定建设“泰纳线”中国支线。紧接着，4 月 11 日，负责“泰纳线”石油管道设计、修建和管理的俄石油管道运输公司总裁西蒙 - 瓦什托克突然表示，日本提供的贷款对该公司来说无足轻重，公司将依靠自有资本，以及向美国和亚洲国家发行债券的方式解决 115 亿美元的建设资金。

俄罗斯的新主张无疑让日本政府更加担心，在当月举行的日俄部长级会议上，日本经济产业大臣中川昭一强烈要求俄罗斯首先修建通往太平洋海岸的油管。他强硬地表示，如果俄方在修建“泰纳线”时不充分考虑日本利益，先修建中国支线，日方绝不会给这个项目提供任何经济援助。但与此同时，中川昭一也对参会的俄罗斯工业与能源部长赫里斯坚科“示好”，称日本已经做好了为该项目提供融资支持的一切准备。

但是，由于上次日本消极投资的经验教训，此次日方的杀手锏“日元外交”似乎失灵了。2005 年 4 月 26 日，俄工业和能源部长赫里斯坚科签署命令，决定第一阶段先将远东石油管道修建至离中国边境 70 公里左右的斯科沃罗季诺，第二阶段再考虑修建至太平洋港口佩列沃兹纳亚湾（滨海边疆区）的输油管道。

祸根凸显

经过漫长的项目论证后，2009 年 2 月 17 日，在中俄能源谈判代表第三次会晤后双方共同签署了关于修建中俄原油管道、长期原油贸易、贷款等一揽子合作项目协议。根据协议，俄罗斯石油公司将通过东西伯利亚 - 太平洋石油管道的中国支线每年为中石油供应 1500 万吨石油，期限 20 年。而作为交换，中国国家开发银行将为俄罗斯石油公司和俄罗斯国家石油管道运输公司提供 250 亿美元的贷款，用于石油开采运输和石油管道的建设。

然而，项目还未完工，中国就先赔了一大笔。2009 年底，俄罗斯石油管道运输公司出台了一项新政策，单方面宣布对东西伯利亚——太平洋石油运输管道（ESPO）征收关税。这项规定是俄方单方面制定的，并且是在当初的协议履行之后新增加的，明显违反了双边协议精神，俄罗斯单方面的不义之举也为日后中日能源合作纠纷埋下了祸根。

2011 年 4 月 20 日，俄石油管道运输公司也加入了与中石油谈判的行列。该公司新闻发言人伊戈尔·杰明称："我们可能在伦敦仲裁法院起诉中石油付款不足，但在此之前，双方会在 5 月份举行会谈。"伊戈尔·杰明还表示，由于中方付款不足，俄罗斯国家石油管道运输公司每月损失金额略超过 2000 万美元。

这场无厘头的纠纷很明显是因俄罗斯的单方面提价而引起，但是前期投入巨资修建管道的中国却只能被动接受。2011 年 6 月 13 日，俄罗斯石油公司总裁爱德华·胡代纳托夫表示："截至今日俄中双方所有输油协议均已达成。一切分歧都已消除。"

■原文发表于《环球财经》2013 年 5 月期，作者：白益民

第三节 远东能源博弈的日本魅影

也许是因为独有的民族情绪，中日两国在争取与俄罗斯的能源合作上，永远是一场零和博弈。从萨哈林项目的天然气开发权，到远东石油管道的走向问题，日本始终将中国视为最大的竞争对手，只要中国稍有动静，日本便如坐针毡，并酝酿一些对立活动。

从 2003 年的中俄"安大线"和日俄"安纳线"之争到萨哈林－1 号项目的豪抢，日本对能源的觊觎以及和中国的对垒旷日持久。如今，在俄罗斯远东地区的油气项目中，可以清晰地看到三井物产、三菱商事等综合商社为首的日本财团的魅影，它们通过破坏、蚕食的伎俩搅乱了整个远东能源市场。

破坏中石油的订单

2006 年 10 月 17 日，运载着来自萨哈林－1 项目的 10 万吨石油的

“ViktorTitov”号油轮，驶离俄罗斯远东的德卡斯特里油港，发往日本。此前不久，埃克森美孚公司总裁对外正式宣布，在萨哈林-1号石油天然气开发项目框架内，哈巴罗夫斯克边疆区德卡斯特里镇修建输油码头的建设工作已经完成，于10月4日正式开始出口石油。

俄罗斯萨哈林-1号项目是俄最大的外商投资项目之一，由来自美国、日本、印度和俄罗斯的4家公司共同参与实施，总投资超过120亿美元，包括柴沃、奥多普图和阿尔库通达吉3个油气田，总石油储量约为3.07亿吨，总天然气储量约为4850亿立方米。该项目于2006年10月1日开始投产，每天原油开采量达6300吨、天然气开采量达170万立方米。

2006年10月24日，美国埃克森美孚石油公司证实，其牵头的俄罗斯萨哈林-1号项目，已与中石油签订了《关于从位于俄罗斯近海萨哈林-1号项目向中国东北地区提供天然气的购销天然气框架协议》。不过，该协议只是框架协议，双方希望根据协议进一步谈判，签署正式的购销协议。只有正式协议签署后，该项目才能真正实现向东北供应天然气。

该项目当初曾计划修建从萨哈林到日本的全长约1500公里的管线，将产出的天然气销售给日本电力公司和日本煤气公司，日本政府希望将该项目所生产的600万吨天然气以液体形式通过轮船运送到日本。但是，通往日本的管线工程却因安全性、环境问题以及渔业谈判等因素迟迟没有进展。就在双方争议的同时，中石油却开始和埃克森美孚接触。

日本对美国埃克森美孚公司与中国达成的初期协议感到不快。2007年初，日本《每日新闻》引用日本经济产业省一位官员的话讲，日本经济产业省与美国埃克森美孚公司的执行官在1月进行了会面。日本政府希望这家美国能源巨头重新考虑对华的出口计划，要求美国埃克森美孚公司调整萨哈林-1号项目的产品销售计划，以满足日本对液化天然气（LNG）的需求。

萨哈林-1项目总投资超过120亿美元，共拥有3.07亿吨石油储量和4850亿立方米天然气储量

因为日本是该项目的最大股东之一，俄罗斯不得不对萨哈林-1

号的天然气销售计划进行重新考虑。资料显示，萨哈林-1号油气项目联合集团成立于1996年，其中美国埃克森美孚公司持30%股份，日本萨哈林石油天然气开发有限公司持30%股份，俄罗斯石油公司（Rosneft）旗下的两家公司分别持有8.5%和11.5%股份，印度石油天然气公司持有20%股份。

2007年6月19日，面对中国在撒哈林1号油气供应上的要求，俄罗斯天然气工业公司（简称“俄气”）董事会副主席阿纳年科夫在远东和外贝加尔社会经济发展国家委员会主席团会议上称，俄远东地区每年的天然气需求量已达150亿立方米，因此俄远东地区萨哈林-1号油气项目开采的天然气只会供应俄罗斯国内，而不会出口中国，至少在萨哈林-3号项目投产前是这样。

俄罗斯天然气工业公司阻止美国埃克森美孚公司向中国出口天然气，其实是想以较低价格从埃克森美孚手中买下天然气，然后再由自己把其中一部分出口中国。同时，因为日本拥有中石油和埃克森美孚公司所不具备的天然气液化技术，俄罗斯天然气公司总裁阿列克谢·米勒则一再表示：“希望通过吸引日本的投资和技术来发展本国的天然气精炼工业及机器制造业。”

2007年11月22日，时任俄罗斯第一副总理的梅德韦杰夫指出，俄罗斯在实现东西伯利亚和远东的全面天然气化之前，不会出口萨哈林-1号项目的天然气。不管出于什么目的，俄罗斯的这一态度顿时令中石油与美国埃克森美孚公司于2006年10月签订的关于将萨哈林-1号开发商所产天然气对华出口的框架协议陷入尴尬境地。

日本缘定“第二把交椅”

日本凭借其作为萨哈林-1项目股东的身份搅乱了中石油进口该项目天然气的计划，然而石油储量6亿吨、天然气储量7000亿立方米的萨哈林-2项目，才是日本真正的目标。为此，日本最大的综合商社三菱商事和三井物产齐聚萨哈林-2项目，并引入日本国内银行大量的投资，为财团相关制造业企业赢得众多的工程建设合同，从而使得该项目成为萨哈林岛6个项目中最成功的一个。

事实上，早在1991年2月，三井物产便联合美国马拉松石油公司和美国麦克德莫特公司成立了 MMM 财团，并在第二年 1 月中标萨哈林海上油气田项目。随后，荷兰皇家壳牌和三菱商事也加入了该集团。

1994 年 4 月，这 5 家公司签署股东协议成立了萨哈林能源投资公司，与俄罗斯联邦签署开发 PA 和伦斯考耶（Lunskoye）油气田的产品分成协议。经过股权的变迁，到 2000 年以后，萨哈林能源投资公司的股权结构变为壳牌持有 55%、日本三井物产持有 25%、三菱钻石天然气公司持有 20%。

当萨哈林－2 项目联合公司内部股权调整完后，日本财团便展开了实质性的活动。1997 年 12 月，日本国际协力银行、欧洲复兴发展银行以及美国海外私人投资公司与萨哈林能源投资公司签署协议，将分别为其提供 1.16 亿美元的项目融资。随后在 1998 年，壳牌开始着手萨哈林－2 项目第一阶段的建设，主要包括在 PA 和伦斯考耶油气田装载海上平台。

这些勘探平台产出的石油和天然气通过管道运输到陆地，然后通过自北向南贯穿萨哈林岛、长 800 公里的陆上油气管道运输到萨哈林岛南部滨海港湾普里戈罗德诺耶进行加工出口。

而此时三井和三菱再次看到了商机，2003 年 5 月 15 日，三菱财团的千代田化工建设株式会社和三井财团的东洋工程株式会社宣布，从萨哈林能源投资公司获得了萨哈林 2 项目位于普里戈罗德诺耶的液化天然气（LNG）工厂的 EPCM（设计、采购、建设、管理）合同。投入如此巨大的精力，日本自然有其意图，那便是萨哈林－2 号项目丰富的油气资源。

抛给日本的绣球

正值中俄能源合作因价格纠纷而产生裂隙之际，日本武士刀再露锋芒，意欲扩大其在俄罗斯远东地区的能源布局。

正值中俄能源合作因价格纠纷而产生裂隙之际，日本武士刀再露锋芒，意欲扩大其在俄罗斯远东地区的能源布局

2011 年 5 月 26 日，俄石油管道运输公司发言人赫里托夫表示，中国石油公司坚持要求修改与俄罗斯石油管道运输公司和俄罗斯石油公司的合同，更改价格，而

且中方金融机构单方面减少了货款的支付额，迫使俄方加快了与日本同行进行同一议题能源合作的谈判。

赫里托夫表示，由于这些客观条件，俄方决定在当天与日本自然资源与能源厅签署能源合作备忘录，俄罗斯石油公司将与日本就成立合资公司（俄罗斯石油公司持股51%）进行谈判，在东西伯利亚11个油气田进行地质勘探工作，并开发位于鄂霍次克海大陆架的马加丹1号、2号和3号区块。俄方估算，这些油气田的可采储量为20亿吨石油和1.5万亿立方米天然气。

当月底俄罗斯石油公司同日本经济产业省达成协议，成立联合工作组考察马加丹1、2、3号区块和鄂霍次克海大陆架，以及东西伯利亚11个油气田的资源概况。日本公司同意承担所有风险，勘探的所有开支也由日本方面承担。双方还商定将建立合资炼油厂和石化企业。日本《日经新闻》报道称，多家日本公司组成的财团可能获得合资企业49%的股份，日本国际石油开发帝石株式会社和日本石油天然气金属矿物资源机构可能参与其中。

事实上，在中俄石油管道还未开通、双方也未出现价格纠纷之前，俄方更倾向于同中国合作。2010年11月25日，俄罗斯副总理、俄罗斯石油公司董事会主席伊戈尔·谢钦表示，准备联合中石油开发马加丹地区鄂霍次海大陆架项目和东西伯利亚的一些中小型油田，双方决定在俄罗斯市场上通过合资的“东方能源公司”行动。该公司成立于2006年10月，俄罗斯石油公司拥有该公司51%的股份，中石油拥有49%。

然而，自2011年1月中俄石油管道贯通以来中俄之间的石油定价纠纷使得俄罗斯将绣球抛向了日本。2011年6月7日，俄罗斯《生意人报》报道称，俄罗斯石油公司已经决定邀请日本公司参与开发马加丹大陆架和东西伯利亚的油田，而促使俄罗斯石油公司做出这一决定的主要原因之一是俄罗斯与中国在输油费用问题上曾出现争执，虽然中国最终同意支付原油在俄罗斯境内运输所发生的费用，但是俄罗斯石油公司希望通过邀请日本公司参与远东和东西伯利亚油气资源开发以此向中国施加压力。

俄罗斯石油公司已经递交了获得马加丹1、2、3号区块和附近海域其他两个区块的开采申请。俄罗斯石油公司总裁爱德华·胡代纳托夫表示，希望在当年获得许可证。5月底，马加丹州州长尼古拉·杜多夫曾表示，根据初步数据，马加丹区块的许可证办理工作将在9月1日前完成。

俄罗斯东西伯利亚油田管理局局长鲁特别尔科也强调，之前，俄罗斯石油公司曾建议同中石油在合资的东方能源公司框架内联合开发马加丹专案，但是，双方的合作出现了不应有的市场运作“红灯”。鲁特别尔科说：“我总有这样的感觉，俄中方面总有一些说不出道不明并导致双方难以理解的隐情。”

日本企业大军已经打响进军俄鄂霍次克海大陆架之战，日本富士财团的综合商社丸红商事也已开始设计自己在该地区的布局。2011年8月4日，俄罗斯马加丹州政府发表声明称，日本丸红商事正在与俄罗斯石油公司洽谈参与鄂霍次克海大陆架油气资源的开发。**丸红欧洲战略规划部门负责人说：“由于地理位置的接近，日本购买这一地区油气资源将很有前景。”可以想见，不久的将来，除丸红外，还会有更多的日本财团企业来到俄远东鄂霍次克海大陆架探取资源。**

■原文发表于《环球财经》2009年5月期，作者：白益民

第四节

中石化无力单挑日本财团

中石化折戟萨哈林

2010年9月28日，中石化集团撤出了在俄罗斯远东油气开发项目萨哈林-3号上的全部作业人员，该项目的勘探工作全部结束。中石化（萨哈林-3号）的两口深海探井虽然花费了几千万美元，但勘探成绩并不理想。

早在2005年7月，中石化与俄罗斯石油公司签署了正式的项目合作文

本。根据协议，对萨哈林－3号项目的一个深海区块进行油气勘探。这也是当时中石化在俄罗斯获得的第一个“大家伙”，为此中石化抽调旗下精兵强将，派遣了30多名专家前往萨哈林，另有100名中国专家在钻井台上进行钻探作业。

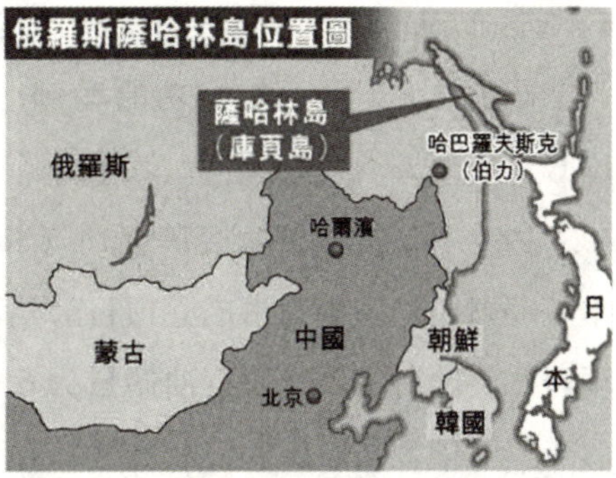

萨哈林岛，是俄远东唯一出产石油和天然气的地区，有“远东科威特”之称

此外还从国际石油勘探公司租用相应的勘探钻井设备，开始进行前期的勘探开发。与陆上油气勘探开发不同，深海油气勘探开采设备的租金很贵，每天50万美元以上，为此中石化在萨哈林投下了数千万美元。

“然而经过几年勘探，只在那里获得了两口干井，没有油气发现，只得折戟而归。”原中石化勘探开发研究院咨询委员会副主任张抗对记者表示。

萨哈林岛，是俄远东唯一出产石油和天然气的地区，有“远东科威特”之称。萨哈林岛及其周围大陆架蕴藏着丰富的石油、天然气资源，根据俄罗斯《2020年前能源发展战略》预测，俄罗斯的石油资源量为440亿吨。

萨哈林岛距离中国较近，油气运输成本将大大降低，对中国市场油气供应有重要的意义。但萨哈林距离日本交通更方便，从萨哈林的工厂将液化天然气运到在日本的“东北电力公司”液化天然气接收站只需一天。

随着世界资源需求国家对有关能源的争夺日益扩大，萨哈林的油气资源俨然已成为能源争夺的战场。然而与中石化的无所收获不同，日本财团通过在萨哈林的整体协作，获得了金钱与能源双丰收。

萨哈林的“二当家”

在斯大林时代，萨哈林就是俄油气领域对外开放的重点领域，目前已自北向南设立了从萨哈林－1号至6号等多个油气开发项目，其中，已签订“产品分成协议”的有萨哈林－1号和萨哈林－2号工程，萨哈林－3、

4、5 号工程正在寻求合适的投资方，萨哈林 -6 号工程进展缓慢。

萨哈林 -2 是比较成功的案例，不但发现油气，而且还设立了一个 LNG（液化天然气）工厂。

1994 年，英荷皇家壳牌公司（Shell）、日本三井财团的三井物产、日本三菱财团的三菱商事成立项目公司，开始共同开发萨哈林 -2 号天然气项目。萨哈林 -2 号的石油储量为 6 亿吨，天然气储量为 7000 亿立方米。鉴于当时俄罗斯政府并没有开发该项目的资金实力，萨哈林 -2 号油气项目完全由外国公司参与开发。皇家荷兰壳牌石油公司（Royal Dutch Shell Plc）是该项目最大的股东，拥有该项目 55% 的股份，另外 45% 的股份分别由三井物产（25%）和三菱商事（20%）持有。

2006 年底，在俄罗斯中央政府的干预下，这两家日本商社被迫转让部分股票给俄罗斯国有天然气工业股份公司，但最终三井物产、三菱商事仍然持有 12.5% 和 10% 的股份。

萨哈林 -2 项目所生产的石油从 1999 年以来就一直出口到日本，由于已开建一条连接产油区和普里戈罗诺耶的石油管道，这个项目的石油产量在 2008 年底从日产 8 万桶水平提高到 15 万桶。

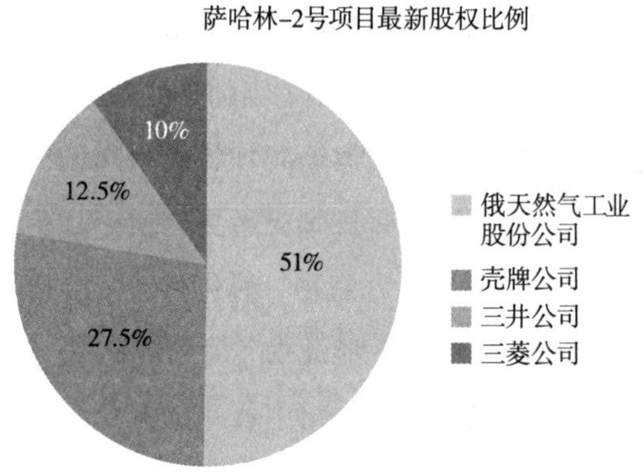

在萨哈林 -2 号油气项目中，日本三井财团的三井物产和日本三菱财团的三菱商事依然占有很大的股份，日本在萨哈林岛所产油气的话语权不可小觑

此外，萨哈林 -2 号的项目公司——萨哈林能源公司 2007 年 2 月 8 日与日本大阪能源燃气株式会社签署了一份时间跨度达 23 年的对日本供应 LNG 的销售合同，该公司打算年产 960 万吨 LNG，其中 60% 以上的 LNG

产量将运往日本的公用事业公司（其余 LNG 产量将销往美国和韩国），此外还包括东京电力公司和东京天然气公司，这个数字约占日本总天然气进口量的 7.5%。

2009 年，从萨哈林岛驶来的第一艘 LNG 船抵达了日本。东京方面希望借助俄罗斯历史上的第一个 LNG 项目来减少其对中东地区国家能源依赖的计划得以实现。

或许是日本人一贯的“忧患意识”，抑或是看准了原油及天然气市场逐步向高位推移的趋势，日本财团参与上游权益的热情高涨，除了萨哈林－2号是日本的三井三菱联合入股外，萨哈林－1 号则有日本第一劝银财团的伊藤忠商事与富士财团的丸红这两大日本综合商社投资的日本萨哈林石油天然气开发公司。

萨哈林－1 号的可采储量约为石油 3.07 亿吨、天然气 4850 亿立方米。埃克森－美孚、日本萨哈林油气开发公司、俄罗斯的罗斯石油公司、印度石油天然气公司在该项目中分别占股 30%、30%、20% 和 20%。俄气公司称日本拥有天然气液化的成熟技术，而埃克森－美孚等都不掌握液化技术。俄罗斯希望通过吸引日本的投资和技术来发展本国的天然气精炼工业及机器制造业。

日本最大的炼油企业——三菱财团的新日本石油公司（三菱财团金曜会成员），2006 年开始从俄罗斯的萨哈林 I 期项目进口原油。

由此可以发现，日本财团在俄罗斯远东地区萨哈林岛上这两个已经部分投产的油气项目中，占股分别达到 22.5% 和 30%。目前两个项目的大部分油气都在供给日本，日本在萨哈林岛所产油气的话语权不可小觑。

如果日本财团再次拿下萨哈林－3 号项目，其萨哈林“二当家”的称号可以名副其实了。

2009 年曾陪同俄总理普京访日的俄气总裁米勒曾谈道，公司准备在实现萨哈林－3 油气项目时优先选择在萨哈林－2 项目中的合作伙伴，主要是日本三井、三菱公司，密切关注日本三井和其他公司在俄罗斯其他天然气项目上的合作建议。2010 年 9 月 26 日，俄气副总裁 Alexander Medvedev 接受《日本经济新闻》采访时进一步确定说，俄气已经制订了一份计划邀请参与萨哈林－3号项目开发的公司名单，日本三井物产和三菱商事都出现在了这份名单上。

一鱼多吃，整体作战

日本财团的实力之处就在于它不是一两家企业在作战，三井物产、三菱商事等大型综合商社在为日本获取萨哈林油气资源的同时，还积极组织日本相关企业参与其中。能源是最便于综合商社发挥其信息机能、交易机能、金融机能及组织机能的领域。

日本财团参与了萨哈林项目的油气管道铺设、液化工厂建设以及输送等业务，涉及了从上游至下游能源价值链的所有领域。

日本和俄罗斯已经同意在俄罗斯远东城市符拉迪沃斯托克（中国传统称海参崴）共同出资建造一座天然气液化厂，日本将全面参与萨哈林天然气液化厂和输气管兴建工作

日本和俄罗斯已经同意在俄罗斯远东城市符拉迪沃斯托克（中国传统称海参崴）共同出资建造一座天然气液化厂，日本将全面参与萨哈林天然气液化厂和输气管兴建工作。除了伊藤忠商事和日本石油勘探与开发公司将参与此项工程外，俄罗斯《生意人报》报道说，俄罗斯要求日本为这个项目贷款10亿美元，而日本方面反而同意提供20亿美元的贷款，但条件是，这笔贷款应用于购买日本生产的输气管。

无论是在－40℃的西伯利亚，在水深2000米的西非沿海，还是萨哈林的1万米地下，不可缺少的都是无缝钢管。日本的无缝钢管在世界上占有技术上的领先优势。住友金属工业生产的油田天然气用不锈钢无缝钢管，占整个市场份额的50%，而在高级品上，则占到80%。住友金属工业的高级不锈钢无缝钢管“HiArroy”被称为钢管里的“劳斯莱斯”。

在2000年，由三井物产、伊藤忠商事、住友商事组成的商社联盟曾为俄罗斯蓝溪（Blue Stream）天然气管道的水下部分提供过31万吨钢管，价值4亿美元。商社联盟通过向4家日本钢铁制造商——住友金属工业、新日铁、川崎制铁、日本钢管订货，最后供应给俄罗斯。

此外在LNG船运输方面，三井财团的商船三井、三菱财团的日本邮船以及第一劝银财团的川崎汽船并称为日本三大海运公司。日本邮船公司和俄罗斯国营船务公司Sovcomflot组成联盟；商船三井、川崎汽船与俄罗斯普里莫尔斯克航运公司组成联盟，两联盟分别与萨哈林能源投资股份有限公司（SEIC）签署长期的定期租船契约，为萨哈林－2运送LNG。与此同时，世界上冰区LNG船的主要建造商——三财团的三大造船公司三菱重工、川崎汽船与三井造船分别接到了两联盟订购的冰区LNG船，用于萨哈林－2。

■原文发表于《环球财经》2010年第11月期，作者：白益民

第五节 大庆竞逐东北亚

东北亚国家能源竞争日益激烈，大庆作为中国能源基地，具备作为东北亚能源中心的地缘优势潜力，它如何才能脱颖而出？

如今大国之争，已经不再是领土之争，而是能源之争。中日俄三国作为东北亚三个最关键的国家，一直上演着能源合作与博弈的游戏。其中，日本、中国作为世界上最大的能源进口国，无时无刻不希望保证自身能源供应。而俄罗斯作为世界上最大的能源出口国，也希望摆脱对欧洲能源出口依赖，扩大出口。能源“向东看”成为平衡东西方最主要的能源战略。在三国能源合作与博弈的背后，三个城市格外引人瞩目，那就是大庆、科济米诺以及海参崴。

事实上，这三个地方各具特色，各具优势。其中，随着日本商社的投资，连接日俄能源的科济米诺港与海参崴，其能源地位正在逐步得到确立，其辐射范围也逐步扩大。而作为连接中俄能源的纽带——大庆，虽然本身具备丰富的能源与地缘优势，然其东北亚地区能源重要性则稍逊一

筹，其影响力相对较小。

通向日本海的科济米诺港

随着日本商社加大对远东油气的进口，科济米诺港已成为日本能源多元化重要的一环，未来必将成为远东能源战略的重要据点

2009 年 4 月 7 日，随着中俄石油管道（东西伯利亚—太平洋石油管道一期工程）的竣工时期的临近，俄罗斯总理普京签署命令，要求修建一条通往即将建成的滨海炼油厂的管道。5 月 12 日，普京访日本，在“俄日工商论坛”上邀请日本公司参与二期工程建设。

能源贫瘠的日本一直希望进口俄罗斯石油，致力于将其打造成为能源后备基地。2009 年 8 月 11 日，三井物产代表团访问俄滨海边疆区（位于俄罗斯石油管道终端），并与该州行政长官达里金会面。会见时，三井物产代表团表达了参与俄远东重大建设项目的强烈兴趣，其中涉及萨哈林天然气产地的开发、运输基础设施建设和 APEC 峰会筹备项目等。

时任三井物产社长枪田松莹表示该公司对于滨海炼油厂、液化气厂和电力等领域都有兴趣，并有意介入滨海的物流体系。当时，三井还参加过兴建俄罗斯岛上的风力发电站工程，在该州积累了大量人脉。

由于三井物产及其庞大的财团体系拥有雄厚的资金和过硬的技术，对于急于开发的滨海边疆区政府来说十分具有诱惑力。同时，三井物产高度的投资热情，显然打动了滨海边疆区行政长官达里金。达里金在会谈时表示，希望借鉴日本公司的经验建立科技园区，并在石油和天然气原材料加工、制药和生物技术领域与日本公司进行合作。

在三井访问不久，2009 年 12 月 28 日，科济米诺港石油储藏和海上出口系统正式投入使用，俄政府总理普京出席了当天的开通仪式并亲自按下了向油轮灌装石油的按钮。普京在仪式上说，系统投入使用对俄石油和石油运输行业及远东地区来说，都是一个“重大事件”，修建通往太平洋的石油输出管道，是能够让俄罗斯石油进入亚太地区新市场的战略性计划。

随着日本商社加大对远东进口，科济米诺港已成为远东石油重要的据点。2010 年 12 月，科济米诺港港口总经理鲍里斯·梅利尼科夫表示，2010 年从该港出口的原油共计 1530 万吨，其中出口日本的原油占 30%，在所有国家和地区中位居首位。而中国仅排在第五位，在该港出口原油中所占比例仅为 8%。不难看出，科济米诺港已成为日本能源多元化重要的一环。

日本筹谋海参崴 LNG 终端

滨海边疆区除了科济米诺这个石油中心，还有一个天然气中心，那就是该区的首府符拉迪沃斯托克（中国称“海参崴”）。2009 年 6 月 30 日，俄罗斯天然气工业股份公司和第一劝银财团的伊藤忠在莫斯科举行会议，讨论了共同努力探究在符拉迪沃斯托克生产液化天然气和凝析油，并出口到日本和亚太地区其他国家的可能性。另外，双方还讨论了日本公司参加与东部天然气计划有关的高科技项目的可能性。

为了将天然气输送到日本，俄罗斯计划修建一条从符拉迪沃斯托克出发一直延伸到日本北海道的输气管道。其中，日本经济产业省将出面主导该天然气液化厂和输气管兴建工作。伊藤忠和日本石油资源开发株式会社也将参与此项工程。

2011 年 1 月 29 日，俄罗斯天然气工业公司与日本经济产业省能源与资源厅签署了一项协议，约定对符拉迪沃斯托克地区天然气开发应用进行可行性研究。该协议还包括建设液化天然气厂以及以天然气为原料生产化学品的多家工厂。

为了与俄罗斯天然气公司更好地实现合作，伊藤忠牵头，组建成立了日本远东俄罗斯天然气事业调查株式会社。其中，伊藤忠、日本石油资源开发分别拥有 32.5% 股份，丸红（富士财团的综合商社）拥有 20% 股份，日本国际石油开发帝石株式会社拥有 10% 股份、伊藤忠石油探勘株式会社拥有剩余的 5% 股份。

3 个月后，俄罗斯天然气公司的一份报告显示，该公司已经与日本远东天然气公司签订协议，共同开展经济技术可行性研究，计划在 2016 年前在符拉迪沃斯托克地区附近建造一个具有年产 1000 万吨液化天然气能力的工厂，并且计划投资约 70 亿欧元。届时，日本每年将从这个项目中获得 700 万吨液化天然气，其余天然气出口至韩国。

随着日本商社以及财团企业的投资，俄罗斯远东又一能源重镇——符拉迪沃斯托克正在冉冉升起

2011 年 5 月，由伊藤忠领导的日本远东天然气公司与俄罗斯天然气公司再次达成协议，针对符拉迪沃斯托克地区建设液化天然气设备及压缩天然气项目的可行性进行调查，包括：建设年产能为 1000 万吨的 LNG 设备的事前基本设计、压缩天然气实验项目的预备调查，以及对制造及销售燃气化学产品的可能性进行调查。

经过几个月调查，2012 年 1 月 4 日，日俄关于在符拉迪沃斯托克东部建设 LNG 工厂的可行性研究终于宣告结束。3 月 23 日，俄罗斯天然气工业股份公司表示："公司管理委员会通过一项决定，即推动下一阶段符拉迪沃斯托克附近实施建设液化天然气工厂的项目。"根据这个项目研究调查，俄罗斯将启动符拉迪沃斯托克液化天然气供给的最有利时期是 2017—2020 年。随着日本商社以及财团企业的投资，俄罗斯远东又一能源重镇正在冉冉升起。

大庆潜力

大庆市作为中国最早的能源基地之一，地处东北亚区域经济、贸易、地理三个重心的交汇点，具备作为东北亚能源中心的地缘优势潜力

2010 年 12 月 20 日上午 9 点，大庆林源输油站一片欢腾，备受关注的中俄石油管道贯通工程迎来了历史性的一刻。11 月 1 日从俄罗斯斯科沃逻季诺进入中俄原油管道的原油在经历一个多月的缓慢前行后，12 月 20 日上午抵达终点站大庆林源输油站。这是一个具有历史纪念性的时刻。历经

14 年的谈判、1 年 4 个月的建设，来自千里之外的俄罗斯原油终于到达了大庆。

根据双方协议，俄罗斯今后每年将向大庆输送 1500 万吨的原油，在 20 年内，将有 3 亿吨原油源源不断地从大庆输送到全国各地。这对于整个国家的石油资源安全和战略储备具有重要意义，对于加强大庆在东北亚能源中心位置亦无疑是一个亮点。

事实上，大庆作为中国能源基地，具备作为东北亚能源中心的地缘优势潜力。东北亚区域主要是指中国东北三省、内蒙古的东部地区，日本，韩国，朝鲜，蒙古以及俄罗斯远东。而大庆地处中国东北松嫩平原中部，位于该地区中心地带，为东北亚区域经济、贸易、地理三个重心的交汇点。无疑，大庆可以作为未来连接东北亚能源合作的“桥头堡”角色。

大庆除了拥有丰富的油气资源外，还拥有完善的石化产业配套。大庆拥有燃料成品油、润滑油等八大石化产品生产基地，可生产 5 大类 400 多个品种的化工产品，乙烯、聚乙烯、丁醇、辛醇等产品生产能力占全国 10% 以上，正在建设的 30 万吨聚丙烯一期工程单体规模国内最大、世界第二，30 万吨复合肥产量居全国第三位，甲醇产量居全国第二位，聚丙烯酰胺生产规模和产量世界最大，石化产品精深加工原料充足。

在 2009 年 6 月 21 日，上海石油交易所东北地区唯一授权服务机构——上海石油交易所大庆中小企业石化产品交易中心落户大庆高新区，并于当年 12 月 14 日正式运行。该交易中心每天交易石油数量将会达到 1000 吨，所投放的汽油、柴油、甲烷、甲醇等化工类产品种类将在 20 种左右，年交易额预计可实现 50 亿元左右。此外，大庆石油交易中心还可以通过上海石油交易所的期、现货交易系统和中远期现货交易系统，以及商品信息发布系统来完成远程业务办理。

值得一提的是，大庆还有一个鲜为人知的优势——石油资讯优势。2010 年 7 月 22 日，新华社与大庆市政府在北京正式签署新华 08 国际石油资讯中心项目协议书。大庆新华 08 国际石油资讯中心的主营业务，是石油化工资讯交易报价，为各国客户提供信息服务、行情分析、重要数据，为石油贸易的决策提供参考。

目前大庆市还需要不断加强其物流系统的建设以及其他系统的配套，特别是成为东北亚能源中心最重要的一环——综合贸易能力

新华社驻外机构将在几年内发展到200家，遍布世界各地的资讯采集员，将深入世界各地的石油、石化企业及其衍生品生产企业，把采集到的第一手信息汇聚到大庆总部加工处理。可以预见，未来带有新华社“大庆电”“大庆讯”“大庆分析”“大庆报告”的情报将传向世界，将直接指导世界石油行业的走向。大庆的名字也会像路透、彭博、道琼斯一样传遍全球。

可是，尽管大庆拥有地缘良好、油气资源丰富、资讯发达等优势，具备成为东北亚能源中心的潜力，但其影响力依旧是三线城市的影响力，国际化、现代化与海参崴、科济米诺港相比稍显不足，需要不断加强其物流系统的建设以及其他系统的配套，如金融、软件，不断巩固其能源地位。更重要的是，大庆缺少成为东北亚能源中心最重要的一环，那就是“商”，即综合贸易能力。

中国与日本同为石油进口大国，两国应在能源上实现合作，这样才能够实现双赢。大庆无疑能够成为能源合作的试验田。如果双方能够彼此信任，加强相互间的利益协调，共同挑战俄罗斯的石油霸权，届时俄也将会更重视中国能源市场，加大对中国油气的出口。

■原文发表于《能源》2012年7月，作者：白益民

第六章　中日能源合作破裂之路

20 世纪 70 年代初，中国石油工业的发展翻开了新的篇章，近海石油资源的开发成为核心关键。而中日邦交正常化以及石油危机对日本经济的冲击，使得日本将中国视为未来保障其能源供给的重要国家，因此，日本最终成为中国海洋石油对外合作的首个国家。

到了 90 年代，春晓油气田——这个距离日本单方面划定的所谓两国东海“中间线”只有 5 公里的项目却是由中海油、中石化、优尼科和英荷壳牌共同合作开发的，不见了日本企业的身影。鉴于日本对东海油气资源觊觎已久以及其在钓鱼岛问题上的一意孤行，中国政府最终决定不再理会日本企业而是单方面开始了石油开采行动。

2003 年 3 月，日本自民党外交部会长盐崎恭久忽然发难，强行搁置了日本政府预定向中国提供的 172 亿日元特别贷款，时任日本首相的小泉纯一郎甚至公开表示，“对华 ODA（政府开发援助）已经到了该毕业的时候”。那么为什么日本政府对中国的贷款政策会突然间发生改变？而这种改变的背后又是否和在东海油气田开发谈判中频频受挫的日本企业有着什么关联？

作者题注：

中国东海海域蕴藏着丰富的油气和矿物资源，实际上，多年来日本为中国提供大量的技术、设备和贷款，也正是看中这一地区的能源优势，考虑到东海重要的战略地位，今后必须坚持“主权归我，合作开发”的精神。

本章提要

1979年，日本首相大平正芳向中国提供了550亿日元的第一笔ODA（政府开发援助）贷款，其后日本的ODA项目往往以附带“限定于日本企业”条件的形式为主，并且与ODA有关的工程也均由日本企业筹备和进行。

日本对华援助项目的选择，明显是由日本的经济利益决定的，日本对连接石臼所和秦皇岛这两个重要能源港口的铁路提供了所要求贷款额的62%和100%，而对另一条与日本的能源供应丝毫不相干的铁路却只提供了16%的贷款额。

由于工业落后、缺乏经验等原因，渤海埕北油田工程A、B两个区的平台模块均是由日本三井财团、三菱财团旗下的公司负责设计和制造，在这一项目过程中日方牢牢把握了主动权，中方的公司仅扮演着组装厂的角色。

20世纪90年代，中国企业的发力以及中美在石油开采上的联袂，让日本坐立不安，此后日本政府单方面收购钓鱼岛以对抗中国的合法权益。这一行为为当时愈演愈烈的钓鱼岛冲突埋下了伏笔，也直接导致了中日在东海上的长期纠葛不断。

显然，更多的西方石油公司拿到了中国东海的油气资源，而日本被逐渐关在了门外，中国与欧美石油公司在东海区域大量的合作，使得日本想与中国联合开发海洋石油的设想近乎完全破灭了。

2003年底，因中国国内石油需求激增，中日双方就削减出口数量和提高价格未能达成一致，从2004年1月份开始，中国停止对日出口中日长期贸易协定下的大庆原油，从1972年中日邦交正常化之后执行了30年的对日原油出口正式告终。

第一节
三菱捷足先登渤海开发

身为合作方的日本，不仅通过技术、装备的输出获益巨大，而且斩获了渤海油田的其他几个大项目，推动了日本能源进口多元化的进程。

渤海对外开放以来，日本依靠技术输出不仅获得了大量的渤海石油进口，而且为以三菱商事（综合商社）、三菱重工为首的三菱财团，以及以新日铁为首的三井财团的关联企业带来了巨大的订单。毫无疑问，在中日合作开发渤海的过程中，日本财界是最大的受益者。

被三菱内定的招标

20 世纪 80 年代初，中日双方签署中国对外合作的第一个示范项目——埕北油田的开发合同以后，中国海上石油的开发正式拉开帷幕。然而，由于工业落后、缺乏经验等原因，在这一项目上中方不得不面临被日本牵着鼻子走的窘境。

1980 年中日两国签订了共同开发埕北油田的合同，埕北油田作为中国海上第一个现代化油田，整体项目的开发建设却是由日本企业主导的

当时，埕北油田工程分两个区：A 区和 B 区，共有 5 个导管架和 5 个平台。未进行公开招标的 A 区基础导管架的钻井生产平台和生活动力平台，均由三井财团的新日铁公司设计，渤海石油公司制造与安装。B 区导管架的钻井生产平台、储油平台，均由新日铁公司负责详细设计、制造和安装；生活动力平台和靠船码头也由新日铁公司负责详细设计，渤海石油公司负责制造和安装。日方在此过程中牢牢把握了主动权，中方的公司仅扮演着组装厂的角色。

在 5 个平台模块的公开招标投标工作中，日本企业之间更是配合得天衣无缝，将美国公司排除在外。中方为了取得平台模块的投标资格，由中国船舶工业总公司旗下的中国海洋石油平台工程公司及大连造船厂等 7 名代表组成的小组，于 1982 年 10 月访问美国，与哈里伯顿旗下布朗路特公司商讨合资成立中国布朗路特海洋工程有限公司参加投标。1983 年 1 月 19 日，中国布朗路特合资公司正式在北京注册成立。

1983 年 2 月，渤海埕北油田的作业者埕北石油开发株式会社发出开发工程招标。3 月底，该公司揭示的最后开标结果中有 3 家公司投标。其中，日本三菱财团的三菱商事（综合商社）报价为 1.09 亿美元，中美合资的中国布朗路特公司报价为 1.21 亿美元，两家的报价都超出工程预算。可能是为了避免与三菱财团的内部竞争，日本三井财团的新日铁公司在这次招标中选择了弃权。

随后，埕北石油开发株式会社邀请中国布朗路特公司代表何志刚（中国海洋石油平台工程公司副总经理）赴东京与三菱商事协商。协商结果蹊跷的是，中美合资的中国布朗路特公司选择退出，改由三菱商事同中国海洋石油平台工程公司合作联合报价：由三菱重工总承包，中国海洋石油平台工程公司分包部分工程。

事实上，埕北油田 B 区平台模块的设计和建造早已被日本公司内定。钻井生产平台由三菱重工总承包，日本钢管株式会社（现 JFE 钢铁）设计，并与三菱重工共同制造；生活动力平台由三菱重工总承包并负责设计，三井财团的石川岛播磨重工与三井造船制造；储油平台由日本三井财团的新日铁总承包，负责制造与安装。

海洋石油打响首枪

在三菱重工的邀请下，1983 年 5 月 13 日，中国海洋石油平台工程派代表团赴东京，商讨向埕北石油株式会社联合报价事宜。最终，中国代表团仅获得了埕北油田 A 区两个平台模块工程的分包任务。当年 9 月 23 日，中国海洋石油平台工程公司与日本埕北油田开发株式会社在北京饭店签署了关于这两个模块的承包合同。

当时的中国海洋石油平台工程公司并没有自主完成这两个合同的能力。合同签字后，10 月 5 日该公司便成立了渤海埕北油田 A 区模块项目管理组。随后，公司同中国船舶旗下的大连造船厂和天津新港船厂经过充分讨论，签订了两个平台模块的内部分包合同。1984 年 1 月 23 日，大连新港船厂的施工设计人员赴日参加日方承包的 B 区模块工程详细设计的培训。除此之外，中国海洋石油平台工程公司负责的两个模块的设备也来自三菱重工。

前期准备工作完成后，中日双方于 1984 年 7 月 5 日签订了《关于埕北油田商业生产开始后每年优先回收具体方法的协议书》。协议中规定：按比例扣除中方生产费用、中方固定留成和日方报酬后，用于分配的原油应优先充作日方的勘探费和开发费的回收。

1984 年 8 月，B 区生产井完井开始。10 月 1 日，B 区首先进入商业生产，埕北油田首船原油从 B 平台装运大连，与辽河原油、自营八号平台原油在大连寺儿沟调和后，运往日本销售，所得收入由中日双方按规定比例分成。1987 年，A 区也开始通油，至 1987 年 6 月 12 日，中日合作的渤海埕北油田全面投产。

一直到 1986 年 9 月日本方面才将海上油田平台操作者的地位转移给中方，而在此之前的几年里埕北油田的控制权都实际掌握在日本企业的手里

渤海埕北油田顺利建成、投产和第一船油的顺利外输，打开了中国海洋石油与国际接轨的首个通道，开创了海洋石油经济、技术对外合作的先河，揭开了中国海上油田开发的序幕。

在协作日方进行油田操作的时候，中国石油工人得到了快速成长，后来逐渐成为其他油田乃至公司的领导，从而支撑和建立起海洋石油的工程队伍。同时，连接埕北油田 A 区和 B 区的石油管道也成为中国第一条海底输油管道。

渤海开发全面开幕

当时中日在渤海上的合作不仅是埕北油田，还在其他地区进行勘探。

中国石油天然气勘探开发公司与日中石油开发株式会社在1980年5月29日签订协议之后，就在渤海南部及西部地区进行勘探。四年时间内共发现了渤中28-1、渤中34-2、渤中34-3、渤中25-1及渤中28-2五个含油构造。

据中国海洋石油总公司第二任总经理钟一鸣回忆，1982年开始的三年里，国外石油公司在中国国内海域进行大量的勘探之后，不但没有发现一个大的像样的油田，而且由于当时油价下跌得很厉害，每桶油16~17美元，外国公司在与中海油签订的石油合同到期之后陆陆续续都撤了。只有日本公司例外，继续投入大量的资金，进行渤海的勘探开发。

三菱商事、三菱重工这两家三菱财团的核心企业，更是在1985年5月21日与中国海洋石油总公司签订合同，成立了渤海菱重平台工程有限公司，专门负责承包渤海及其他海域的中外合作区的海上石油、天然气生产设施工程。出资比例为：渤海石油50%，三菱重工45%，三菱商事5%。

此后不久，中国国务院副总理康世恩访问日本，在1985年6月4日与日本通产相村田敬次郎、日中经济协会会长土光敏夫和经团联会长稻山嘉宽进行了会谈，就中日今后在石油贸易、石油化工、石油产品加工及其设备制造方面进行全面的经济技术合作问题交换了意见。三天后，康世恩拜会了日本首相中曾根康弘，就中日两国在渤海石油开发的技术转让以及技术人员派遣等方面进行了探讨。

1985年7月，中日举行第18次联合委员会讨论，一致同意渤中28-1油田转入开发，总预算约2亿美元。1985年10月16日，国家主管部门批准了开发方案。1986年12月1日，渤中28-1油田启动了开发建设工作，此前主导埕北油田开发的三菱重工和新日铁也参与了建设工作。

1985年5月中日合资成立的渤海菱重平台工程有限公司则担当该油田的技术顾问。经过两年多的奋战，1989年5月25日，渤中28-1油田正式投产，6月底第一船原油成功运输。这是中国海上合作开发投入生产的第三个油田，年产量40万吨左右。在此期间，中日合作的另外一个项目渤中34-2/4E油田也投入开发，三菱重工、渤海菱重等日企主导了该工程的建造。1990年6月，渤中34-2油田正式投产。7月17日，第一船原油销往日本，这是中日双方1980年开始合作开发渤海石油以来，继埕北和渤中28－1油田之后投产的第三个油田。

■原文发表于《中国石油石化》2013年第05期，作者：白益民

第二节
中日能源合作的“蜜月”时代

中国拉开改革开放的序幕之时，资金缺乏。邓小平打破了中国原来将既无外债又无内债视为理想财政状况的思想，指示要“下决心向国外借点钱搞建设”。日本成为中国海洋石油对外合作的首个国家。

自1960年大庆油田投入生产之后，中国石油工业的发展翻开了新的篇章，近海石油资源的开发则成为极具挑战性的任务。

恰逢此时，中日邦交正常化以及石油危机对日本经济的冲击，使得日本将中国视为未来保障其能源供给的重要国家。随着中日关系的逐渐升温，日本最终成为中国海洋石油对外合作的首个国家。

日本造的“渤海2号”

为了开发渤海的近海石油资源，1969年，中国向日本的重型工业设备制造商石川岛播磨重工株式会社（现名：IHI株式会社）订购了一艘价值1100万美元的“白龙号”钻井船。第二年，中国开始与日本海洋掘削株式会社谈判购买“富士丸”（“渤海2号”）。

“富士丸”钻井平台由日本三菱重工（属三菱财团）在1968年建成，并由日本海洋掘削株式会社将其投放东南亚较浅的大陆架海区从事石油勘探，船型完全针对那里平缓的海底地势地貌而设计的。日本石油资源开发株式会社和三菱综合材料株式会社分别持有日本海洋掘削株式会社30.75%和26.05%的股份，日本另外两大综合商社三井物产和丸红也持有

其股份。

中日邦交正常化之后，中日之间的经济交流从地下转至台上，大庆油田及未开发的渤海则成为日本人眼里的香饽饽。当年9月，中日经济交流新窗口日中经济协会成立，时任新日铁社长稻山嘉宽就任会长。

当时，稻山嘉宽对今后的中日贸易，主要是石油贸易做了这样的构想：一、中国向日本出口石油、煤炭等天然资源，与此相对应，日本向中国出口机械和技术；二、支付采用分期付款方式；三、因向中国出口的机械和技术一般多用于资源开发，所以分期付款的利息应特予优惠；四、资源贸易对中日两国都有益，政界与财界应给予积极的支持。稻山的这一构想，也成为日后30年里中日经贸关系的真实写照。

很快，1973年4月，此前中国计划购买的日本的自升式钻井平台“富士丸”正式交付中国，随后改名为“渤海2号”。该钻井平台的购买协议，由前中国燃料化学工业部海洋勘探指挥部在1972年底与日本海洋掘削株式会社达成，成交价格为900万美元。这里提到的中国燃料化学工业部成立于1970年6月，在1975年2月改为石油工业部，1978年改为化学工业部。

1972年8月，时任日本通产相的中曾根康弘（后出任日本首相）曾希望通过日本经团联来试探中国政府在开发渤海湾的海底油田方面有无接受日本方面援助的想法

1973年12月，中国还与三菱重工签订一项合同，进口价值2260万美元的“白龙2号”半潜式钻井船，然而由于没能把价格压得更低，中国最后取消了该合同。第二年，中国从日本住友商事购买了两艘五百吨级的海洋综合调查船，分别命名为“海洋一号”和“海洋二号”，主要从事地质工作。此外，日立造船和三菱重工还在1977年和1979年分别为中国建造了“渤海4号”和“渤海12号”钻井船。

日本为中国提供大量的钻井设备，正是看中渤海地区可能蕴藏的丰富的石油。早在1972年8月，日本经团联副会长稻山嘉宽访华之前，日本通

产相中曾根康弘便会见稻山嘉宽，请他试探中国政府在开发渤海湾的海底油田方面有无接受日本援助的想法。

石油公团介入谈判

随着时间的推移，中国的近海石油开发逐渐提上日程。1978 年 1 月，中国国务院批准组成中国石油代表团去美国和日本这两个国家进行石油考察，以石油化学工业部常务副部长孙敬文为团长、国家计委副主任李人俊为顾问率队出征。在日本考察期间，中国代表团停留了 12 天，参观了造船厂、施工机械制造厂和炼油化工厂。

此后，国家主席华国锋等中国领导人，决定邀请外国公司来北京探讨合作开发海洋石油的事宜。在中国地质学会的邀请下，1978 年 6 月 28 日，以日本石油公团副总裁宫崎仁为团长、理事松泽明为副团长的日本海洋石油地质访华团前来中国访问。7 月 23 日，中国国务院副总理康世恩会见了该访华团，并与他们探讨了在石油资源地质普查、勘探和开发方面进行技术合作和交流的问题。

日本石油公团是一个独立的政府组织，公司不直接从事石油生产和经营活动，而是代表政府指导和监控日本公司的海外油气勘探开发，并对日本公司海外油气勘探开发提供经济援助和税收优惠，以促进和扩大日本公司的石油勘探和储备业务。其前身为日本石油开发公团，是根据日本 1967 年 7 月 29 日颁布的《石油公团法》，在日本通产省能源咨询委员会的建议下于 1967 年 10 月成立的。

1978 年 6 月，中国国务院副总理康世恩和石油工业部部长宋振明访问完美国和巴西回国的路上，访问了日本并与日本通商产业（现经济产业省）大臣江崎真澄讨论了重新开始渤海石油谈判的可能性。此次中国政府领导人对与日本石油公司关于渤海石油开发的谈判显得格外重视。6 月 23 日，邓小平特意批示："请日本帮助开发渤海湾石油问题，请先念同志嘱咐有关同志迅速着手进行，以便大平（时任日本首相）来时正式达成协议。"

第二年 4 月，日本石油公团接到中国展开渤海石油谈判的通知，中日之间关于开发中国近海石油的谈判正式开始。1979 年 10 月 17 日，日本石油公团总裁桥本利一和中国石油部下属的中国石油天然气勘探开发公司（CNOGEDC）副总经理李景新（中日长期贸易协会的一员）签署了在渤海南部进行联合地质勘探的合同。

1979 年 12 月 5 日，日本首相大平正芳正式访华，承诺向中国提供 550 亿日元（2 亿美元）贷款，援建渤海石油开采、宝钢等项目。大平正芳说："日中两国领导人推心置腹地交换意见是很有意义的。日本政府和国民对我们这次访华寄予很大的期望。我渴望通过双方富有成果的会谈能进一步加深和扩大日中友好合作关系。"就这样，日本成为世界上第一个向中国提供政府贷款的国家。

第二天，日本石油公团与中国石油天然气勘探开发公司签订了在渤海南部及渤海西部海域合作进行石油和天然气勘探开发的协议书，双方将在这些区域共约 25500 平方公里的海域，合作勘探开发石油和天然气。中国石油部副部长张文彬，日本石油公团副总裁宫崎仁、日本通商产业省通商政策局次长高桥清，出席了签字仪式。中国石油公司石油天然气勘探开发公司副总经理李景新和日本石油公团理事松泽明分别在协议书上签字。

ODA 中的商社魅影

日本首相大平正芳承诺向中国提供的 550 亿日元贷款是日本对中国的第一笔 ODA（政府开发援助）贷款，这也进一步促进了日本企业对中国的装备出口。当时正值中国拉开改革开放的序幕之时，资金缺乏，邓小平打破了中国原来将既无外债又无内债视为理想财政状况的思想，指示要"下决心向国外借点钱搞建设"。

案件数	金额（亿日元）	重点利用领域	贷款条件	贷款批次
4 件	3309	港口、铁路、发电站等社会基础设施、商品贷款	利率 3%、宽限期 10 年、偿还期 30 年	第一次日元贷款（1979—1983）

续表

案件数	金额（亿日元）	重点利用领域	贷款条件	贷款批次
17 件	5400	社会基础设施、资金还流、出口基地开发	利率 2.5% ~3.0%、宽限期 10 年、偿还期 30 年	第二次日元贷款（1984—1989）
50 件	8100	社会经济基础设施、资金还流、制造业	利率 2.5% ~2.6%、宽限期 10 年、偿还期 30 年	第三次日元贷款（1990—1995）
68 件	9700	环境对策、农业领域、缩小地区差	利率 2.3%、环境案件 2.1%、宽限期 10 年、偿还期 30 年	第四次日元贷款（1996—2000）

日本外务省经济协力局 1999 年编写的《ODA 白皮书》完整地记录了 4 次日本对华日元贷款的情况，从中可以发现日本对华援助项目的选择明显是由日本当时的经济利益所决定的，日方是希望通过 ODA 提高中国矿产开采技术和运输能力，让中国成为日本最近的能源供应地。

事实上，美利坚大学国际学院东亚问题专家赵全胜认为，日本对华援助项目的选择明显由日本的经济利益决定：从第一批长期贷款日本同意向 8 个基建工程中的 6 项提供政府贷款开始，日本就选择了铁路干线和海港工程，两个水电站工程则落选了。这一选择清楚地反映出日本的经济利益。

对日本来讲，石臼所和秦皇岛这两个港口是能源供应（特别是煤）的重要出口港。三条铁路干线中的两条——兖州至石臼所铁路和北京至秦皇岛铁路直接连接两个港口——日本分别提供了所要求贷款额的 62% 和 100%；第三条铁路干线，衡阳至广州的铁路与日本的能源供应丝毫不相干，因此只给予中国要求的贷款额的 16%。

在日本 ODA 贷款的实施中，综合商社扮演着决定性的角色，从开发项目的设计至实施，都有商社的介入。商社与受援国政界人脉密切往来，提供受援国政府项目计划建议，以符合受援国申请日本贷款援助的标准。包括日本输出入银行的融资、日本海外合作基金（OECF）的日元贷款、日本国际协力机构（JICA）的赠予援助等。

到20世纪70年代为止，日本的ODA项目以附带“限定于日本企业”条件的形式为主。ODA项目中使用的资材，与ODA有关的工程均由日本企业筹备和进行，为振兴日本出口以及对日本经济的高速成长做出了极大贡献。而此次日本对中国4个项目的贷款也不例外。

在中日签署ODA协议之后5个月，1980年5月，日本三井物产、住友商事、石川岛播磨重工等公司技术人员便来中国，与交通部有关工程部门就秦皇岛、石臼所两港施工工艺及设备问题，进行了技术座谈。自然而然的，三井三池制作所、石川岛播磨重工、三菱重工在此后几年获得了来自石臼所港码头和秦皇岛码头的大量设备订单。

日本斩获埕北油田

随着日本对华ODA贷款的签署，中日之间关于渤海开发的合同也是顺风顺水。1980年2月，中日双方确定将渤海西部的埕北油田作为第一个油田进行合作开发。为此，日本通商产业省（现经济产业省）与石油公团联合日本的13家石油开发公司、17家炼油公司、9家电力公司和8家钢铁公司共同成立了日中石油开发株式会社和埕北石油开发株式会社来签署和实施这两个合同。日本石油公团持有日中石油开发株式会社65%的股份，新日铁社长稻山嘉宽出任该公司会长。

渤海开发的正式合同在1980年5月29日中国国家主席华国锋访问日本期间签署。中国石油天然气勘探开发公司与上述新成立的两家日本公司在东京新大谷酒店分别签署了渤海南部及渤海西部合作勘探开发石油合同。时任中国石油工业部副部长张文彬、中国驻日本大使馆参赞李长清和日本石油公团总裁德永久次、日中石油开发株式会社董事长稻山嘉宽、日本通产省资源能源厅长官森山信吾等参加了签字仪式。

随后，天津塘沽石油工业部海洋石油勘探局和日本埕北石油开发株式会社于1980年12月15日签订了埕北油田的开发合同，总投资为2.7亿美元，开发资金由渤海石油公司和埕北石油开发株式会社各自以51∶49的比例提供，埕北石油开发株式会社作为作业者主持油田开发建设。

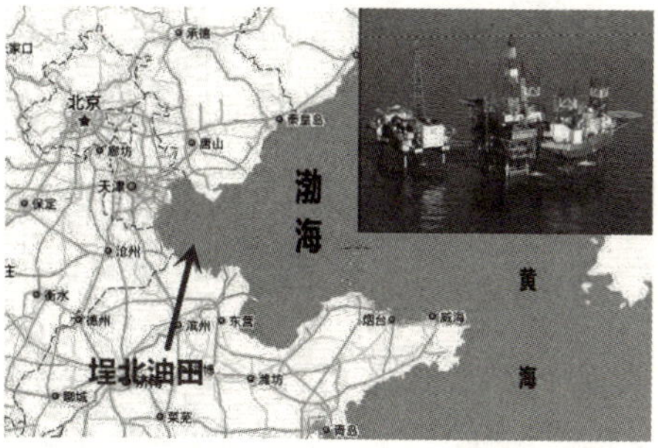

1985 年，中日合作的渤海埕北油田投产，1987 年全面投产，成为我国海上第一个商业性开发油田

埕北油田转入中日联合开发后，1981 年，日本富士石油株式会社和日本阿拉伯石油株式会社的合资公司“日本石油工程株式会社”（JOE）开始进行油田总体开发方案的设计，中方部分工程技术人员参加了设计工作。**基本设计由日本石油工程株式会社总承包，主要承担生产工艺流程、上部组块的设计，新日本制铁株式会社分包基础导管架的设计，日本钢管株式会社分包海底管线的设计。**

就在当时，国务院批准成立中国海洋石油总公司，原石油工业部副部长秦文彩出任中海油第一任总经理。1981 年 2 月 15 日，此前中国石油天然气勘探开发公司与外国公司签订的石油开发合同全部转由中海油执行。3 月 22 日，天津塘沽石油工业部海洋石油勘探局更名为中国海洋石油渤海公司，全面负责与日本合作进行埕北油田的开发。

点评：如出一辙的政商结合

渤海石油开发合作，为中日两国在政治、经济上的进一步合作发挥了积极的促进作用。从那以后，日本对中国展开了大规模投资活动以及对华技术转让，为中国经济的发展起到了助推作用。

时至今日，已成为石油进口国的中国与资源匮乏的日本在全球能源领域形成了竞争关系，而这种关系也是导致中日政治经济关系疏远的重要原因。

反观东亚的另一隅，日本与南海周边国家的政治经济关系则日益升温，这与南海的油气资源也关系重大。事实上，日本如今拉拢东南亚国家的做法与 20 世纪 80 年代接近中国的方式如出一辙：ODA 贷款、装备输出、技术输出。最近，被称为“亚洲最后的拓荒地”的缅甸也成为日本政经界这一杀手锏下的囊中之物。

透过此文，我们可以发现，日本对一个国家的投资都有其独特的一套政商结合的方式，而借此我们也可窥得日本政治倾向的一些端倪。

■原文发表于《中国石油石化》2013 年第 03 期，作者：白益民

第三节

共同开发已远去

从 1969 年埃默里报告揭示东海蕴藏着巨大的油气资源以来，石油资源匮乏的日本从未放弃对东海的觊觎。中日邦交正常化之后，作为当时日本九大综合商社之一的日商岩井株式会社（属三和财团）率先积极奔走，意欲促成中日共同开发东海石油资源。

然而，在 1985 年到 1992 年这 8 年的谈判中，中日两国始终未能在东海达成共识。此时已经失去耐心的中海油推出东海国际招标，而眼看着自己在中国石油领域份额越来越小的日本则开始挑起钓鱼岛冲突。

三和财团图谋东海

自从 1972 年中日关系正常化后，日本政府实际上没有批准企业在中国钓鱼岛列岛附近等争议区域进行地震调查或打钻井，就连日本政府经营的船只在这些区域的行动也是小心翼翼的。但是，1973 年席卷全球的石油危机给日本工业造成了巨大的打击，日本迫切需求分享东海大陆架蕴藏的巨量石油资源，日本的财界也一直醉心于东海潜在的石油，并积极推动中日两国的联合开采计划。

1973 年石油危机期间，日本为减少用油甚至推出了马拉火车。可以说石油危机给日本工业造成了巨大的打击，因此日本迫切需求分享东海大陆架蕴藏的巨量石油资源

1973 年 11 月 17 日，为了勘探东海大陆架上的石油，日商岩井（三和财团的综合商社）及其子公司东洋石油开发株式会社联合三和银行（三和财团的主办银行）、科斯莫石油公司以及阿拉伯石油株式会社（属富士财团）共同出资成立了乌鲁玛资源开发株式会社。当时，日商岩井副社长荒木正雄被任命为东洋石油开发和乌鲁玛资源开发的社长。

随后，乌鲁玛资源开发株式会社准备接管冲绳大企业家大见谢恒寿在东海南部地区拥有的矿区。大见谢恒寿生于 1928 年，在太平洋战争日本失败的第二年（1946 年）开始进入冲绳，并被美军雇佣开发当地的煤炭、矿石等资源。1948 年，他开始独立地进行资源勘探，自己出资在钓鱼岛（日本称“尖阁列岛”）附近区域进行地质调查，并且很久以前就声称发现了巨大石油蕴藏的迹象。

由于这些矿区位于中日之间具有争议的钓鱼岛海域以内，乌鲁玛资源开发株式会社随即向日本政府提出在钓鱼岛列岛尝试钻井的申请。社长荒木正雄也开始积极奔走，说服日本的政治家以及外务省、通产省的官员，以获得在该地区试钻的批准。然而，在近乎百余次的努力之下，荒木正雄的要求均因中日钓鱼岛争议未解决而被日本政府拒绝。

当时，一位通产省的官员告诉乌鲁玛资源开发的社长荒木正雄：“如果你想尝试钻井，去钻吧。但是如果日本工人被中国的舰队攻击，自卫队和海上安全机构（现在的日本海上保安厅）在现行法律下都不会出动。”这是 2005 年 6 月《日本时报》对荒木正雄的采访中他回忆的记录。

乌鲁玛资源开发的社长荒木正雄，还拜访了当时日本重量级的立法者竹下登和小渊惠三（这两个人后来都成为日本首相），并且催促他们搁置中日两国的政治问题，并且确定一个联合开发东海石油和天然气的协议。然而，这些政治家们并没有采取任何行动，甚至还有立法者反问荒木正雄“为了不造成日本妥协的印象，你就不能安排中国提出一个联合开发计划吗?”

荒木正雄认为，即使在测试井中发现了天然气，日本政府必然将面对和中国在自然资源上的斗争冲突，而日本没有任何官员打算承担这么棘手的问题。事实上，除了乌鲁玛资源开发株式会社，还有帝国石油株式会社、石油资源开发株式会社和芙蓉石油开发株式会社等三家公司也在等待日本政府对他们提出申请开发东海石油和天然气资源的回应。

觊觎共同开发

时间一晃就到了1978年，中日之间正在谈判签署和平友好条约，而日本政客则想借签约的要求让中国承认钓鱼岛属于日本。为了宣示中国对钓鱼岛的主权，当年4月，中国百余艘渔船进入钓鱼岛附近海域捕鱼，日本海上保安厅迅速派出巡逻船进行拦截，并以中国渔船进入所谓的日本“领海12海里内”为由，要求中国渔船退出。而中国渔民则在木板上写出“这是中国的领土”“我们有权在此作业”等字样进行抗议。

中国在东海的行动让日本感到紧张。1982年，日本石油资源开发株式会社旗下的钻井公司日本海洋掘削株式会社，用其“白龙5号”钻井平台在东海大陆架上进行了勘探。1984年5月11日，“白龙5号”又在东海大陆架进行了50多天的钻井作业。1985年5月22日，“白龙5”号钻井平台第三次在中国东海大陆架进行钻探活动。

在多次的勘探之后，日本企业萌生了与中国合作开发的念头。1985年，在渤海及南海均与中国有着石油开发合作的日本石油资源开发株式会社，率先与中国讨论了在东海进行合作开发的问题，随后日本帝国石油株式会社也单独向中国海洋石油总公司（中海油）提出在东海进行联合地震测试，来确定其地质前景。此时，中国也在考虑与日本联合开发东海油气资源的可能性。

随后，中国政府决定任命中海油以“民间公司”的名义与日本的石油公司接触，对在东海进行联合开发的可能性进行谈判。由于此事关系到中国的领海主权问题，中海油内部在再三权衡下，决定由公司副总经理陈炳骞在第一线主持这项棘手的工作。当年6月，时任中海油总经理的秦文彩访问日本，与日本石油公团总裁德永久次等探讨了东海石油资源民间共同开发的问题。

1986年年中，中国提出中日联合开发的区域必须位于东海的南部，该地区是邓小平同志以前提出可以联合开发的区域。当年年末，中海油提出

如果日本同意钓鱼岛附近区域也进行联合开发，并且搁置钓鱼岛的领土主张，中国将开始讨论联合开发。但是，当时中海油称“不打算开发钓鱼岛的北部地区”，而日本坚持应该包括这些地区。

1985 年 6 月，时任中海油总经理的秦文彩访问日本，与日本石油公团总裁德永久次等探讨了东海石油资源民间共同开发的问题

此前一直推动中日合作开发的乌鲁玛资源开发株式会社的社长荒木正雄再次看到了开发东海石油资源的希望。随后，荒木正雄找到了中国政府任命的中日联合开发东海的谈判“特使”中海油，并表达了其想与中海油进行共同开发的愿望。

1987 年，中海油向乌鲁玛资源开发株式会社提出，可以在特定的经度和纬度建立联合区域，但是仅限于位于日本所谓的“中间线”以东区域。然而，乌鲁玛坚持联合区域应该包括中间线以西，最终乌鲁玛与中海油的谈判没有丝毫进展。

1988 年中，日本半官半民的石油公团及其旗下的石油资源开发株式会社组成代表团，拜访了中国政府和中海油的官员。该代表团提出一个囊括“中间线”两侧的 10 万平方公里的联合区域。该区域将分成多个区块，等联合开发工作开始以后，双方各持有 50% 的权益。中方的方案是：中国将在中间线以西的此前设想的联合开发区域举行招标，并且非常欢迎日本参加这些招标；由于日本主张“专属经济区”而产生的“争议地区”将采取联合开发的形式。

不过，中海油和石油公团制定的联合开发东海的方案遭到了中国外交部和地质矿产部的反对。直到 1991 年初，与中海油在北京的一次会谈中，乌鲁玛资源开发才了解到，中国官员和中海油认为“日本其他合作伙伴在联合开发的谈判上应该和 1988 年石油公团在谈判中的约定保持一致”。关于联合区域的范围，中国坚持先从东海南部开始，甚至关于南部的开发，中国愿意搁置十年。

财团外交

由于在耗费大量时间之后中日联合开发东海的谈判没有任何进展，以及大量西方石油巨头的涌入，中国政府最终决定单方面行动。1992 年 6 月 30 日，经中国国务院批准，中国海洋石油总公司在北京长城饭店向驻中国的各国石油公司代表机构发表第四轮（东海）海上石油勘探国际招标通告，决定把东海南北两块共 20 个区块，7 万多平方公里的海域对外公开招标。此轮招标覆盖了部分此前提出与日本联合开发的区域。

据李洪洲的回忆录《游戏黑白》“话说炳骞下棋”一节记录，在向外发出招标公告前两天，中海油副总经理陈炳骞奉命赴日向日方通报，日本石油公团前总裁德永久次和陈炳骞是忘年之友，这次听到中方的单独行动之后却勃然大怒，推辞不见，退回礼物，委派中山劝理事接待并转达“一万年不再谈共同开发”的口信。

陈炳骞向中山劝理事解释说：“共同开发的大门始终敞开着，我们衷心希望日方先参与东海石油投标，然后徐图进取。”理智真诚的话语使日本伙伴进行了思考，最终日方决定参加东海石油勘探投标，并继续商谈共同开发。1993 年 12 月 8 日，中海油与石油资源开发株式会社、帝国石油株式会社签订了 41/17 和 42/03 两份东海区块的石油勘探合同。根据合同协议，日方将独担风险，在合同区进行地震资料采集、分析及打探井等勘探活动。

然而，石油资源开发株式会社和帝国石油株式会社的结果却是惨痛的，因为，在这两个区块中，它们没有发现任何的碳氢化合物。在这次失败之后，中日联合开发的对话终止，双方决定在重新开始联合开发的对话之前等待官方就钓鱼岛和专属经济区问题的谈判结果。

与日本企业形成鲜明对比的是，英美石油公司在中海油的东海招标中获得了巨大的权益。

1993 年 5 月 6 日，美国阿科公司与中海油签订了南海琼东南盆地 52/12 和 63/28 区块两个石油合同。10 月 27 日，美国德士古公司（2001 年被美国雪佛龙公司收购）、意大利阿吉普（海外）有限公司、丹麦马斯基石油（中国）公司，与中海油在北京签订东海 33/05、33/19、33/31 区块第一批石油合同，时任中国国务院副总理邹家华参加了签字仪式。10 月 29 日，美国第二大石油公司雪佛龙与中海油签订了东海 33/08 合同区石油合同。

1994 年日本法务大臣永野茂门发表谈话，声称南京大屠杀是捏造出来的。随着中国与美国石油公司在东海大量的合作，日本被逐渐关在了门外，因此日本政府意图通过政治手段牵制中国

显然，更多的西方石油公司拿到了中国东海的油气资源，而日本被逐渐关在了门外。中国与美国石油公司在东海大量的合作，使得日本与中国联合开发海洋石油的设想近乎完全破灭。从 1994 年开始，日本内阁成员频频发表美化侵华战争的言论。与此同时，三井、丸红等日本各大财团的综合商社，发挥企业大使馆的作用，开始通过与他们关系密切的中国台湾企业，加紧展开“财团外交”行动，意图在政治上牵制中国。

■原文发表于《环球财经》2013 年第 02 期，作者：白益民

第四节

东海合作的弃选逻辑

20 世纪 90 年代末期，美国“投资银行”这个新兴的概念开始进入中国企业的视野，以中海油为代表的央企在美国投行的帮助下，为与国际资本市场接轨接二连三地奔赴美国上市融资，然后在这些投行的引导下逐渐实现其国际化的梦想。

而与此对应的则是，中国石油工业此前的“合作者”帝国石油株式会社、石油资源开发株式会社等日本公司逐渐被冷落，三井物产、丸红等日

本综合商社也接连受到打击。

中国企业的发力以及中美在石油开采上的联袂，让日本坐立不安，此后日本政府单方面收购钓鱼岛以对抗中国的合法权益。这一行为为当时愈演愈烈的钓鱼岛冲突埋下了伏笔，也直接导致了中日在东海上的长期纠葛不断。

外资触角

1997 年秋，中海油看到美国资本的强大力量，先后接触了 40 多家境外投资银行，最终聘请了美国花旗集团旗下的所罗门美邦公司和中国银行旗下的中银国际为主承销商，准备海外融资。然而中海油第一次路演没有获得外国资本的青睐，订单寥寥无几，主承销商所罗门美邦最终建议因为订单不足而放弃 IPO（首次公开募股）计划。

1999 年底，中海油计划二次上市。时任中海油总经理卫留成决定选择美国美林证券公司和第一波士顿公司作为主承销商，并邀请刚刚加入美林证券（中国）公司的刘二飞亲自操盘。此前，身在东方汇理财务公司的刘二飞作为中海油总裁卫留成的财务顾问，目睹了首次上市的失败。接下来，美林证券的刘二飞开始为中海油二次上市做了大量细致的准备工作。

2000 年，在美林证券的帮助下，中海油通过私下配售，引入美国国际集团、美邦保险百慕大、美邦保险香港、新加坡国家投资公司、亚洲基建基金等八大策略投资者，合计持有 5.57 亿股中海油股份，占扩大后已发行股本的 6.96%，筹集共计 4.6 亿美元。随后，中海油在招股书中对自身的定位进行了调整，诉求点从专营权转向了自营能力。

成功上市让中国海洋石油有限公司（中海油）完成了与国际资本以及国际石油巨头的对接，然而，美国资本也借此启动了与中国合作共同开发东海油气的计划。

事实上，就在 2000 年 11 月 13 日中海油向美国证券交易委员会递交上市计划书当天，英荷壳牌集团旗下的壳牌海外投资有限公司就与中海油签署了战略联盟协议，以共同开发在油气勘探与生产以及天然气市场销售领域的广泛合作机会。

协议的内容主要包括：双方共同勘探与开发东海距上海西南 350 公里

处西湖凹陷区域的天然气资源以及渤海湾的几个油气田。此前，壳牌海外投资有限公司已经同意至少斥资 2 亿美元向中海油认购 20% 的股份。

2001 年 2 月 12 日，就在距中海油上市定价的一周前，彭博资讯突然发表一位政府职员的讲话，说中国政府为支持西气东输，在 2003 年之前不会批准中海油东海天然气的开发。一石激起千层浪，投资者立即把矛头转向“中国概念”的政策风险，无疑又增加了投资者对中海油股票定价时中国风险折让的要求。

国务院为了使中海油开采海上石油的独家地位得以维持，在中海油上市前，决定将西湖凹陷项目五成股权授予中海油。

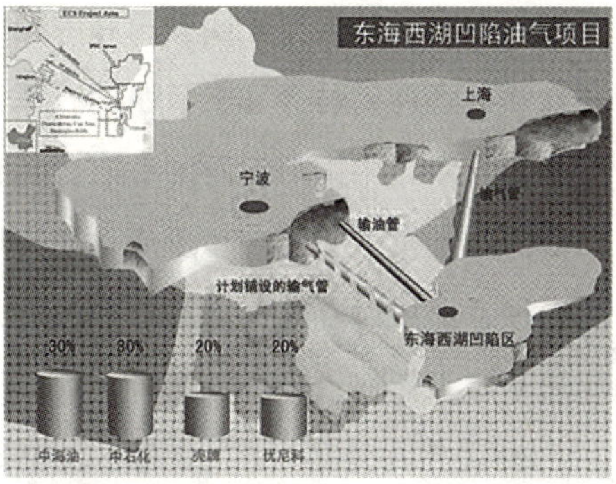

国务院为了使中海油开采海上石油的独家地位得以维持，在中海油上市前，决定将西湖凹陷项目五成股权授予中海油

西湖凹陷天然气田，可采储量约 3000 亿立方米，主要开采地区集中在春晓、平湖及黄岩地区，其中春晓是内地发现的三个近海气田之一，也是西湖凹陷区在上海以东发现的最大天然气田。此前该地区由新星石油公司所有，2000 年 2 月 29 日，中国石油化工集团公司（中石化）收购了中国新星石油公司在西湖凹陷的天然气资源，不过该气田涉及海上石油开采权的问题，因此国务院将 50% 的股权划归中海油。

联袂开发

在成功上市后不久，2001 年 5 月 18 日，中国海洋石油有限公司表示将集中在中国南海及东海西湖凹陷地区进行天然气勘探和开发，其外国合作伙伴则专注于渤海湾的原油开发。6 月 18 日，中国海洋石油总公司与中国石油化工集团公司就合作勘探开发西湖凹陷天然气资源一事达成协议。根据协议，中海油和中石化双方各拥有 50% 的权益，将携手对外合作，按照国际石油上游行业的惯例组成联合管理委员会，由中海油担任作业者。

根据中国海洋石油总公司将西湖凹陷资产注入上市公司的承诺，2001

年8月，中国海洋石油有限公司（中海油）与中国海洋石油总公司签订一份收购协议，以代价4500万美元收购总公司在中国东海西湖凹陷地区的石油及天然气权益。中石化也通过其香港上市公司购买新星石油公司的方式，于当月以91亿元人民币向母公司收购从事天然气和石油开采的中石化新星公司，获得西湖凹陷资产。这笔资金由7月份中石化在A股上市募得的118.16亿人民币支付。

2002年3月20日，中国国家计委在上海召开东海天然气工作会议，宣布由中国石油化工集团公司和中国海洋石油总公司合作成立东海天然气开发联合管理委员会和东海西湖石油天然气作业公司，正式启动东海天然气联合开发，中国海洋石油有限公司任该项目作业者。当时，东海春晓气田群总体开发方案已初步形成，勘探以此为重点和起点，加速区带及周边的勘探，形成以春晓气田群为中心的大型天然气开发基地，并计划2004年实现东海天然气上岸。

2002年6月27日，中海油、中石化透露，将携手美国优尼科石油公司、英荷壳牌石油公司共同开发东海西湖油气田。其实，美国优尼科与英荷壳牌对开发东海油气田一直垂涎三尺。原新星石油公司规划研究院总工程师张抗透露："优尼科、壳牌等对东海项目一直有持久兴趣。20世纪80年代，我们进行东海项目勘探时，他们就一直缠着要一起做。"

然而，眼看着中国在东海油气资源开发上与美国越走越近，日本政府开始坐立不安。2002年10月，日本政府和所谓的钓鱼岛所有者栗原姐弟签订了"租借"钓鱼岛契约，租金为2200万日元。2003年1月1日，以此为内容，日本主流报纸《读卖新闻》在头版头条位置上赫然刊出一篇报道，题目就叫《强化领土管理，国家租借尖阁（钓鱼岛三岛）》。当中国政府强烈抗议之后，《产经新闻》《读卖新闻》先后发表社论，大谈日本这一行动的"巨大意义"。

日本翻脸

2003年8月19日，中石化、中海油、美国优尼科和壳牌（美国）的子公司帕克顿东方公司，没有理会日本的一系列反应，在人民大会堂签署了东海油气田开发合同，春晓油气田是其中第一个投入开发的项目。这时，正值中国大陆民间“保钓行动”愈演愈烈之际，从2003年6月到2004年3月，9个月里，中国民间保钓人士4次出海，最后一次登岛成功。

从此以后，中日关系开始每况愈下。2003年底，因中国国内石油需求激增，中日双方就削减出口数量和提高价格未能达成一致，从2004年1月份开始，中国停止对日出口中日长期贸易协定下的大庆原油，从1972年中日邦交正常化之后执行了30年的对日原油出口正式告终。而这也标志着维系中日友好的纽带彻底终结。

2003年因中国国内石油需求激增，中国正式停止了对日出口中日长期贸易协定下的大庆原油，这也标志着维系中日友好的能源纽带彻底终结

日本两家对华原油进口组织——国际石油株式会社和日本中国石油输入协议会也在随后宣布解散。国际石油株式会社由日本出光兴产等石油公司、新日铁等钢铁公司和一些电力公司于1973年3月成立，专门负责进口中国原油。日本中国石油输入协议会则由三井物产、住友商事等日本财团的大型综合商社于1974年7月成立，主要面向中国展开石油贸易。

2003年3月，时任自民党外交部会长的盐崎恭久带头发难，以中国海洋调查船进入日本近海活动为由，强行搁置日本政府预定向中国提供的172亿日元特别贷款。自1979至2003年底，日本提供援助总金额合计：有偿资金合作（日元贷款）3兆3334亿日元、无偿资金援助1416亿日元、技术合作1446亿日元。该援助一直被认为含有战后补偿之意味，是作为衡量中日关系的指标之一。

不过，日本把这一本属中、日经济合作的问题日益政治化，用作向中国施压的手段。2006年4月日本政府作出决定，新年度的对华日元贷款额度将比上年的858.75亿日元减少100亿日元。至于内阁的审定时间，“要看预定4月召开的日中关于东海油气田开发谈判时中方的表现再定”。

整个20世纪90年代，中国的国防经费持续呈现两位数成长。对此，日本有疑虑：中国是不是因日本ODA（政府开发援助）缘故而有财政余力让国防经费增加或者ODA被使用在其他的军事相关费用？ODA是不是助长了中国军力的现代化？

2004年时任日本首相小泉纯一郎表示，“对华ODA（政府开发援助）已经到了该毕业的时候”，表明了准备将在不久的将来彻底停止对华ODA的想法

2004年11月28日，时任日本首相小泉纯一郎表示，“对华ODA已经到了该毕业的时候”，表明了准备将在不久的将来彻底停止对华ODA的想法。2005年3月，日本政府决定大幅删减中国提供的政府开发援助，其中约占90%之长期低利贷款将逐年削减，至2008年北京奥运会前后完全终止；至于无偿资金援助（2005年为51亿日元，占当年ODA的4.8%）与技术协助（2003年为62亿日元，占当年ODA的5.7%）的部分则继续提供。

就在中国和美国的石油巨头以及投资银行合作正酣的时候，日本在中国的企业却受到了冷遇，中日经济关系因此出现了裂痕，日本企业在这场风波中受到了巨大的损失。

2000年3月13日，北京市人民检察院反贪局办理了一起收受贿赂、泄露国家秘密的案件，披露了三井财团的三井物产（综合商社）与富士财团的丸红（综合商社）通过行贿中国国家机关人员，从而在重大项目中获得招标的行为。

丸红株式会社是富士财团的综合商社，自1858年成立以来已有100多年的历史。丸红主要从事国内及进出口贸易、国际商品技术服务贸易，并利用投资、融资等功能，经营领域不断扩大。早在1978年丸红就响应中国对外经济开放政策，积极扩大中国的业务，2002年丸红对华贸易总额达到40亿美元。

值得注意的是，丸红旗下的芙蓉石油开发株式会社此前与乌鲁玛石油资源开发株式会社一同向日本政府申请开发东海石油资源。

■原文发表于《环球财经》2013年第02期，作者：白益民

第五节
中日合作擦肩而过

中日东海：第一次亲密接触

2008 年奥运会举办之前，有一件关乎中日政治经济关系发展的大事悄然发生。这一年 6 月 18 日，中日双方同时公布了《中日关于东海共同开发的谅解》（下称“东海协议”），此份协议文件标志着中日双方在东海资源共同开发上达成了共识，将共同开发东海资源。

作为合作第一步，中日双方协商划出了一块面积 2600 平方公里的“共同开发区”，此区域横跨日方主张的所谓“中间线”，具体地点在“中间线”的北端。除此以外，双方对日本法人参加中国已开发的春晓油气田也达成谅解，双方以合作大局为重，协议共同开发。

在此之前，中日两国在东海问题上一直存在较大争议，尤其是小泉纯一郎当政时期，其在靖国神社、钓鱼岛等问题上的一意孤行，一度造成中日关系陷入冰点。2004 年 6 月 23 日，以时任日本经济产业大臣的中川昭一为首的部分日本官员，乘直升机飞抵东海上空，“视察”中国“天外天”“平湖”和“春晓”等油田，导致中日东海问题全面升级。

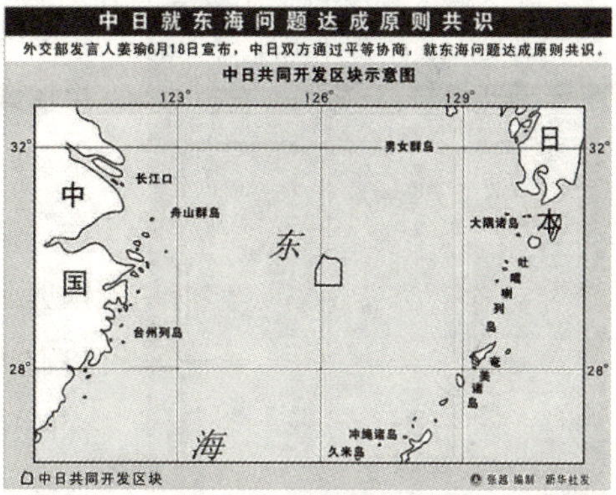

2008 年 6 月 18 日，中日双方同时公布了《中日关于东海共同开发的谅解》，作为合作第一步，中日双方协商划出了一块面积 2600 平方公里的“共同开发区”

前中国社科院日本研究所副所长冯昭奎曾说，如果不是之前小泉纯一郎、中川昭一等强硬派人物的顽固坚持，东海协议早完成了，不会拖到奥运开幕之前。

小泉下台后，中日《东海协议》迅速推进。2006 年 11 月，接替小泉纯一郎成为日本首相的安倍晋三在接受美国媒体采访时表示，希望中日双方现在能进行合作，在东海有争议的地区附近着手实施天然气开采计划。最终，2007 年 9 月上台的日本首相福田康夫在与中国进行多轮谈判之后，完成了中日《东海协议》的签订。

一直以来，关于《东海协议》中涉及的春晓油气田，中国政府曾多次重申拒绝与日本合作开发。东海协议的意义在于，中日双方避免了海域归属和中间线问题，形成“搁置争议、共同开发”的具体化成果。

石原慎太郎背后的财团力量

也就在 2008 这一年，中日合作如火如荼进行之时，石原慎太郎出席北京奥运会。石原慎太郎正是日本“购岛”的最早提出者，他从 1999 年当选日本东京都知事（东京市长）一直连任至今，在中国可谓臭名昭著，身上贴着“右翼分子”“反华分子”“极端民族主义者”等标签。

1989 年，石原慎太郎与日本三井财团旗下企业索尼创始人盛田昭夫合著了《日本可以说“不”》一书

出席中国奥运会体现了石原慎太郎对华态度的转变。2008 年 1 月，石原为北京奥运会加油打气，在都议会上称“祝愿东京友好城市——北京举办一届成功的奥运会”。而且在北京奥运会上，石原还对中国奥运志愿者夸奖有加：“我切身感受了 13 亿人口大国的壮观场面。……我感受最深的还是参加志愿者服务的大学生。他们非常亲切，彬彬有礼。一打听才知道他们还要为残奥会无偿服务。中国的新一代年轻人显然对国家和社会的前途抱有期待，这一点与日本的大学生完全不同。”

石原慎太郎毕业于日本一桥大学，而一桥大学正有“财界领袖的摇篮”之称，毕业生人才辈出，尤其是其培养出的工商金融界学生，多数都会成为日本各大财团的领袖级人物。石原与日本财界关系非同一般。事实上，石原虽身为政界人士，但其背后也有着能够促进中日经济合作的日本大财团关系。

1989 年，石原与日本三井财团旗下企业索尼创始人盛田昭夫合著了

《日本可以说“不”》一书；1998 年 9 月，石原又与日本三井财团的综合商社三井物产旗下三井战略研究所研究员市川周共同出版了《对美宣战：说不的日本经济，从美国金融奴隶的身份中解放出来》一书，以日本经济战略为题，矛头直指美国霸权。此书在日本国内引起了一定影响。

日本的“脱美入亚”梦

2008 年《东海协议》为中日经济合作奠定了基础，2009 年鸠山由纪夫的上台则为两国在国际战略上的合作创造了绝无仅有的机会，鸠山政府上台便举起“脱美入亚”的政治理念向中国频频挥手。

2009 年 9 月 16 日，鸠山由纪夫作为日本民主党党首当选为日本首相，成功终结了日本自民党长期的执政地位。刚刚上任不久的鸠山在 9 月 21 日于纽约参加联合国峰会、会见中国国家主席胡锦涛时便抛出了对重组中日美关系的一记重磅炸弹——“东亚共同体”构想。

同年 11 月 15 日，鸠山在新加坡国际研究院（RSIS）发表《亚洲的新承诺——实现东亚共同体的构想》演讲时详细阐述了其“东亚共同体”观点：“简而言之，我的东亚共同体构想就是根据‘开放的区域合作’的原则，通过推进相关国家间各领域的合作，在这一地区建立多重的机能性共同体之网。在合作的过程中，我们要共同制定规则，相互配合，集中大家的智能，共同地遵守规则。这样，我们就不仅能够得到现实的利益，而且还能够培养相互信赖的感情。”

事实上，鸠山由纪夫一直十分重视与中国的关系，早在 1996 年日本民主党成立，鸠山便率领第一个访华团来到中国。1999 年，鸠山出任民主党党首后，访问的第一个国家还是中国。2000 年，鸠山访问中国还在中国人民大学发表演讲，题为“以日中建立共通议程的时代为目标——建立“同心同德”的日中关系”。

2009 年 12 月 10 日，鸠山内阁支持者、民主党干事长小泽一郎携 140 名之多的国会议员访问中国，显示出民主党对中国的亲近的政治姿态，日本《产经新闻》评价此次访华说：“仿佛是邻国的家臣们去参拜中国的皇帝一样，弥漫着朝贡的气息。”

鸠山由纪夫的家族也与中国有着颇深渊源，这可以追溯到鸠山由纪夫的曾祖父鸠山和夫，1886 年 8 月中国北洋舰队访问日本时与日本警民发生冲突，日本则派出鸠山和夫与中国交涉，事后清政府还颁发给了鸠山和夫一枚二等龙宝勋章。

后来鸠山和夫担任早稻田大学校长期间，成立“清国留学生部”，大量接受中国留学生。鸠山由纪夫的父亲鸠山威一郎也曾经多次访华，积极支持中日友好并做了大量工作，曾经具体负责与中国就缔结《中日和平友好条约》的谈判工作。

幼年时的鸠山由纪夫与其祖父鸠山一郎（左二）。鸠山家族特别重视与中国的关系，鸠山一郎在第一次组阁期间，即通过其亲信部下石桥湛山的努力，达成了中日之间发展民间贸易的协议，为中日关系的发展奠定了良好的基础

与对中关系形成鲜明对比的是鸠山政府对美的强硬态度。日本与中国关系的亲近及其对美国关系的疏远让美国很不舒服，美国开始担心日本偏向中国的态度不利于日美同盟稳固性。

实际上，鸠山所在的日本民主党在取得政权之前，就一贯主张“对等的美日关系”和“没有基地的美日同盟”。在美国驻日基地转移问题上，民主党公布了“归还普天间美军基地”的具体政策，即停止使用军用机场，将美军海军陆战队基地迁往冲绳县之外的地点。

2009 年 8 月 10 日，鸠山由纪夫在日本《VOICE》杂志发表了《我的政治哲学》一文，公开批评美国式利伯维尔场原理主义，提出“自力和共生”的“友爱”理念和“东亚共同体”构想。他在文中说道：“金融危机使许多人意识到，美国单边主义时代可能正走向没落，美元持续作为全球主要货币的地位也令人生疑。”

鸠山由纪夫上台之后，更是启用了对美“排斥”且主张“东亚共同体”的寺岛实郎作为其外交智库，寺岛实郎的思想对鸠山由纪夫影响颇大。

寺岛实郎毕业于早稻田大学，此后一直在日本三井财团的综合商社三井物产工作，曾担任三井物产华盛顿事务所所长驻美多年，发表过很多国

际关系、对美政策的著作，主张美日同盟是冷战时期产物，不能固定化；中国和东亚发展是一个历史性变革；“亲美入亚”是日本的战略选择。

对于鸠山政府接近中国而疏远美国的做法，美国人十分慌张。2009年10月，美国国防部长盖茨访日，向日本方面表达了对日本企图改变美日同盟现状的不安，他警告日本新政府称，如果日本违反与美国的军事同盟关系，接近正崛起的中国，将面临严重后果。10月22日，《华盛顿邮报》引用美国官员的话称，现在最难办的不是中国，而是日本。美国人的愤怒也恰恰表现出了他们对中日关系拉近的不安。

中日关系，渐行渐远

美国当然不会容忍鸠山政府对美强硬、亲近中国的举动，于是试图利用鸠山由纪夫对国民的诺言击垮鸠山。鸠山由纪夫上台后便致力于推动关于美国驻日本冲绳普天间基地的迁移，其间提出了诸如“德之岛方案”“边野古周边方案”“胜连半岛案”“嘉手纳机场合并案”等多项迁移方案。日本方面甚至对每个方案都在技术细节上进行了研究考证，而且既要得到当地住民的同意，也要得到美国的同意。但美国多以“无稽之谈”否定方案。

在美国眼里，日本一向属于“顺从者”，而鸠山对美军基地迁移的强硬态度却是美国始料不及的，2009年10月22日美国《华盛顿邮报》引用美国驻日本大使肯特·考尔德的话说：“在过去30年中，我从未听过或见过日本人对美国外交官如此强硬，甚至私下里频繁地顶嘴。以前如果美国提出一项协议，日本通常的回应就是‘很好’，但现在一切都变了。”

因此，美国对鸠山提议的军事基地迁移一事置若罔闻，导致鸠山政府言行难一，同时引起日本民众对鸠山政府的不信任。日本民众普遍认为，鸠山由纪夫对于冲绳普天间美国基地“至少迁移到冲绳县外”的言论已经成为鸠山民主党的“公约”，但鸠山政府在与美国过招中遇到了极大障碍，没能履行“没有基地的美日同盟”，甚至连迁移出冲绳县都做不到，这对鸠山在民间的形象产生了极大的负面影响。

到了2010年6月底，无奈之下的鸠山由纪夫只好回归到2006年自民党时期与美国签订的日美协议上来，与美国达成协议，按照自民党时代的

“合意”，普天间机场将被迁移到边野古地区和周边水域，但还是没有移出冲绳地区。这一举动彻底激怒了日本官民，还导致了与民主党联合执政的社民党的脱离。

2010年6月2日，在民主党参众两院议员全体会议上，鸠山以美军基地迁移所引起的政局混乱引咎辞职，一直支持鸠山内阁的民主党干事长小泽一郎也辞去了职务。在长达20分钟的辞职讲话中，小泽一郎唉声叹气地表示：“我想跟大家分享一段回忆，有一天我待在酒店房间里，突然一只小鸟飞到面前，这是一种在我家乡经常见到的鸟，看到它，我仿佛觉得它是来告诉我，该是回家的时候了。”

2010年6月鸠山由纪夫的辞职下台，意味着中日两国真正形成合作发展关系的希望已经渺茫

鸠山由纪夫的下台，意味着中日两国真正形成合作发展关系的希望已经渺茫。此前的小泉政府时代，因靖国神社参拜等事件，中日政治关系一度陷入冰点。安倍晋三上台后，不再参拜靖国神社，中日关系不断改善。到了鸠山由纪夫，因其“东亚共同体”的政治理念，为中日合作提供了一次绝无仅有的机会，但随着鸠山的下台，此种机会悄然错过。

鸠山由纪夫的继任者菅直人上台后，再次沿用了美日同盟外交策略，鸠山所谓“东亚共同体”也随之无人问津。而且，与长期执政的自民党不同，民主党内有着鸠山由纪夫、小泽一郎等与中国有历史渊源的人物，这些人物的下台，导致真正与中国沟通的日本掌权者变得极少。

■原文发表于《环球财经》2012年9月，作者：白益民

第七章　谈判桌上的政商双簧戏

21 世纪初小泉纯一郎一意孤行参拜靖国神社，后来者鸠山由纪夫提倡“脱美入亚”政治哲学，菅直人坚持日美同盟的外交策略。实际上，三位首相及政界的一举一动看似毫无规律，其中却隐藏着日本对东海油气资源的贪婪野心，在政治的大幕下日本悄然开启了新一轮的能源战略。

相比于政界的“忽冷忽热”，有着“日本经济内阁”之称的经团联却频繁往来于中日两国，努力维持着双方的经济贸易交流，甚至会在两国关系陷入冰点之时，多次充当“和事佬”的角色。面对东海问题，经团联更是希望能够与中国企业共同合作开发，那么在日本经团联的“热情”背后是否又暗藏着什么秘密？

就在北京奥运会前夕，2008 年 6 月中日双方签订了“618 东海协议”，双方避开了海域归属和中间线等问题，计划共同开发东海资源，这场耗时长久的谈判终于在中日双方的共同努力下达成了共识。然而，我们要知道日本对东海的觊觎从未停止过，未来我们仍然要时刻警觉日本财团对中国的能源谋划。

作者题注：

商场如战场，谈判也是一场场博弈，在东海协议的谈判过程中，日本财团正是通过政界与商界的完美结合才得以不断地获取丰厚利益，这种政商模式不仅需要我们认真地面对，更是值得我们学习和参考的。

本章提要

早在1995年，日本财团在中国有自己的投资企业，中石化、新日本石油、明和产业株式会社就共同投成立了天津日石润滑油脂有限公司；2005年5月，新日本石油与明和产业株式会社又投资成立了新日石（广州）润滑油有限公司。

2009年12月10日，民主党干事长小泽一郎携140名之多的国会议员访问中国，显示出了民主党对中国的亲近的政治姿态，日本《产经新闻》评价此次访华说："仿佛是邻国的家臣们去参拜中国的皇帝一样，弥漫着朝贡的气息。"

日本经团联是由日本六大财团下属的及其他一千多家公司共同组成的经济机构，被称为"日本经济内阁"，直接左右着日本的经济政策和发展方向，担当了"准政府"的角色，而经团联会长也被称为"财界总理"。

在以经团联会长、"财界总理"奥田硕为首的财界的屡次警告下，小泉内阁出现了与中国进行理性谈判的姿态，而当年正是由于奥田硕的公开支持，小泉纯一郎才得以第一次当选为日本首相。

如今的日本首相安倍晋三与日本三菱财团关系密切，而该财团是日本经团联的重要支柱之一。作为经团联会长的米仓弘昌应该效仿当年的财界领袖，力促中日经济交流，再次以"经热"破解"政冷"局面。

日本的财团为何具有如此巨大的能量？准军事化管理，全方位布控，从基础制造到高科技产业到能源矿产，日本财团正在一步步布局中国。谁是他们的幕后推手？谁是他们下一步的争夺目标？

第一节

被遗忘的中日东海谈判

春晓油气田触动日本

20 世纪 80 年代开始，中国在东海地区的油气勘探开发活动便越来越频繁，而当时的日本并未有过激反应，甚至与中国进行了一段长达 8 年的关于共同开发东海油气资源的谈判。直到 2003 年 8 月，美国优尼科公司（2005 年被雪佛龙收购）和壳牌（美国）的子公司派克顿东方公司加入中国东海春晓、宝云亭等 5 个合同区的油气勘探开发项目之后，中日两国在东海地区开始走向赤裸裸的对立关系。

作为对中方的反制，2004 年 2 月 3 日，代表日本财界的日本经济团体联合会（经团联）率先主导成立了日本大陆架调查株式会社，石油资源开发株式会社和新日铁株式会社各持有 30% 的股份，鹿岛建设和大成建设各持有 15%，五洋建设持有 10%，石油资源开发的顾问铃木启之出任社长。随后该公司与其所管辖的日本海上保安厅海洋情报部海洋调查课大陆架调查室，使用“大陆架”号民间探查船在东海大陆架上进行调查。

3 个月后，曾任日本防卫厅防卫研究所第三研究室室长的杏林大学教授平松茂雄和日本东京新闻记者，乘坐飞机对中国东海天然气开采设施的建设情况进行了“调查”。随后，二人在《东京新闻》上刊登《中国在日中边界海域建设天然气开采设施》《日中两国间新的悬案》等报道和述评。

图为春晓油气田

报道称“中国正在开采的春晓油气田群距离日本主张的中间线只有 5 公里，与 1998 年建成投产的平湖油气田相比，向日本方向推进了 65 公里”，并惊呼“中国的油气田会像吸管一样，把原属日本的油气资源吸走挖空”。一时之间，日本主要媒体都把关注焦点放在东海，且均指责中国企图独占东海海底资源，要求政府采取断然措施，捍卫日本权益。

随后的一段时间内，中日之间爆发了多次关于中国开发东海石油问题的“口水战”。日方认为，中方在东海地区勘探石油有超越中线的嫌疑，可能“侵害”了日本的海底资源权益，并要求中国提供春晓油气田等中国在东海海域专属经济区内开发的一系列海底油气田的具体位置、掘井深度以及其他试验开采数据等有关的详细资料。日方甚至租来地质调查船在距中国正在开发的春晓气田约50公里处的海域，开始进行海底地质构造和资源调查。

石油公司摩拳擦掌

在口头抗议收效甚微的情况下，日本的石油公司开始行动起来。2004年11月，石油资源开发株式会社出资收购了丸红（富士财团的综合商社）旗下芙蓉石油开发株式会社的全部股份，并且进一步整合芙蓉旗下矿区，更名为“尖阁石油开发株式会社”，随后向日本政府提出东海专属经济区的采矿权申请。众所周知，日本将中国的钓鱼岛称为其“尖阁列岛”，很明显，日本国有的石油公司成立以“尖阁”命名的石油公司，目的就是以半官半民的身份，对中国钓鱼岛附近的石油进行开采。

事实上，早在20世纪70年代，日本国有公司石油公团旗下的石油资源开发株式会社、帝国石油株式会社、三和财团的乌鲁玛资源开发株式会社以及富士财团的芙蓉石油开发株式会社，就在东海大陆架日中“中间线”日本一侧划定了矿区并申请日本政府的批准。

由于日本政府认为该区域处于中日的争议地区，所以拒绝了这些石油公司的申请。此时，日本政府主动提出应该开发东海油气资源，让日本的石油公司再次跃跃欲试。

就在同一时期，帝国石油株式会社也收购了乌鲁玛资源开发的矿区，并向日本政府提出采矿权申请。2005年初，石油资源开发株式会社和帝国石油株式会社开始同日本政府商议，希望当年就能在日中中间线日本一侧的海域尝试采掘油气。

对于东海油气的开采前景，帝国石油并不担心，因为据日本《日刊工业新闻》1996 年 2 月 7 日的报道，由帝国石油、石油资源开发等日本公司组成的大陆架石油开发协会 10 年前便开始研究进行这个国内空前的大工程（勘探开发东海大陆架）。

帝国石油，它的出身和名称一样都带有强烈的“帝国”色彩。1941 年，为了应对英美对日本的航空汽油禁运，日本政府通过《帝国石油株式会社法》设立帝国石油株式会社，以满足其二战期间战争机器所需的石油供应。

帝国石油成立之时几乎收购了日本石油公司在海外全部的上游油气资产，将与石油有关的勘测队伍和人员全部征用，为其寻找石油资源。二战结束后，日本政府在 1950 年废除了《帝国石油株式会社法》，随即帝国石油以“民间企业”的身份出现，但仍与政府保持着密切的联系。

仍在等待中国表态

2005 年 4 月 13 日，日本经济产业省给九州经产局发出指示，要求尽可能快地处理由民间企业提出的有关在东海从事油气田勘探的申请。很快，3 个月以后，日本经济产业大臣中川昭一在东京召开紧急记者会，宣布给予帝国石油株式会社实施中日两国间有争议海域东海海底资源探查试采权，并同时将三个已正式投产的中国油气田“春晓”“断桥”“天外天”另命日名为“白桦”“木南”“桔梗”油气田。

2005 年 4 月 13 日，日本经济产业省给九州经产局发出指示，要求尽可能快地处理由民间企业提出的有关在东海从事油气田勘探的申请

然而，鉴于帝国石油申请开采的区域位于中日两国的争议海域，帝国石油并不敢贸然行动。就在日本政府授予帝国石油试采权的第二天，日本《读卖新闻》报道称：“今后是否真正进行勘探，政府还将和帝国石油进行慎重商议。由于预计真正开始勘探的时候，中国肯定会找日本的麻烦，日

本政府寻找勘探时机时也会相当慎重。”日本经济产业大臣中川昭一也表示：“我并未排除进行共同开发的可能性。”如果日本计划与中国共同开发，那么，帝国石油进入东海的计划显然也必须另加安排。

帝国石油公司东京总部发言人宿太凯吉在接受媒体采访时表示：“即使被授予开采权，也不意味着就能立即开采。因为我们不能在有争议的地区有任何行动。我们还在等待争议消除。”他认为，中日两国之间的外交事务应该首先被解决，“而我们的意图仅仅是被确认为能够合法开采，这是任何石油企业开采前必须进行的第一步。我们相信只有两国关系和平，这个区域成为非争议区才能够开采”。

2005 年 8 月 17 日，帝国石油株式会社的常务董事高井义嗣在记者招待会上表示，由于存在安全问题，该公司不可能很快在中日存在争议的东海海域进行油气试钻探。高井义嗣称，日本政府必须同中国签署协议，保证石油工人的安全，也就是说，帝国石油公司只有在石油工人的安全能够通过中日两国政府的谈判得到保证以后，才会开始试钻探工作。

帝国石油公司测算后发现，试开采一个油井至少得花费 20 亿至 30 亿日元，是该公司难以承担的。帝国石油株式会社社长椙冈雅俊此前在接受《读卖新闻》采访时表示，最快要在五年后才可以在东海天然气田开采天然气，而总投资额需 1000 亿日元。

在这种情况下，帝国石油向日本政府提出了“委托开发”的建议，很快这一建议得到了批准。2005 年 9 月 24 日，日本政府宣布拟以委托方式请已于 7 月取得东海天然气油田试勘探权的日本帝国石油，试勘探位于东海上属于日方海域的油田，日本将视与中国就油田开发的谈判结果而决定今后的具体做法。显然，日本政府和石油公司已经为开发东海油气资源做足了准备。

财界力促中日合作

屋漏偏逢连夜雨。正值中日在东海问题上剑拔弩张之时，日本首相小泉纯一郎参拜靖国神社的行为又给中日关系火上浇油。不过，眼看着中日政治关系的恶化已经延伸到了经济领域，日本商界的领袖们开始坐立不安。

2005年9月30日，包括日本经济团体联合会会长奥田硕、新日本制铁社长三村明丈夫、住友商事会长宫原贤次等在内的日本企业游说团秘密访京，和中国国家主席胡锦涛举行了约一小时的会谈。此前4天，中国国务院总理温家宝在北京接见了奥田硕等人。

事实上，素有日本“财界总理”之称的日本经团联会长奥田硕在当年5月就小泉参拜靖国神社问题公开指出：“个人的判断不同于立足在国家利益上的判断，请（小泉）务必正确调整两者之间的关系，慎重处理参拜问题。”“财界总理”奥田硕的表态，小泉纯一郎必然要郑重考虑，因为小泉第一次当选为首相正是因奥田硕的公开支持才得以实现的。

日本企业游说团密访北京结束之后，中日关系发生了悄然的变化。几天之后，小泉任命日本著名的亲华派二阶俊博为经济产业大臣，希望借二阶俊博与中国的特殊关系打开中日经济政策协调之门，进一步提高“经热”程度，为日本的技术和金融资本继续进入中国市场营造良好环境。在小泉鹰派色彩极为强烈的新内阁中，二阶俊博是一个罕有的“亮点”。

新上任的经济产业大臣二阶俊博立即改变了此前中川昭一对中国强硬的态度。当年11月1日，二阶俊博在内阁会议后的记者招待会上公开表示，他希望可以在当年访问中国，并期望可以解决两国在开采气田方面的争议。他说：“看清中方的回应非常重要，与此同时我们将与中国进行对话，朝着问题的圆满解决逐步推进。”

2006年1月9日，中国外交部亚洲司司长崔天凯与日本亚洲大洋洲局长佐佐江贤一郎以及资源能源厅长官小平信因等，就东海油气田开发问题举行了“中日东海问题非正式会晤”。双方达成了一些原则性共识，并商定尽快召开第四轮东海问题正式磋商。小平信因曾表示，“共同开发是一个好的解决方案”。

同年1月14日，日本经济产业大臣二阶俊博在日本和歌山县举行的一次会议上表示，他现在不会批准日本石油企业在具有严重争议的东海海域开采石油天然气。二阶俊博称：“国内有人说，日本可以理直气壮地进行试开采，但我不主张走这条路。说些‘窝里横’的话没有任何意义。即使同中国发生冲突也解决不了问题，东海油气开发问题应该通过同中国进行坚韧不拔的谈判，解决双方分歧。这才有利于两国关系的发展。”

正是在以经团联会长、“财界总理”奥田硕为首的财界的屡次警告下，日本政界才出现了与中国进行理性谈判的姿态。最终，在中日双方的共同努力下，达成了2008年6月的中日东海共同开发共识。

中日破冰需要经济合作

正是在以经团联会长、“财界总理”奥田硕为首的财界的屡次警告下，日本政界才出现了与中国进行理性谈判的姿态

在当前中日就钓鱼岛问题争执不休的状态下，需要注意的是，与此次以领土主权为核心的争执不同的是，9年前的中日钓鱼岛冲突则仅仅是日本对东海油气资源的渴望而与中国产生的矛盾。虽然中日双方也多次展开了“口水战”，但是两国从一开始便本着谈判解决问题的姿态，最终经过11轮的东海谈判达成了共识。

当然，在日本位高权重的“财界总理”奥田硕为中日和解起到了重要的推动作用。他不仅公开批判小泉纯一郎参拜靖国神社的行为，而且组织财界领袖访华，保持两国的经济贸易活动不受影响。

事实上，如今的日本首相安倍晋三与日本三菱财团关系密切，而该财团是日本经团联的重要支柱之一。作为经团联会长的米仓弘昌应该效仿当年的财界领袖，力促中日经济交流，再次以“经热”破解“政冷”局面，以缓解双方因钓鱼岛问题而产生的政治矛盾。

■原文发表于《中国石油化工》2013年第17期，作者：白益民

第二节
日本在东海问题上的政商双簧戏

2004年5月27日，曾任日本防卫厅防卫研究所第三研究室室长的杏林大学教授平松茂雄和日本《东京新闻》记者乘坐飞机，对中国东海天然气开采设施的建设情况进行了“调查”。随后，此二人连续刊登《中国在日中边界海域建设天然气开采设施》等报道和述评，称“中国正在开采的春晓油气田群距离日本主张的中间线只有5公里，与1998年建成投产的平湖油气田相比，向日本方向推进了65公里”，并惊呼“中国的油气田会像吸管一样，把原属日本的油气资源吸走挖空”。

一时之间，日本主要媒体都把关注焦点放在东海，且均指责中国企图独占东海海底资源，要求政府采取断然措施，捍卫日本权益。此时，“吸管效应”、春晓工程进展的迅速和日本媒体的指责令日本政府备感压力，遂加大了同中方政府的交涉力度，态度也越发地强硬起来。同年9月，英美石油公司突然退出春晓油气田的开发，让东海油气田变成彻底的中日之间的对决，中日形势随之急转直下。

时至今日，日本对东海的觊觎从未停止过，不管是给东海油气田起日本名还是涉及油气田与中国的政治谈判都彰显了其不轨野心。

谈判桌上的博弈

鉴于中国是日本产品巨大的输出市场，以经济团体联合会为首的日本财界并不希望东海划界及钓鱼岛问题影响中日之间的经贸关系，为此，在最关键的时刻，素有“财界总理”之称的经团联会长奥田硕敦促日本政界与中国展开共同开发东海的谈判。

在经过11轮的谈判之后，中日政府终于达成了共同开发东海的共识，三菱财团的新日本石油也跃跃欲试地准备参与进东海的合作开发。

2004年6月9日，在菲律宾首都马尼拉召开的“东盟10+3”能源部长会议上，日本经济产业大臣中川昭一用吸管吸杯中果汁的方式，向时任中国国家发改委副主任张国宝发难，提出所谓的“吸管效应”，并要求中

2004 年日本经济产业大臣中川昭一用吸管吸杯中果汁的方式，向时任中国国家发改委副主任张国宝发难，提出所谓的“吸管效应”

方向日本提供相关的采掘数据。中川昭一还表示，如果中国继续漠视日本的要求，日本就可能派遣调查船到上述海域调查和开采天然气。

2004 年 6 月 21 日，在青岛举行的第三届亚洲合作对话会议上，时任中国外交部长李肇星向日本外务大臣川口顺子提出了“搁置争议、共同开发”的建议。然而，川口顺子认为中方在东海地区勘探石油有超越中线的嫌疑，可能“侵害”了日本的海底资源权益，因此拒绝了中国的提议，并要求中国提供春晓油气田等中国在东海海域专属经济区内开发的一系列海底油气田的详细资料。

为防止事态进一步升级，2004 年 10 月 25 日，以时任中国外交部亚洲司司长崔天凯为团长、国家发改委能源局、国家海洋局等部门官员参与组成的中方代表团，与以日本外务省亚洲大洋洲局局长薮中三十二为团长，经济产业省资源能源厅、海上保安厅等部门官员组成的日方代表团，在北京举行第一轮东海问题磋商。在 10 个小时的会谈中，双方简述了各自在东海划界问题上的立场和关切，但没有达成共识。

密谋先行

作为反制中美 4 家公司联合开发东海春晓气田的行动，2004 年 2 月 3 日，代表日本财界意志的“经团联”率先主导成立了日本大陆架调查株式会社，注册资本 1 亿日元，石油资源开发株式会社（石油公团旗下）和新日铁株式会社（属三井财团）各持有 30% 的股份，鹿岛建设和大成建设（属富士财团）各持有 15%，五洋建设持有 10%，石油资源开发的顾问铃木启之出任社长。

2004 年 7 月 14 日，**日本经济产业大臣中川昭一在东京召开紧急记者**

会，宣布给予帝国石油株式会社实施中日两国间有争议海域东海海底资源探查试采权，并同时将三个已正式投产的中国油气田“春晓”“断桥”“天外天”另命日名为“白桦”“木南”“桔梗”油气田。

与日本政府表态截然不同的是，日本媒体和石油公司的反应则较为冷静。日本《读卖新闻》在中川昭一批准帝国石油的钻探申请之后报道称：“由于预计真正开始勘探的时候，中国肯定会找日本的麻烦，日本政府寻找勘探时机时也会相当慎重。”

帝国石油株式会社东京总部发言人宿太凯吉，在接受媒体采访时表示：“即使被授予开采权，也不意味着就能立即开采。因为我们不能在有争议的地区有任何行动。我们还在等待争议消除。”他还表示：“我们相信只有两国关系和平，这个区域成为非争议区才能够开采。”事实上，帝国石油此前就主动寻求与中海油在东海合作，并在1993年参与了中海油的东海招标，获得了两个区块的石油合同。

在日本经济产业省的推动下，为了能在国际石油资本竞争中更加具有竞争力，2005年11月5日，帝国石油和日本国际石油开发株式会社在东京宣布，两家公司将于2006年4月共同设立控股公司，进行统一经营，并将于2008年实施完全合并，完成经营资源和资本的全面整合，以增强在国际石油开发领域的竞争力。

国际石油开发株式会社作为日本政府的国策企业，由石油公团旗下的石油资源开发株式会社在1966年设立，是日本国内最大的石油资源开发企业，后来经整合由日本经济产业省实际控股。而帝国石油是当时日本第三大石油资源开发企业，两家公司合并之后每天可生产50万桶石油，约相当于日本每日进口原油的10%。

对于此次合并事宜，东京的分析家认为，两家公司合并将大大提升在东海海域试开采石油天然气的能力和可能性。与此同时，《日本经济新闻》也称，此次合并将会进一步加剧东海的资源争夺冲突。

政商联手

日本单方面主张的中日东海“中间线”附近是中日两国的争议地区，

所以，获得日本政府批准开发该地区的帝国石油和石油资源开发并不敢轻举妄动，而是在等待中日之间的谈判结果。

不过，时任日本首相的小泉纯一郎一再坚持参拜供奉二战甲级战犯的靖国神社，导致中日政治关系恶化，经济关系也受到影响，于是日本商界领袖决定访问中国。2005 年 9 月 30 日，包括日本经济团体联合会会长奥田硕、新日本制铁社长三村明夫、住友商事会长宫原贤次等在内的日本企业游说团秘密访京，和中国国家主席胡锦涛举行了约一小时的会谈。此前 4 天，中国国务院总理温家宝在北京接见了奥田硕等人。

日本经团联是由日本六大财团下属企业及其他一千多家公司共同组成的经济机构，被称为“日本经济内阁”，直接左右着日本的经济政策和发展方向，担当了“准政府”的角色，而经团联会长也被称为“财界总理”。因此，经团联会长的对华态度可以看作是中日经济关系的风向标。

事实上，奥田硕对小泉损害中日关系的行为也多次进行反对。2005 年 5 月 23 日，奥田硕就小泉参拜靖国神社问题公开指出：“个人的判断不同于立足在国家利益上的判断，请（小泉）务必正确调整两者之间的关系，慎重处理参拜问题。”

“财界总理”奥田硕的表态，小泉纯一郎必然要郑重考虑，因为小泉第一次当选为首相正是因奥田硕的公开支持才得以实现。在大选的前三天，经团联会长奥田硕（丰田汽车的会长）出面呼吁各界支持小泉。凭借“经团联”在日本企业界的地位，毫无疑问，奥田硕的呼吁代表了日本企业界在大选中的主流倾向。

经过中日两国经济、政治上的积极互动，以及从 2004 年 10 月 25 日开始的 11 次中日东海谈判之后，最终，2008 年 6 月 18 日，中日两国政府宣布，双方针对东海油气田问题正式就共同开发达成共识。具体内容为：（1）两国将共同开发横跨日方主张的专属经济区（EEZ）边界线“日中中间线”的龙井油气田外围海域；（2）日方将向中方已着手开发的春晓油气田出资；（3）对于其他油气田外围海域，双方将继续协商，暂时搁置边界划分问题等。

中日两国政府达成“共同开发东海油气田的共识”之后，三菱财团的新日本石油很快行动起来。2008年6月21日，《日本经济新闻》报道称，新日本石油和帝国石油正在考量中国东海的勘探计划。帝国石油可能投资春晓油田的开发，新日本石油则希望加入中日两国协议，合作参与其他的东海油田的开发计划。

经过中日两国经济、政治上的积极互动，中日两国政府宣布，双方针对东海油气田问题正式就共同开发达成共识

三菱财团的新日本石油与中国的合作可追溯到2002年5月，新日本石油（当时是日石三菱）与中石油旗下的中国联合石油公司（简称“中联油”）签订了一项为期一年的C级燃料油供货协议。从当年6月开始，新日本石油每天向中联油提供4500桶燃料油，这些燃料油主要用于电厂发电。这项与中联油公司签订的协议，是日本石油公司与中国签订的第一个长期燃料油合同。

2004年7月，新日本石油与中联油再度联手，签订了《石油产品委托精炼合同》，从中东购买原油，运到新日石的6个炼油厂，加工成石油产品后，再由中石油用船运回中国销售。

此外，三菱财团的新日本石油在中国也有自己的投资企业。早在1995年11月，中石化、新日本石油、明和产业株式会社各投资50%、40%和10%成立了天津日石润滑油脂有限公司。2005年5月25日，新日本石油与明和产业株式会社各投资90%和10%成立了新日石（广州）润滑油有限公司。2006年初，新日本石油在中石油下属的北京加油站中推广汽车维护服务。

与新日本石油同属三菱财团的三菱商事（综合商社），也积极展开对中联油的公关活动。

三菱商事于2012年5月16日公布，将与中石油、荷兰皇家壳牌集团以及韩国KOGAS公司共同开展在加拿大西海岸的液化天然气（LNG）开发项目，总产量将达1200万吨，总投资额将超过1万亿日元（约合人民币

778 亿元)。其中，荷兰皇家壳牌集团拥有该项目 40% 的权益，三菱商事、中石油及韩国 KOGAS 公司都分别拥有该项目 20% 的权益。

■原文发表于《环球财经》2013 年 2 月期，作者：白益民

第三节

安倍晋三背后的财团魅影

2012 年 12 月 26 日，日本国会众参两院举行首相指名选举，执政党自民党总裁安倍晋三当选日本第 96 任首相。

对于中国人来讲，最关心的莫过于日本新政权上台将如何处理剑拔弩张的钓鱼岛局势以及因此而受到严重打击的中日经济关系。人们也许还在等待，安倍晋三能像 2006 年那样，刚上台便奔赴中国，展开“破冰之旅”。当时，安倍与中方一道，让在小泉纯一郎时代降至冰点的中日关系逐步修好。中日最终在 2008 年达成了两国间的第四份联合公报。

不过，时过境迁，经过鸠山政权垮台的启示，安倍晋三也不可能重走老路。安倍晋三在第二次成为日本首相的当天就表示，钓鱼岛问题没有谈判余地。与首次当选时不同，安倍还将首访定在美国，并表示将与美国讨论“跨太平洋战略经济伙伴关系协定”（TPP），而这与日本财界的诉求不谋而合。

安倍此番行径背后缘由何在？我们不如看看安倍当选与日本财界之间千丝万缕的联系。

安倍与财界

安倍晋三一直与日本财界保持着密切的关系，日本经济团体联合会（简称“经团联”）前任会长御手洗富士夫是安倍晋三的忘年之交。安倍晋三首次担任首相之时，还在 2007 年 3 月 8 日，在首相官邸与丰田汽车会长

安倍晋三（右一）与时任日本经团联会长米仓弘昌

张富士夫、松下电器会长中村邦夫、三菱重工社长佃和夫等 13 位大企业家就就业问题交换意见。

日本经团联是由日本六大财团下属的及其他一千多家公司共同组成的经济机构，被称为“日本经济内阁”，直接左右着日本的经济政策和发展方向，担当了“准政府”的角色。而经团联会长也被称为“财界总理”，经团联现任会长米仓弘昌正是住友化学前社长。

自鸠山由纪夫开始，民主党成为日本的执政党，然而日本财界却偏爱自民党。2007 年，自民党从经团联这里获得的政治捐款为 29.1 亿日元，同年民主党虽然也从经团联获得了一些捐款，但仅有 8000 万日元。

经团联总部负责分配政治捐款的高管表示，对于自民党的各种政策，各大企业会员企业大都给了 A 级评价，但他们给民主党的评价，通常为 B 和 C。政治捐款是根据企业评价的结果，然后进行分配的，给自民党的政治捐款是给民主党的 36 倍，可见经团联基本上不看好民主党的经济政策。

2012 年 9 月 26 日，安倍晋三当选自民党新总裁当天就得到了财界的支持。米仓弘昌评价安倍晋三是“精通政策和具有丰富经验和实力的领导者”。日本商工会议所称，对安倍今后的决断力和行动力表示期待。经济同友会的代表长谷川闲史也表示，希望安倍晋三能够就改善与周边国家的关系发挥作用。

当选自民党总裁之后，安倍晋三的首相争夺攻势愈加迅猛。10 月 9 日上午，安倍晋三在东京同米仓弘昌等人举行政策恳谈会。在日本共同社看来，经团联在同新改组的野田政府接触前，先和自民党新任高层会面，这一行为实属罕见，双方的“接近”可被视作在为众议院选举后的政权更迭作准备。

“三菱系”大学

出身政治世家的安倍晋三，在日本有“纯种政治家”之称，他的外公是前首相岸信介，父亲安倍晋太郎是日本前外务大臣。而“含着金匙出生”的优越环境给安倍提供了很多机会。从幼儿园到大学，安倍晋三就一直在与三菱财团关系密切的成蹊学园接受教育。

而安倍晋三也不忘为三菱汽车做广告。2007 年 6 月 1 日，为了向国际社会显示日本支持环保的决心，时任首相的安倍晋三和经济产业部长甘利明在首相府园地内试驾 6 辆环保车，安倍晋三试驾的车正是三菱汽车。安倍说：“我有信心，日本拥有世界上最顶尖的科技来保护环境。”

从幼儿园到大学，安倍晋三就一直在与三菱财团关系密切的成蹊学园接受教育

1977 年，安倍晋三从成蹊大学法学部政治学专业毕业，随后像众多政界名流子弟一样，前往欧美留学。从 1982 年 11 月起，他被安倍晋太郎外相叫去当政治秘书，学习从政。其兄安倍宽信则在成蹊学园毕业数年后成为日本第一大综合商社三菱商事中国分社社长，其弟从小送给岸信介的儿子岸信和（安倍晋三的大舅）家做养子，改名为岸信夫，曾在住友商事就职，2000 年当选参议员。

安倍晋三和他哥哥为什么选择了成蹊学园？按照安倍晋三的说法，那是由于其外祖父即日本前首相岸信介的极力推荐。而岸信介之所以推荐成蹊学园，是因为岸信介从成蹊学园看到了当年吉田松阴开办松下村塾的精神。

吉田松阴是出生于长州藩的日本幕府时代末期的思想家和教育家，因为计划暗杀幕府的老中（即大臣）而被捕，以后被押解到江户（即东京）斩首，时年 29 岁。吉田松阴死后被誉为明治维新的精神领袖，岸信介的曾外祖父佐藤信宽就曾经跟着吉田松阴学习军事。

二战前，成蹊大学与三菱财阀的联系十分紧密，学校运营费用的大部分依靠三菱的捐赠。另外，1917 年开设的成蹊实业专科学校应三菱合资公司（三菱财阀）的要求，以为实业界（特别是三菱）培养中坚人才为目的。战后随着财阀解体，联系虽有所减弱，但直至现在，理事长以下的理事中仍有很多三菱集团各公司高层，三菱集团对该大学的经营影响很深。

自2007年4月起，成蹊学园引入“成蹊学园三菱留学生奖学金”，发放对象是利用成蹊大学、成蹊高中的留学制度到海外留学的学生中成绩优秀、留学后成果可期的派遣留学生。

右翼的幕后金主

日本政坛的日益右倾化与右翼的推动关系甚密，而右翼如此大的活动能量，自然离不开巨额的资金支持。从明治时期至今一个多世纪以来，财团一直是右翼的坚实后盾。而其中，三菱财团则是翘楚。

财团的前身是政商（特权商人），存在于19世纪70年代至20世纪初。明治维新时期，日本为赶超各先进国，对私人资本予以积极扶持，三井、三菱等昔日地方商人就是借助政府给予的特权以及委托的任务而迅速积累起巨额资本的。以三菱为例，1874年日本入侵中国台湾，三菱以政府委托经营的13艘大船，担负了日军的后勤运输。战争结束后，政府将这13艘船无偿转让给三菱作为奖赏。此后三菱一跃成为日本举足轻重的政商。

20世纪初期，政商资本逐步控制了金融、工业等领域，发展成为垄断性更高的财阀。30年代中期开始，财阀追随军部法西斯势力，确立了军阀财阀的联合体制。二者相互利用，财阀为军部发动战争提供物质支柱，军部则通过有利于财阀的军事运算体制而使财阀找到致富手段。三菱重工通过为军部服务迅速发展，资本从1937年的1.2亿日元暴涨到1945年的10亿日元。

日本右翼的活动资金，如黑龙会、玄洋社、大日本赤诚会等，均主要来自三井、三菱、住友等大财阀。除此之外，财阀作为军工产业的巨头，是日本战争机器的重要支柱。它们在二战期间建造了堪称当时世界顶级水准的“大和号”和“武藏号”战舰以及“赤诚号”等数十艘航空母舰。单是三菱重工一家公司，在战时就建造了140艘舰艇和1.7万余架飞机。这一时期，财阀不但是日本右翼的“财神爷”，还是他们的帮凶。

早在岸信介政权时期，由其扶持成立的“新日本协议会”就是一个集自民党、财界、右翼于一身的组织。三菱电机负责人高杉晋人负责筹集该组织的活动资金，据说他每年可从三菱财团等财界那里筹资几亿日元。防卫厅外围组织“乡友联”是一个军人右翼组织，经常搞日本重新武装的宣传活动。它从三菱重工等军工产业那里得到了大笔捐款，物质基础雄厚。20 世纪 90 年代曾多次染指我钓鱼岛的右翼团体“日本青年社”，也得到日本财团的暗中支持。据称，如果成功登上钓鱼岛，每人可获奖励数千万日元。

2005 年 4 月，由日本“新历史教科书编纂会”编写、扶桑社出版的所谓《新历史教科书》第二次被日本文部科学省审定通过。该书把在中国东北和朝鲜土地上进行的甲午战争与日俄战争，都写成是“确立日本安全保障”的“正当的战争”，把其对中国东北的侵略、在中国华北地区的扩大战争直至对全中国的进攻，都描述为建立“大东亚共荣圈”的解放亚洲的战争。

三菱重工董事长相川贤太郎则是赞助该书编纂会的头号人物。根据中国抗日战争纪念馆从日本获得的一份内部资料，2002 年赞助日本新教科书编纂会的赞助者中，三菱重工的名字也赫然在列。中国抗日战争纪念馆研究部李宗远主任在接受《国际先驱导报》采访时曾表示，这份资料来源于日本右翼团体自行印发的宣传册，真实性不容怀疑。该书编纂会成立于 1997 年 1 月 30 日，其势力的迅速壮大，很大程度上就是背靠日本大财团。

■原文发表于《第一财经日报》2012 年 12 月 28 日，作者：白益民

第四节

日本财团的中国谋略

2009 年9 月21 日，日本新首相鸠山由纪夫在与中国国家主席胡锦涛会晤时，提出了建立东亚共同体的构想，一时引来了广泛的关注。

那么东亚需要什么样的共同体，热闹的政治术语的背后是否暗藏着新一轮的日本财团的战略新布局。日本的财团为何具有如此巨大的能量？

准军事化管理，全方位布控，从基础制造到高科技产业到能源矿产，日本财团正在一步步布局中国。谁是他们的幕后推手？谁是他们下一步的争夺目标？

《战胜中国》与“东亚共同体”

东亚共同体，并不是一个很现代、时髦的词，而是在很早以前，日本就有这样的想法。

我们从东南亚金融危机开始来回顾一下这个时期日本是提出了一个怎样的战略，然后逐步实施，最近又提出了这种新的战略。这个演变的过程可能会帮助大家理解其整个政治、经济、外交各方面。

看一下东南亚金融危机（1997 年）之后，我们所感觉的日本是萧条，我们看到的是其内部 GDP 的下降。但我们忽略了另外一点，就是在这个东南亚金融危机之后，其实日本一直在悄悄地布局。

我们先看一下，三井物产，就是作为三井财团的综合商社，提出了一个什么战略。首先我们看有一本书，前三井物产战略研究所的市川周在 1997 年的时候推出了这样一本书，这本书比较刺激人，在国内买不到，估计也不会有人去印这本书，这本书的名字就叫《战胜中国》。

那么，它说什么呢？它说日本对中国要有竞争的意识，并要求充当战斗的东亚家长，亚洲可分为三个区域，第一个区域是包括韩国和我国台湾地区在内的东亚海洋国家及地区，第二个区域是中国大陆，第三个区域是南亚、中亚、蒙古等中国周边国家，日本要采取战略确保第一区域、影响第三区域，以包围第二区域（中国大陆）。

市川周还提出，实际上他提出的战略，首先是为它本国进行调整赢得一些机会，因为日本夹在美国和中国之间，它要求自己的生存空间，所以有抑制中国崛起的冲击。第二它其实也要赢得美国或者西方国家对它的一个认可，这样子，它就可以赢得主动权，避免像东南亚金融危机之前一样跟西方发生冲突。

日本三井物产战略研究所研究员市川周于 1997 年推出的《战胜中国》一书

其实在谈这个东亚共同体的时候，我们想到的一个问题就是，“战胜中国”和“东亚共同体”是一个矛盾的事情，但如果看日本的整个战略布局，会发现它最终的目的是要建立这个东亚共同体，而这个东亚共同体是要以日本为主导，所以它必须在与中国崛起的过程中赢得主导权。

谁曾背后支持小泉首相？

我们来仔细看一下，这十几年的一些事例，把它们联系起来看。通过这些事例，我们也体验一下到底这些财团，在里头有哪些千丝万缕的联系。这些联系并非一定是决定性的因素，但是可以让我们展现财团在日本社会中的作用，它不仅仅是一个经济体，还有政治和外交的作用。

从靖国神社到钓鱼岛，从东海油气田到钢铁矿争夺，在日本财团的中国谋略中，什么是资源包围？哪些是他们隐形的翅膀？

首先我们来看靖国神社。小泉上台以后，我们会发现，他跟中国之间最主要的矛盾就是他去参拜靖国神社，每年都不落。我们提出了抗议以后，他还是坚持参拜。

我们知道，小泉当初竞选首相，最后出面支持他的有一位“大佬”，叫奥田硕。他是当时的丰田集团的会长，同时又是经团联的会长，那么这两个是什么概念呢，就是说经团联，首先它相当于什么地位呢？相当于美国的美联储的格林斯潘的这个地位，因为在日本它是产业立国，它不像美国是搞金融，那么美联储格林斯潘那块说话算数，日本这块奥田硕说话算数。

在日本，经团联（类似中国的“国资委＋工商联”）把财团的大企业按照产业统合在一起，几乎上市公司的一千家最大的公司都在这个经团联的这个组织体系里，经团联的会长奥田硕又被称作“财界总理”。

这个丰田跟三井是什么关系？丰田原来是个家族，三井也是个家族，在丰田早期发展的过程中，实际上丰田得到了三井的巨大支持，二战以后，实际上主管这个丰田汽车的不是丰田喜一郎，他已经被三井财团给辞掉了。那么换上的是谁呢？是叫石田退三。这个人曾经是三井物产底下的一个关联商店的伙计，直到最后做到丰田的社长。

实际上，丰田的起家并不是我们从教科书上看到的单纯依靠自身努力，而是跟三井财团密切联系在一起。小泉下台以后，他又成立了一个研究所，这个研究所的背后支持就是丰田集团，这样我们可以看到日本社会政商之间的关系非常密切。

日本与中国台湾的财团外交

我们再看一下台湾问题。实际上，中国台湾跟日本没有什么官方的联系，但正是因为没有这种联系，我们看到的是真正的财团外交。陈水扁在民进党主政台湾的时候，爆发一个事件，叫“三井宴事件”（2006 年 5 月）。

三井宴实际上就是三井在台湾的一个餐馆，在这里头，有一些受贿的行为（台开股票涉嫌内线交易案），正是从这个三井宴之后，陈水扁就被盯上了。

很多地方盯上陈水扁了以后，就开始寻找他贪污方面的证据，结果两年之后，即 2008 年年底，爆出陈水扁在日本的三井住友银行里面存有巨款，这实际上是跟日本的财团外交有很大的联系。

再看一个项目，就是高铁的项目。我们现在坐的和谐号列车，实际上里头有两部分技术：一部分是来自欧洲的，一部分是来自日本的。而在台湾的李登辉时代，三井物产专门负责台湾的高铁建设。

所以，我们看到 1997 年以后，中国实际上跟日本在高铁项目上有很多摩擦。日本想在中国大陆来做这个项目，但是中国一直在犹豫，或者说在利用欧洲来平衡关系。而在此时，谁来了？中国大陆在做这个事情是三菱商事（三菱财团的综合商社），他们来协调在中国大陆争取高铁项目的工作。而同时，三井物产在中国台湾做这方面的工作。

另外我们再看一个例子，就是在《战胜中国》中提到的“确保第一区域”（中国台湾、韩国）。**不知道大家有没有去逛过朝阳区那边的新光天地**

北京朝阳新光天地百货公司的背后就是三井财团最早起家的公司，也就是现在的日本三越百货，号称世界第一大百货公司

百货公司。这个新光天地的背后是谁呢？是台湾新光三越百货与北京的华联合资而成。

那么新光三越是谁呢？新光三越，实际上它的合资方就是日本的三越百货。三越百货又是谁呢？就是当初三井财团起家的最早的公司，那是三百年前，它叫三井越后屋（简称“三越”），所以像我们看到的三越百货，实际上它也是三井财团现在的一个核心的企业，而且号称世界第一大百货公司。

资源争夺愈演愈烈

再看东海问题。在东海油气田的争夺过程中，我们会注意到，在早期有这样的报道，丸红（富士财团的综合商社）跟日本政府的帝国石油株式会社一起在东海在抢占资源。起初，丸红向日本政府提出来要开发东海，实际上从这开始日本跟中国发生种种冲突。

东海问题必然就会联系到钓鱼岛。前几年中日之间有个“保钓事件”，发展到非常尖锐的时候，曾经在野、现在已经上台的民主党提出过要武力“保卫”钓鱼岛，这时候它向日本政府提出过这样的建议。而就在这个之后不久，日本有一艘被称为“轻型航母”的船下水。

日本是不可能拥有这种航母的，那么他们实际上是利用建造补给船的方式，建立可以起降的直升机的平台，变相地造出这种轻型航母。这个准航母的名称叫“近江号”。

这个“近江号”名称非常敏感，是由“近江国”（古代国名，今日本滋贺县）这个名称而来。日本的战舰一般都是以古代的国名来命名的，而近江国就是原来的三井物产、丸红还有伊藤忠这些综合商社起家的地方。我们可以看到，这艘准航母的命名其实也有一定的含义在里头。

另外，“近江号”下水的两年之后，也就是 2008 年底，又有一艘船下水，叫“向阳号”。这个轻型航母是由谁来建造的呢？石川岛播磨重工。

2009年3月18日，由石川岛播磨重工（三井财团）建造的“日向号”直升机驱逐舰正式编入日本海上自卫队第一护卫队群

这个企业也是三井财团的，我们看资料会发现，东芝是它的最大股东，而东芝又是三井财团里头的核心企业。最近，就是这几年，三井物产、丸红、伊藤忠、住友，都跑到哈萨克斯坦去圈铀矿，我们知道铀矿是做来核能用的，而这个时间三井财团的东芝在做什么呢？在收购美国的西屋电气。东芝花了40多亿美元收购了西屋电器之后，拿下了中国80亿美元的核电的订单。**表面看是美国西屋电气在做中国的核电产业，卖设备，卖技术，但实际上背后已经是三井财团的东芝。也就是说，它们两头走，一头是东芝从美国那边拿来技术，另一头是三井物产到中亚去圈铀矿。**

另外我们再看，《战胜中国》书中提到“要利用非华人对华人感到的压力，广泛团结非华人国家对抗中国大陆”，表现在前一段时间有一个事件就是中铝收购力拓。这是很震动的一件事，包括后来出现的力拓间谍门事件。

中铝当初收购力拓是通过美国的投行。收购花了100多亿美元，结果金融危机一来，股价暴跌，再加上欧元暴跌，曾经账面损失达80%。而后在2009年年初，中铝想抄底来平衡它的损失，结果没有成功。这个很多就来自非华人国家，他们所说的非华人国家的这种压力，它自身感到中国的这种威胁或者一种压力。

那么在这个过程中，我们可以看到，中铝的网站上有过一段叙述，也就是他们在第二次收购的时候，成交之前的前一两天，三井物产曾和必和必拓一起要联合收购力拓，也就是说三井物产在适时的时机也来搅局。

最近有一个消息，说中钢协获得了一个铁矿石的谈判价格，和谁呢？和FMG这样一个澳大利亚公司。其实，FMG这个公司在澳大利亚是一个新兴的公司，起不了太大的作用。在这之前，FMG有20%的股份已经被中国的华菱公司收购了。

然而，即使中国的公司在上游获得了一定的股权，仍旧很难发挥作用。为什么呢？因为在这个过程中，FMG，它要最后把它的铁矿石运出来，还要经过力拓和必和必拓的铁路，然后运到港口。此时，FMG想建立自己的出海通道，而日本的三菱商事已经抢先行动起来，在与中国的中钢集团等公司的竞争中胜出。

第五节

向对手学习并不丢脸

金权天下：权力背后的财团作用

通过之前的这几个例子，我们发现，日本的财团在产业的包围过程中，主要手段就是建立利益共同体，把一部分原来的对手尽可能纳入进来，变成了它的帮手，那么还有一部分，如果不纳入它这个共同体之内，就成为它的对手。

所以到这，我们回过头来再看，东亚共同体到底是什么？其实就是想把中国的经济，从企业到产业，都纳入日本这个财团的利益共同体里去。

如此会出现一种什么格局呢？一旦进入东亚共同体，我们当然也会分享一些利益，但是这个利益到底能分享多少？这是最重要的。所以说，东亚共同体肯定是将来一个趋势，但是我们一定要在这个过程中争取中国自己最大的权益。

我给大家展示了日本财团的一些活动，就是希望大家可以重新了解日本，不是简单地从政府，小泉、麻生的层面，而更多地从金权层面，即关注权力背后的这些财团发挥的作用。因为这块儿是一块空白，希望大家能够去做一些研究。

中国不缺战略家，缺少执行力

深谋远虑捷足先登，一场场漂亮的经济争夺战中，日本财团脱颖而出，怎样理解日本财团模式？中国企业如何突围？

讨论日本财团的在世界范围之内针对中国的经济布局的时候，你可以看出这种百年老店它的深谋远虑，可以说是谍中谍，谍外谍，谍连谍，谍影重重，而我们在中间几乎处于无知的状态。

我们应该充分地认识到我们这位邻居，它是忍者，它是世界上最大的忍者，忍者做事情往往是不事声张的，但是一旦出声，可能你就来不及了。

《战胜中国》可以说是日本的一个战略家的思考，那么中国有没有这样的战略家也在琢磨日本？

其实中国不缺战略家，但是最终的问题是战略和执行结合不到一起，因为日本的战略是来自财团，财团我形容它是一个叫海陆空三位一体的军团——海军是什么呢，是我们说的这个商社，综合商社；空军是它这里的银行、金融体系；那么陆军就是它的产业体系：所以日本财团形成了一套海陆空立体作战的模式。

中国目前的经济模式，基本是按照美国的自由主义的经济模式来做的，产业、商业、金融是分开的。所以，我们即使有这样的战略家能够意识到这些问题，也没有这样的一个组织体（财团）去和日本的军团（财团）抗衡，或者说去阻击。我们可能只有些企业作为游击队，去它的后方骚扰一下，或者是在哪一些地方有所动作，但是对于整个战局的变化不会产生太大的影响。

在某种意义上，实际上日本这些超级财团在扮演着政府的角色，因此在今天情况之下，比如说我们延续一个比较激烈的观点，假如某一种冲突有一天在中日之间，某一个导火索点燃了，然后这种冲突不可避免，甚至不可收拾的情况，那么日本这个国家一夜之间能具有战斗力吗？

个人认为，肯定会有，因为首先它这些财团的组织体系，这些企业、工厂基本上都跟军工有关，即使是丰田或者东芝，其实都跟军工有关。特别是东芝，我们以为它就是生产电视机的，但是你知道它现在收购了西屋电气吗？

其实，东芝在核能方面本身自己就拥有很强的技术，然后又收购了美国的核方面的技术。同时，我们看三井物产等商社，它们到处收购核燃

众所周知，日本虽然长期以来“和平宪法”高悬，表面上也未拥有任何核武器。但是，日本核材料“库存”却大得惊人，仅高浓度铀就超过1200公斤，已经远远超过民用所需范畴，所以，日本“低调”的核技术如果想军事化，简直易如反掌

料。也就是说，日本说是无核国家，但实际上拥有的核能力是非常强的。

再有一个我们要看到，关键是它的组织能力，它的组织能力等于是一个现成的体系；我们的企业都是分散的，一旦战争状态爆发的时候，协调是很难达到日本财团这样的一个水平。所以，我们的体系如果不能够整合起来的话，我们拥有的技术积累现在不存在，或者说，我们的人员之间的组织不能够很快地进入状态。所以，我想日本在这个方面还是占有一定优势的。

应该选择怎样的发展模式?

日本财团，作为一种模式，有其强大的优势。那它有没有什么弊端，或者我们如何发现它的弱点，来采取相应的对策?

任何一种模式，肯定有它的弊端，因为特别是它的机构越大，越容易官僚化，越容易僵化，这个大到什么程度呢? 一个极端，就是说它的财团如果都统一了，日本国家就成了一个财团的时候，就会回到苏联体制，回到中国原来的计划经济体制，那么就没有竞争。

我们看到日本的这个体制，它实际还是保留了日本原来的体幕藩体制。也就是说，日本政府相当于幕府，这些财团相当于藩，那么藩之间既有竞争，又有合作。

至于我们怎么找到弱点去跟它去博弈，我想，首先我们先不要去找弱点，我们现在存在很多弱点，我们先要变得强大，用我们的“军团”先跟对方抗衡。

另外，从模式选择来说，有人认为中国现在更多采取的是一种美国的模式，其实我觉得这是有一个原因，就是因为中国从1949年以来一种过于集中的经济体制，比如说以前我们那种合作社，导致一些很严重的低效或是腐败的问题。

虽然说我们这个时候寻求一种美国的自由经济的模式，但是我们现在以这种模式和日本企业竞争，却又发现了一种力量上的不足，那么在面对日本模式和美国模式这两种不同的经济模式的时候，我们应该怎么样选择，然后才能提高我们中国在国际上的竞争力呢？

实际上任何一种模式，都是跟历史发展阶段及当时的条件有关系的，我们选择美国模式也是有原因的，不是说是错误的，我们不能否定。因为什么呢？**中国当初是一穷二白的情况下，就像是一个草场，我们可以万马奔腾地发展经济，但是一旦草场上挤了很多马了，挤了很多人了，这时候我们就要把它变成农田，用农耕方式去发展经济。**

也是说，现在中国万马奔腾已经不行了，互相拼了，内部消耗了。我们要怎样把大家组织协调起来、一致对外，我们要获得更多的田、更多的地、更多的草场，这个是我们要做的。

有个说法叫不破不立，就是说原来僵化的体制我把它破了，破完之后怎么办？要立，立什么？我想日本的这个模式就是我们要可以参考的一个方向。

我个人的看法就是，即使你立了，中国也不一定所有的地方都要是日本模式，它要分不同的产业，有一些新型产业，它就适合创新型的模式，即美国的模式。但是，有一些传统产业，包括IT业现在都已经变成传统产业了，所以说在它一旦变成传统产业或者综合型产业时，产业链一拉长，日本模式就发挥作用了。

所以，我们要选择不同的模式，在不同的历史阶段、不同的产业、不同的情况下，自己来选择自己的模式。

向对手学习并不丢脸

在多年的研究与社会实践过程中，作者发现在很多中国读者看来，日本财团进入中国经济，很有可能会导致一些狭隘的爱国主义的情绪。

其实这种爱国主义我想在日本也有。我曾经写过一篇文章，大家可以到网上搜——《日本尽是爱国贼》。日本人特别是很多企业家都是爱国主

图为此前日媒报道的“爱国过分的冢本幼儿园”，其实不仅日本民众，日本很多企业家也都是有爱国主义的，因此我们希望的是我们的企业家都要有爱国的精神，我们国民都要有爱国的精神

义的。我希望的是我们的企业家都有爱国的精神，我们国民都有爱国的精神。

至于说我们用什么方式来表达，一种方式是砸，砸人家的东西，还有一种方式就是我们到“战场”上跟他们去斗去拼，我说的是商场，商场如战场。我们到商场上去拼，我们建立自己的“军团”，或者我们找到方式，哪怕去打游击，但是要去实干，而不要去砸。这是我的观点。

商场如战场，中日两个经济体的竞争无时不在，无处不在。当我们急切地向欧美寻求经济良方的时候，白益民先生的适时提醒告诉我们邻居日本就是一本很好的教材。由于历史的原因，我们始终不愿意向日本学习，也不愿意深入研究这个可怕的邻国，麻痹、松懈、自大、自矜是我们面对日本时最容易犯的毛病，我们也因此而付出了沉重的代价。

向对手学习并不丢脸，被对手打败，还不知道是怎么被打败的，那才叫作丢大脸。

■第四、第五节原文为凤凰卫视《世纪大讲堂》演讲，讲演人：白益民，主持人：王鲁湘（斜体部分为主持人所述。有删节）

第八章　钓鱼岛争端的背后内幕

2010年9月14日，美国副国务卿公开表示钓鱼岛为日本掌管区域，适用于《日美安保条约》，“有事”之时美军将采取对应措施。以中国和日本的钓鱼岛领土争端为导火索，离间中日之间原本日趋紧密的经济关系，美国意欲重新成为亚太地区“仲裁者”的嘴脸暴露无遗。

紧接着在2012年4月16日，东京都知事石原慎太郎又演出了“购岛”闹剧，可见日本对钓鱼岛一直都抱有觊觎之心。进入其视野的不仅仅是6.3平方公里的领土，还有钓鱼岛所辐射的专属经济区及潜藏的丰厚资源。当然，日本挑起钓鱼岛之争不仅是对东海资源的垂涎，还有关其在南海的既得利益。

在日本，政经是不分的，政治和财团之间有很密切的关系。因此钓鱼岛问题还可以换一个角度来看，回到财团的利益角度来看钓鱼岛的问题，就不能排除日本财团是在利用钓鱼岛事件更多地为自己谋取经济利益的可能性，这也就很好解释了为什么有着“财界首相”之称的经团联会长米仓弘昌迟迟未进行表态。

作者题注：

就目前而言，分清“谁是我们的敌人，谁是我们的朋友”显得格外重要，中国完全可以通过钓鱼岛事件的解决，带动中国在全球油气产业与日本之间进行战略协调，如果中国能够以解决钓鱼岛事件为契机，与日本合作成立东亚资源共同开发体系，不失为一条好的出路。

本章提要

油气供应的日益趋紧，加上其国内经济形势的严峻、民众情绪的不满、党派征伐的不断加剧，让日本一些别有用心之人，再度把目光瞄向了时常被利用制造话题争端的中国钓鱼岛。

这次的钓鱼岛事件其实更像是“围魏救赵”：日本把钓鱼岛事件挑衅到一个极限，实际上是挑起国际舆论，把大家的眼球吸引到东海来，以便分解中国在南海的注意力，从而解救日本在南海的危机。

美国一面说服中国共同开发东海以激起日本情绪，另一面则明确表态会在军事上保护日本、支持日本，甚至在钓鱼岛问题上大胆对中国喊话，激化中日两国的民族情绪，让美国可以坐山观虎斗。

松下政经塾是日本政治家的摇篮，PHP 研究所则被视为松下集团的宣传机构，也是“松下主义”的鼓吹者。日本前首相野田佳彦和前外务相玄叶光一郎均来自松下政经塾，在防务、外交方面，他们一贯主张对华强硬，主张参拜靖国神社。

日本的 PHP 研究所还在台湾问题上插了一脚，台独分子李登辉早在 1999 年 5 月 19 日出版的《台湾的主张》一书中即提出了分裂中国的“七块论”，而该书正是由 PHP 研究所社长江口克彦代为捉刀。

日本政界已经被右翼绑架，日本财界把视线转移至东南亚无疑是出于政治目的。但对日本经济界而言，中国市场的魅力仍很大，如造成“政冷经亦冷”局面，究竟谁才是真正的损失承担者？显然，日本政经两界应该回归理性，冷静深思。

第一节
美国上演离间计，中国失策钓鱼岛

“芙蓉”摇身变“尖阁”

2004年，7名登岛保钓的中国勇士被日本海上保安厅人员扣留，引起了中国民众的强烈反应，这样的历史背景下，钓鱼岛问题便变得格外突出。6年后的2010年，日本海上保安厅再次抓扣中国船员的事件，将国人的视线重聚钓鱼岛。

关于此次事件，大家更多在关注中国政府与日本政府之间的关系以及对待这个问题上的各种态度。但我们却忽略了事件背后的因素——日本财团在东海的利益问题。

2004年，日本富士财团的综合商社丸红商事子公司，向政府申请要求授予在钓鱼岛的试开采矿业权，当时该公司名为“芙蓉石油开发株式会社”。

20世纪70年代，石油资源开发株式会社、帝国石油株式会社、丸红株式会社下的芙蓉石油开发等4家公司，向日本政府提出在EEZ开设矿区的要求。当时日本政府认为中日边境线没有划定，所以对申请予以保留。

而到了2004年，随着钓鱼岛事件的升级，日本政府逐步介入，态度也更明朗化，批准了以非政府身份即所谓的民间企业进行开发，并把原来所谓的民间芙蓉石油开发株式会社并购到了日本政府机构控股49.94%的“石油资源开发株式会社”下，改名叫“尖阁石油开发公司”。

“芙蓉”变“尖阁”，这是一个敏感的问题，日本此举，相当于把此前的民间投资行为，变成了一个政府行为。除此之外，日本的双日商社和帝国石油株式会社，也在申请开发钓鱼岛附近的石油资源。如此一来，很多问题不再仅是出自领土主权的争端，背后还有关于石油、天然气资源的博弈。

日本用“钓鱼岛”向美国招手

此次钓鱼岛事件再次爆发，并非偶然。事件爆发之际恰逢日本选举，鸠山政权下台后，菅直人政权实际上在修正鸠山政府前一段时间的“脱美入亚”。

表面上看起来鸠山提倡的是“亲美入亚”，但要与中国搞东亚共同体、亚元区，并对美国提出撤离军事基地等要求，实质上已是“脱美入亚”。日美关系已经出现了裂痕，2010 年 4 月丰田汽车在美国遭遇的“刹车门事件”，就是美国向日本发出的一个警告信号。

2010 年，丰田社长丰田章男就“刹车门事件”鞠躬道歉。其实“刹车门事件”就是美国向日本发出的一个警告信号，日美关系在当时已经出现了裂痕，而正是在这种背景下，钓鱼岛冲突再度爆发了

在丰田事件中，日本实际上被美国打了一棒子，随后日本开始在很多方面有了一些新的反应、调整，包括最后鸠山下台，与其所面对的国际关系、美国压力等多方面均有关联。

正是在这种背景下，钓鱼岛冲突再度爆发了。事件爆发后给人一种感觉：中日之间有冲突，已非前段时间那么友好，已经出现裂痕。这无异于日本给美国递上一颗“安心丸”。

此前不久，美国提出重新重视亚洲的战略。在这一系列背景下，菅直人修正上届鸠山政府的路线，同时通过钓鱼岛事件向美国发出信号：第一，跟中国的关系不会走得太近；第二，让民众感觉到日中冲突会引发这个地区的不稳定性，于是也就给了美军在日本继续驻留的理由。在这种情况下钓鱼岛事件的发生，从某种意义上讲，更是一种国际政治关系的需要。

对于日本的示好，美国当即做出了回应。2010 年 9 月 14 日美副国务卿在记者招待会上表示，关于冲突事件“希望以对话的方式和平解决”，同时强调“日美同盟是亚洲和平与安定的重中之重”；并表示钓鱼岛为日本掌管区域，适用于日美安保条例，“有事”之时美军将采取对应措施，以牵制态度强硬的中国。

中日想说“分手”不容易

钓鱼岛事件发生之后，大家最关心的是中日关系走向。

经过2004年上一次钓鱼岛事件后，包括当年小泉政府参拜靖国神社等一系列举动、政策，让中日关系出现了很大的波动，从那以后，中日之间的关系定格在了“政冷经热”。

所谓“政冷经热”，其实为日本财团谋得了更多利益。中国方面出于拉近中日经济上的互相依赖关系从而牵制日本政治的战略考虑，恰恰也为日本的财团企业进入中国市场创造了很好的条件。

在中国加入WTO后，日中之间的经济利益相互联系得越来越紧密，日本在中国的投资、合资企业以及在中国市场的占有率不断增多。从表面上看，很多日本品牌尤其是电子产品品牌一度绝迹于中国市场，但事实上，很多中国国产品牌背后其实依赖的是日本的零件、技术、设备。日本经济学家长谷川曾写过一篇文章，认为“中国的未来取决于日本”。观点可以商榷，但中日之间的互相依赖度越来越高，也是事实。

在这种情况下，在有了这样一个体系的时候，两国关系趋于一种稳定化，并不容易因为某次特别事件，或者因为一个暂时的、可计算的利益，就一下子把中日两国之间整体的、大规模的经济利益破坏掉。因此笔者判断，钓鱼岛事态的进展，实际上都处于可以控制的范围内。中日关系的走向，也不会因为这样的一个事件产生大的倒退。

当然，这是在双方都采取一种模糊战略而不是急于明晰各方主权要求和利益之争的前提之下方可成立的。

用产业升级应对“日本再一次”

有数据显示，目前日资在华企业共有近20000家，很多国人对此津津乐道，认为日本依赖于中国。这种过于乐观的看法会对中国的判断及采取的对策产生错误影响。

这种看法认为，既然日资企业在中国有20000家，一旦中日之间发生矛盾，日本必因担心在中国的利益受损而不会在钓鱼岛问题上坚持自己的立场。这是过于乐观的一个想法。实际上我们要看到日本在全球的经济活动中，中国只是其中的一部分，我们不可妄自尊大。

反过来，中国在很多方面却依赖于日本。中国很多产业链的高端部分、技术和设备，都来源于日本，也就是说日本还是站在整个产业链的最高端。

目前日资在华企业共有近20000家，而中国在很多方面还都要依赖于日本，中国很多产业链的高端部分、技术和设备都来源于日本，也就是说日本还是站在整个产业链的最高端

同时，日本还逐步向印度、越南这样的劳动密集型地区转移，分散在中国的投资风险。总体来看，日本并没有把鸡蛋全部放在中国的篮子里，而中国的鸡蛋很多却放在日本的篮子里了

因此一旦日本完成产业风险转移、再一次掀起钓鱼岛风波，态度很可能会变得很坚决、很强硬。中国只有提高自己的科学技术能力、装备制造能力、产业升级能力，才能在未来两国关系中获得更多的话语权，才不会束手束脚，前怕美国虎后怕日本狼。

日本财团的利益所得

在日本，政经是不分的，政治和财团之间有很密切的关系。钓鱼岛问题还可以换一个角度来——回到财团的利益角度来看。

2004年钓鱼岛事件升级后，中日之间缓和关系的过程是一个“政冷经热”的过程，中国给了很多日本财团进入中国市场的很好的环境和机会。

这次钓鱼岛事件爆发之际，恰逢中国很多大的项目即将上马，如风电、核电、智能电网等环保产业，而日本看重中国的大市场，并在很多大项目上与中国政府以及项目相关公司有联系。

因此笔者认为，不排除日本财团利用此次“钓鱼岛事件”更多地为自己谋取经济利益的可能性。

钓鱼岛危机能否变契机?

从历史上看，中国长期以来在东海问题上占据着优势。在双方出现争议之前，中国在东海陆架油气深海勘探方面取得了很多成就，而日本在勘探方面处于落后的地位。但是中国却又如何从优势变成了被动呢？变局出现在2003年的春晓油气田。

春晓是中国在东海陆架盆地西湖凹陷中开发的一个大型油气田，是目前中国最大的海上油气田，由4个油气田组成，除春晓外，还包括平湖、残雪、断桥和天外天等油气田，占地面积达2.2万平方公里，相当于2/3个台湾省，探明的天然气储量达700亿立方米以上。

1970年，中国便将海上油气业务归中海油管辖。

从1970年到2002年30多年间，中国在东海单方面的开发并没有引起日本的特别关注，中日之间并没有出现正面的对立，而对丸红、帝国石油等日本企业关于东海开发的申请，日本政府都拒绝批准。

中日“争端”出现在2003年。2003年8月19日，中海油、中石化、荷兰壳牌公司、美国优尼科石油公司在北京人民大会堂签署了包括春晓气田在内的西湖凹陷作业合同，宣布联合开发东海油气资源，油气田开发费用按中海油、中石化各30%，壳牌、优尼科各20%的比例由各方分别提供。中美两国政府的高官以及四大石油公司“一把手”都亲自出席，一时间冠盖满京城。

也就是在这个协议签署之后，日本加紧了在东海钓鱼岛的活动，对此海域的要求亦逐步增加。

2004年6月，日本外相川口顺子提出中日应合法开发东海资源，支持民间企业对东海资源进行勘探。

2004年7月，日本派出测量船在中间线日方一侧探测资源。中国抗议。

2004年10月，中日双方就东海问题进行第一次磋商。

2005年4月，日本政府开始接受审核日本企业申请东海的油气试采权。

2005 年 5 月，中日双方就东海问题进行第二次磋商。

2005 年 7 月，日本政府授予帝国石油东海的油气试采权。

在解决次钓鱼岛事件中，中国应避免美国介入。美国一旦掺和中日之间的事情，本来两国之间的模糊地带就容易在刺激下变得诉求明晰。一旦诉求明晰，很多矛盾就容易激化

为什么在中国与美国签署协议后，日本反应如此强烈？因为这个协议从另一个角度说明了美国承认中国在钓鱼岛的主权。

中国拉入美国参与其间，使得原本态度模糊的日本开始争取它的所谓主权权益。而后，美国看到了东海的争端，撤离了在东海的石油开发。2004 年 9 月，合作一年后，两家外国公司荷兰壳牌公司、美国优尼科石油公司因日本通过美国政府施压而退出合同。

从日本方面来看，如果当初希望让美国介入，实际上早就会跟美国成立联合石油开发公司，但是它一直没有这么做，为什么？这个问题值得我们深思、学习。

此外，在整个事件中，也不排除美国拉中国“上套”的嫌疑，美国虚晃一枪，也许原本无意要真正合作开发东海，而是想离间中日关系，挑拨中日对立。所以在解决本次钓鱼岛事件中，中国应避免美国介入。美国一旦掺和中日之间的事情，本来两国之间的模糊地带就容易在刺激下变得诉求明晰。一旦诉求明晰，很多矛盾就容易激化。

中日“共享东海，共同出海”

面对现在这种局面，下一步中国应该怎么办？日本执意要加快争取在东海、在钓鱼岛附近的油气资源权益，笔者认为，中国的战略可以是选择和日本共同开发，但是不能够在现有优势前提下退步。

中国也可以通过钓鱼岛事件的解决，带动中国在全球油气产业与日本之间进行战略协调。也就是说，如果中国将在东海的优势与日本分享的话，那么中国应同时要求日本在全球的油气资源争夺战中与中国和解，把

日本在全球的优势让给中国分享。只有利益互换，才能取得双方都接受的结果。例如，中日合作设立“东亚油气资源共同开发公司”，以共同体式公司的形式，进行全球的油气资源开发。

目前中国最大的问题是出海不畅，无论是在能源还是在矿产上，处处被围堵。如果中国能够以解决钓鱼岛事件为契机，与日本合作成立东亚资源共同开发体系，不失为一条好的出路。

如果我们把这着棋下好了，不仅对中国整个出海战略帮助巨大，也会加强中日之前长远的和平、友好、共处关系。

■原文发表于《环球财经》2010 年 10 月期，作者：白益民

第二节

钓鱼岛：美国挑动中日冲突的“底牌”

美国“拉拢”

早在 1969 年，美国伍兹霍尔海洋学院的地质学教授埃默里发布报告显示东海可能储藏巨量的石油天然气资源之后，美国就开始将东海作为未来的能源战略要地。从 70 年代开始，美国海湾石油公司、海洋石油公司、克林顿石油公司等就开始与中国台湾积极接触，并且试图拉拢日本共同开发东海大陆架，但这一切因日本的反对而终止。

曾历任美国海军部长、美国国防部副部长、美国财政部长的罗伯特·安德森，1960 年结束在华盛顿的任职之后，毅然投身美国石油界，担任美国克林顿石油公司海外分支机构克林顿国际公司的董事长，希望借此在中国台湾获得石油租让区，赢得美国政府的财政支持。为此罗伯特·安德森多次到台湾，并曾亲自向蒋介石提出恳求。

到 1971 年初，由于日本本身的利益诉求，以及其国内财界、政界对中国大陆持友好态度，日本开始加紧公开反对中国台湾对大陆架的要求，特

别是在钓鱼岛区域。日本的公司还获准就特定海域向通商产业省（现经济产业省）提出申请，但是在领土问题解决之前，通产省没有正式授权有关公司在东海勘探石油。

曾历任美国海军部长、美国国防部副部长、美国财政部长的罗伯特·安德森曾多次到日本活动，希望能够获得“东海的石油租让区”

罗伯特·安德森对日本的行动做出了反应，他不断地进行活动，想通过他在东京的熟人使日本同意给克林顿石油公司一个同台北已经给他的租让区恰好吻合的租让区。安德森当财政部长时，经常与佐藤荣作首相打交道。但在1971年10月29日和11月1日的一系列会晤中，他未能从佐藤首相那里获得帮助。

当年12月，日本驻美大使牛场信彦在致罗伯特·安德森的信中，坚决拒绝了这个建议，这是当时日本对中国的态度已发生显著变化的一个最早迹象。特别要指出的是，当时海湾石油公司的合作者日本帝国石油（株）甚至向日本当局提出申请，要求取得上述租让区，直接与美国公司作对。

1972年2月和4月，罗伯特·安德森再到东京，同帝国石油（株）进行了谈判。他建议以克林顿石油公司租让区的一半股权换取帝国石油（株）租让区的一半股权，但遭到拒绝。然而，在1972年整整一年里，罗伯特·安德森还是继续找日本人合伙。10月间，他在纽约同日本九州石油开发（株）的一位代表会晤，该公司同新日本制铁有密切联系。直到1973年，罗伯特·安德森为了在克林顿石油公司的租让区钻探，仍在日本设法借钱，答应用将来在该租让区生产的原油偿还。

美国一些石油勘探公司直到1974年也还在同出光兴产（株）、九州石油（株）和其他公司商洽，积极谋求日本方面的合作。有一次，海洋探测公司提出，把它的租让区12%的权益让给日本公司，为此索价2200万美元。正如某日本公司的一位职员所指出的，“考虑到可能卷入的政治风险，这个价钱太高了”。

1975 年 2 月，美国苏必利尔石油公司（现贝克休斯）即将在中国台湾第四矿区进行钻探时，帝国石油公司送去了一封暗含威胁的信件，申明它对这个区域的权利要求。随后，在中国台湾同日本临时租让区相重叠的区域该公司再也没有进行过勘探。从某种程度上说，当时的中日友好关系，客观上阻止了美国和台湾当局在东海大陆架联手勘探石油的行为。

美国切入东海勘探打破平衡

拉拢中国台湾、日本共同开发东海大陆架的计划因遭日本反对而失败，这并没有让美国放弃对东海油气资源的觊觎。在 1992 年中海油举行的第四轮石油招标——东海招标中，美国雪佛龙、康菲等公司成功竞得东海部分区块。白益民产业经济研究所的研究认为，此举打破了中日之间长期以来取得的平衡，中日在钓鱼岛再度擦出火花。不过，这些美国公司均由于勘探成绩不理想而在后来几年相继选择退出，中日钓鱼岛冲突也渐渐恢复平静。

美国石油公司退出之后，东海的油气勘探工作完全由中国公司自行操作，日本在钓鱼岛也再未做文章，甚至在 1996 年提供资金支持中国修建从平湖气田到上海浦东的天然气管道。由于当时中国海上石油勘探技术并不成熟，2002 年 3 月 20 日，在我国上海召开的东海天然气工作会议，宣布由中石化和中海油合作成立东海天然气开发联合管理委员会，正式启动东海天然气联合开发。

2002 年 6 月 27 日，中海油、中石化透露，将携手美国优尼科、英荷壳牌共同开发东海西湖油气田。其实，优尼科与英荷壳牌对开发东海油气田一直垂涎三尺，据原新星石油公司的规划研究院总工程师张抗透露："优尼科、壳牌等对东海项目一直有持久兴趣。20 世纪八九十年代，我们进行东海项目勘探时，他们就一直缠着要一起做。"

消息一出，立即引起日本反应。2002 年 10 月，日本政府以便于管理钓鱼岛为由，以每年 2256 万日元的价格，从所谓的"岛主"手中"租借"了整个钓鱼岛。当时日本政府还有过对钓鱼岛国有化的想法，但因顾忌中

国，只选择了租赁的形式。

2003年1月1日，新年伊始，日本主流报纸《读卖新闻》在头版头条位置上赫然刊出一篇报道，题目就叫“强化领土管理，国家租借尖阁（即中国钓鱼岛）三岛”。该报还借用某专家的话，赞扬日本的做法是出人意料的“妙招”。当日本的这一行动遭到中国政府的强烈抗议之后，《产经新闻》《读卖新闻》先后发表社论，大谈日本这一行动的“巨大意义”。

不过日本的反对并没有影响美国与中国共同开发东海的计划，2003年8月19日，中石化、中海油、美国优尼科公司共同签署东海油气田开发合同，对东海春晓、宝云亭等5个合同区的原油和天然气进行勘探、开发、生产、运输及销售。

煽动两国民族主义，美国“坐山观虎斗”

从历史来看，不管是美国的石油公司想进入东海还是美国的战机想进驻日本冲绳，都会触动日本政府敏感的神经，此次中美双方联手开发东海油田显然让日本坐立不安。

2003年6月22日，中国大陆民间组织了首次出航保钓运动。大陆公民冯锦华倡议首登岛宣示主权，15名来自中国内地和香港的爱国人士组成的中国民间“保钓团”，从中国浙江省玉环县出发，抵达距离钓鱼岛约3海里的海域宣示主权。8月25日，日本右翼团体“日本青年社”也登上钓鱼岛，由此引爆随后全球华人的多轮保钓行动。10月9日，由中国大陆、香港和台湾的民间人士共同组织保钓船出海。

2003年11月12日中午，日本海上自卫队官方网站突然发布了一条由“海上幕僚监部”提供的消息：当天上午8点左右，驻扎在日本鹿屋航空基地的海上自卫队第1航空队所属2架“P－3C”反潜巡逻机，在执行巡逻任务途中遭遇一艘突然浮出水面的中国海军“明”级攻击型潜艇。

由于中国潜艇出现的地方在距离日本领海仅18公里的国际海域，美国一改往日在钓鱼岛问题上不支持任何一方的态度，转而力挺日本。2004年2月2日，美国副国务卿里查德·阿米蒂奇表示：由于有美日安保条约，

所以日本施政下的地域一旦受到攻击，美国将视为对其自身的攻击。美国国务院东亚问题专家指出，所谓“日本施政下的地域”这一概念，即包括中国的钓鱼岛。

美国曾多次表示“钓鱼岛适用美日安保条约”：由于有美日安保条约，所以当日本施政下的地域（包括中国的钓鱼岛）一旦受到攻击，美国将视为对其自身的攻击

2004 年 3 月 23 日凌晨 1 时，7 名中国民间保钓志愿者乘船出发前往钓鱼岛，当天美国国务院副发言人艾利里在回答记者提问时说：“美日安保条约适用于‘尖阁群岛’（钓鱼岛列岛）。”这些是对“美国政府过去在这一问题上的暧昧态度的修正”，即改变了美国在钓鱼岛主权问题上所持的“中立”姿态和克林顿政府在所谓“尖阁群岛”问题上不承担美日安保条约规定的防卫义务的声明。

而这距中美签署共同开发东海的协议不到半年时间，美国一面说服中国共同开发东海以激起日本情绪，另一面则明确表态会在军事上保护日本、支持日本在钓鱼岛问题上大胆对中国喊话，激化中日两国的民族情绪，让美国可以坐山观虎斗。

分清敌友，中日共谋东海合作

比起钓鱼岛的主权，日本同样在意的是中美共同开发的春晓油气田。2004 年 5 月 27 日，曾任日本防卫厅防卫研究所第三研究室室长的杏林大学教授平松茂雄和日本《东京新闻》记者乘坐飞机对中国东海天然气开采设施的建设情况进行了“调查”。随后，此二人在《东京新闻》上连续刊登《中国在日中边界海域建设天然气开采设施》《日中两国间新的悬案》等报道和述评。

报道称“中国正在开采的春晓油气田群距离日本主张的中间线只有 5 公里，与 1998 年建成投产的平湖油气田相比，向日本方向推进了 65 公里”，并惊呼“中国的油气田会像吸管一样，把原属日本的油气资源吸走挖空”。一时之间，日本主要媒体都把关注焦点放在东海。

此后的几个月里，中日双方在多场合多次就日方所谓的“吸管效应”进行了沟通，中国外交部长李肇星在2004年6月21日还向日本提出“搁置争议，共同开发”的建议。然而，日本认为中国邀请欧美参加，实际上是拉他们做挡箭牌。

2004年7月7日，就在日本历史上发动侵华战争的那天，日方调查船在数艘先导船的引导下来到冲绳本岛西北方向370公里、距中国正在开发的春晓气田约50公里处的海域开始进行海底地质构造和资源调查。两天以后，中国出动数艘军舰拦截日本船只，日方调查船只好绕道而行，双方船只没有发生接触。

就在中日双方对东海油气田的争夺动作频频、暗潮汹涌之时，原本签约共同开发春晓油气田群的美国优尼科和英荷壳牌公司的态度突然发生转变。2004年9月29日，壳牌中国勘探与生产公司总裁麦一伟说：“我们遗憾地宣布：出于商业原因，壳牌不可能再继续参与东海天然气项目。”当天，优尼科也表示退出该项目。

事后，**据日本《每日新闻》披露，其实欧美企业的撤退是政治因素，而非商业因素。日本政府曾对美国政府进行游说，导致壳牌和优尼科退出中国在东海进行的采气工程的决定，其说辞是这项投资将会有风险，而且计划中的气田位于日中两国间引起争执的区域。**

在小泉鹰派色彩极为强烈的新内阁中，经济产业大臣二阶俊博是一个罕有的“亮点”。二阶俊博对华态度友好，多年来为中日友谊作出了巨大贡献

美国退出春晓油气田不到一个月，2004年10月25日，日本就在北京与中国展开共同开发东海的第一轮谈判。2005年10月，日本首相小泉纯一郎还任命日本著名的亲华派二阶俊博为经济产业大臣，希望借二阶俊博与中国的特殊关系打开中日经济政策协调之门，进一步提

高“经热”程度，为日本的技术和金融资本继续进入中国市场营造良好环境。评论家认为，在小泉鹰派色彩极为强烈的新内阁中，二阶俊博是一个罕有的“亮点”。

新上任的经济产业大臣二阶俊博立即改变了此前中川昭一对中国强硬的态度。他在上任之后不久便表示：“国内有人说，日本可以理直气壮地进行试开采，但我不主张走这条路。说些‘窝里横’的话没有任何意义。即使同中国发生冲突也解决不了问题，东海油气开发问题应该通过同中国进行坚韧不拔的谈判，解决双方分歧，这才有利于两国关系的发展。”最终在经过11轮的谈判之后，中国和日本在2008年签署了东海的共同开发协议。

现如今，在中日邦交正常化40周年的纪念年里，**打着“重返亚太”旗号的美国，再次以中国在南海、东海与南海周边国家、日本的领土争端为导火索，怂恿菲律宾、越南等国家挑战中国，离间中日之间原本日趋紧密的经济关系，意欲成为亚太地区仲裁者。**在这样的情况下，分清“谁是我们的敌人，谁是我们的朋友”则显得格外重要。

■原文发表于《环球财经》2012年9月期，作者：白益民

第三节

钓鱼岛争的能源权重

钓鱼岛的油气博弈

钓鱼岛争端不仅涉及6.3平方公里的国土面积，还意味着所辐射的专属经济区及潜藏的丰厚资源；钓鱼岛争端不仅暴露日本对于东海资源的觊觎，还显示其贪婪的目光同时瞄着南海。

钓鱼岛之争，剑拔弩张。2012年，中日关系，又入寒冬。

从2012年4月16日东京都知事石原慎太郎提出“购岛”，到9月11

日日本政府正式将钓鱼岛所谓“国有化”，短短几个月来钓鱼岛爆发了有史以来最为激烈的博弈。

日本对钓鱼岛一直抱有觊觎之心，进入其视野的不仅仅是6.3平方公里的领土，还有钓鱼岛所辐射的专属经济区及潜藏的丰厚资源。同时，有专家分析，日本挑起钓鱼岛之争不仅是对东海资源的垂涎，还有关其在南海的既得利益。

钓鱼岛：在东海，有油气

1968年10月，联合国亚洲及远东经济委员会（ECAFE）对东海海域进行了海底资源调查。调查认为，钓鱼岛及其附属海域可能储藏着巨大的海底油田。次年9月，美国海洋学家埃默里发表了题为“东海与黄海的地质构造与水文特征”的研究报告，认为东海大陆架是世界上油气资源丰富的地区之一。

这份报告立刻引来全球关注。作为资源“穷”国的日本立即对这一地区表现出浓厚的兴趣，并随之单方面采取了行动。从此觊觎之心不灭。

日本虽然与中国一衣带水，却属于不同的大陆架。如能把位于中国东海大陆架上的钓鱼岛窃为己有，日本便有了分享东海油气资源的借口。日本划出的所谓“中间线”也正是以钓鱼岛为基点，线路直插东海油气资源的富集带。

1969年，日本政府批准日本帝国石油等企业在东海争议区进行油气试采。时年6月到1970年6月，日本政府先后组织地质调查队前往钓鱼岛海域进行海底资源调查。1970年下半年，日本通产省制订了在东海大陆架南部寻找油气资源的五年规划。

日本在东海的一系列举动引发了中国的强烈抗议。1970年，中国大陆和中国台湾强力主张钓鱼岛主权。

1972年9月中日建交，这为钓鱼岛争议带来了缓冲。此外，由于日本在勘探上没有大的发现，开发之声也渐低落。

东海油气资源被发现之后，中国开始在东海无争议海域进行石油勘探活动，并逐渐取得了一些突破。在相当长的一段时间内，中方勘探和试采工作并没有受到干扰。

2003年，情况发生了改变。当年8月19日，中海油、中石油、英荷壳牌和美国尤尼科四家公司签署了包括春晓气田在内的西湖凹陷作业合同，宣布联合开发东海油气资源。虽然所建的四个油气田的开采位置均处在日本所谓的“中间线”的中方一侧，但日方却在此时大做文章。

2004年5月27日，日本杏林大学教授平松茂雄乘飞机“调查”春晓天然气设施后，日媒开始大肆炒作。各大报纸连续刊登有关“中国向东海扩张，在中日边界开采油气”等报道，并提出所谓的“吸管效应”——“中国的油气田会像吸管一样，把原属日本的油气资源吸走挖空”，督促日本政府“密切关注中国向东海扩张的动向”，要求中国停止春晓油气田的开发。

随后，日本官方也表明立场。2004年6月，日本外相川口顺子提出中日应合法开发东海资源，并声称支持日本民间企业对东海资源进行勘探。7月，日本派出测量船在“中间线”日方一侧探测资源。中国对此提出抗议。此后，日本政府又决定，在2005年的预算中列入高达130亿日元的调查费，用于对海洋资源的勘探和试验性开采。

为了防止矛盾进一步激化，中日两国于2004年10月25日在北京举行了第一轮东海问题磋商，并使之形成机制化。直至2007年11月，车轮战式谈判在中日两国进行了11轮。

虽然谈判一波三折、进展艰难，但随着不断的对话沟通，2008年6月18日，中日终于就有关问题达成共识，并在东海北部划出了一块2600多平方公里的共同开发区。共识中还提及，中国企业欢迎日本法人按照中国对外合作开采海洋石油资源的有关法律，参加对春晓现有油气田的开发。

双方的争议告一段落，但此后日方的态度并不积极，似乎另有他想。日方不明朗的态度，使得东海再起争端的导火索始终处于不安全状态。

日本：再度瞩目油气资源

日本“3·11”大地震过后，核电被迫关停，使得一直在试图摆脱对传统能源依赖的日本，不得不再度向油气回归

日本“3·11”大地震过后，核电被迫关停，使得一直在试图摆脱对传统能源依赖的日本，不得不再度向油气回归，在加大进口力度的同时，也加强了在近海水域的油气勘探开发。

油气供应的趋紧，加之经济形势的严峻、民众情绪的不满、党派征伐的加剧，让日本一些别有用心之人，再度把目光瞄向了时常被利用制造话题争端的中国钓鱼岛。

2012年，这条导火线被再次引爆。4月，石原提出“购岛”计划。7月，野田政府正式启动钓鱼岛“国有化”方案。

日本核危机之后，“日本国内经济下滑、社会动荡，日本政府试图通过钓鱼岛拉选票、聚人心”。中国社科院研究生院党委书记、国际能源安全研究中心主任、全国日本经济学会副会长黄晓勇表示。

核泄漏后，为安全计，日本陆续关闭了全国50个核电站，这使核电占到总电量30%的日本出现大规模电荒，制造业受到沉重打击，就业形势严峻。

压力之下，2012年7月，日本政府力排众议，重启属于关西电力公司的核3、4号机组。但这立即遭到民众的反对，住在核电站附近的人们更是公开演讲反对重开核电站，并举行了游行活动。

几番博弈，核电站得以小部分重启，但是对于巨大的缺口，这只是杯水车薪。为此，日本一方面实施节电措施，一方面开拓新的可再生能源电力，另外一个重要措施，就是加大油气资源的进口及开发。

在重新启动核电站的同一天，日本开始实施“可再生能源电力全量购入制度”（FIT），规定电力公司有义务以固定价格全部收购家庭及民间企业投资所产生的太阳能、风能、地热等可再生能源电力。

与此同时，日本加大了油气资源的进口量。社科院亚太研究所经济室研究员朴光姬告诉记者：“2011 年，日本进口 LNG 比往年增加了 1000 多万吨，煤电也大幅增加。与中国在海外资源的竞争更为激烈了。”

据日媒报道：大地震过后的夏天，日本原油、重油的使用量比 2010 年酷暑时增长了 50% 以上，2012 年夏天用油量继续增加。为此，各石油公司开始加紧增调运输燃料的油轮。石油巨头 JX 日矿日石能源公司在确保 4 月份增调的三艘 5000 吨级油轮之外，5 月再增调一艘同等级别的油轮。

日本政府还谋求在海外获得更多油气资源，鼓励企业“走出去”进行海外并购。2012 年 6 月，日本政府公布了未来 5 年的海外资源开发战略。该战略建议，日本应不失时机地参与北极圈和东西伯利亚等地的油气资源开发。这还只是冰山一角，有数据统计，2012 年上半年日本企业的海外并购数量为 262 件，同比增长 15%，创 22 年来的历史新高。其中，海外并购最活跃的便是自然资源和粮食。

另外，一贯依仗外援的日本，又再度被激发出修炼内功的想法，频繁在近海进行了一系列的油气勘探。

2012 年 6 月，日本资源能源厅表示，将在新潟县佐渡岛西南海域海底进行石油和天然气资源的勘探。这是日本 10 年后，再度对该区域进行石油勘探。

2012 年 9 月，日本海洋研究开发机构宣布，其“地球”号深海探测船在青森县八户市近海钻探到了海底以下 2132 米处，创造了世界最深的海底科考钻探纪录。4 年前“地球”号曾在那里进行了试验性钻探，并确认那里存在甲烷水合物和天然气。

东海，还有南海

石原扯出“购岛”闹剧当天，正值中菲南海黄岩岛对峙进入第七天。两个似乎并无直接关联的事件，在本书作者看来，有着莫大的干系。

日本右翼保守政治人物石原慎太郎之所以跳出来提出“购买”钓鱼岛，不仅是对东海资源的垂涎，同时也是为了解救日本在南海的危机

石原慎太郎之所以跳出来提出“购买”钓鱼岛，是为了解救

日本在南海的危机。中国在南海与东南亚各国的争端，触犯了很多既得利益者。除了其背后的欧美资本之外，还有一股重要的隐形力量就是日本。

据悉，在中国传统海疆线内的南海蕴藏着丰富的石油天然气资源，资源储量多达230亿吨，被称为“第二个波斯湾”。每年越南、马来西亚、菲律宾、文莱等东南亚国家从这里非法开采5000多万吨，相当于一个大庆油田的产量。

20世纪70年代，日本就依仗资金和技术优势，与东南亚国家合作开采南海石油。如日本三菱财团在文莱最大的LNG公司参股25%，在印度尼西亚油气资源的上游领域也牢牢掌控着主动权。日本三井财团在南海LNG下游运输、接收环节独占鳌头。在这种情况下，触碰南海就会触碰日本的利益。因此，日本不可能对南海之争袖手旁观。

近些年，日本更是频繁进入南海，投资油气开采项目。

2007年4月，日本石油公司投资5300万美元启动了南海东方油田的开发。日本石油通过其子公司日本越南石油公司持有东方油田64.5%的股份。同年11月日本石油公司收购了越南南部海上16-2油田40%的股权。为了加快勘探和开发的速度，日本国有石油、天然气和金属开发公司于2010年6月向该项目注资56亿日元。负责该项目的日本最大的炼油企业JX新日本石油和能源公司（前身是新日本石油公司）在2011年1月成功地在该油田一口勘探井内发现了天然气和凝析油。

此外，南海处在日本从中东进口石油的“马六甲海峡—南海—台湾海峡”这条“海上生命线”的关键地位。所以为了保证其畅通无阻以及维护自己在南海的利益，日本在背后推动东盟来牵制和制约中国。

这次钓鱼岛事件更像是围魏救赵。日本把钓鱼岛事件挑衅到一个极限，实际上是挑起国际舆论，把大家的眼球吸引到东海来，以便分解中国在南海的注意力。现在看来，这个效果达到了。

■原文发表于《中国石油石化》2012年第20期，作者：侯瑞宁，张娥

第四节

从“钓鱼岛争端”到“中国金融安全”

谁挑动了“钓鱼岛争端”

在中国与日本的关系中，从领土争端到经济安全，我们常常忽视了日本财团在事件背后的利益纠葛与幕后作用。这次发生在钓鱼岛的扣船事件所引发的一系列中日关系问题，让我们重新审视和挖掘日本财团在中日政治、经济中所扮演的特殊角色。

2004年7月7日，正是日本发动侵华战争“卢沟桥事变”67年纪念日，日方不顾中国政府的强烈抗议，派出调查船逼近中国春晓油气田，进行为期3个月的所谓“勘探调查”。此前4个月，日本曾扣押了登上钓鱼岛的7位中国勇士，引起中国民众的强烈抗议。

一个月后的8月7日，日本政府制定了“为确保蕴藏着矿物资源的大陆架的权益而尽早划定大陆架”的基本方针。与此前进行大陆架调查相同，日本政府再一次启动了“官民一体”的机制。资料显示，日本“芙蓉石油开发株式会社”是试图开采东海油气田最积极的企业，早在20世纪70年代就一直在向政府要求授予试开采矿业权。

正是在2004年，日本石油资源开发株式会社收购了“芙蓉石油开发株式会社”，并进一步整合芙蓉旗下的矿区，取名“石油天然气资源开发公司”，成为日本政府间接控股的一家上市公司，日本石油公团持有49.94%的股份。此后，公司更名为“尖阁石油开发株式会社”。“尖阁列岛”正是日本人对钓鱼岛的称呼。

资料显示，芙蓉石油开发株式会社是富士财团（又称芙蓉财团）的丸红株式会社（综合商社）下属企业。丸红株式会社这家日本综合商社并不为中国人熟悉，人们更多关注日本政府在钓鱼岛和东海争端的态度与动作，常常忽略了背后日本财团的意志和能量。

事实上，日本的大政方针更多是由财界主导、政界参与制定的。特别是日本的综合商社在社会经济与国际政治中，扮演了独特而重要的角色。

台湾问题背后的日本“财界人”

日本财界领袖级人物永野重雄曾对“财界人”下过一个定义：“自己不能搞政治就派代理人去搞。有这种力量的就是财界人。”正如永野所言，财界成为事实上主导日本社会经济的“商人幕府”。如1955年鸠山政权的倒台，源于时任经团联会长的石坂等财界主流的极力反对。

以综合商社为核心的日本财团是如何在政治上发挥能量的？除了在本土外，还在中国台湾地区得到充分体现。如，中国台湾长荣财团的创始人张荣发早年曾为日本船商效力，因而与日本商界联系密切。1978年中国台湾当局“交通部”批准长荣海运公司开拓欧洲航线，其资本额75%来自日本富士财团的丸红（综合商社）。

20世纪80年代，与日本财团关系紧密的台湾长荣财团出资成立的“国家政策研究中心”，最后成为了李登辉搞“台独”的“智囊团”

长荣海运则一再强调，该公司与丸红之间只是普通客户关系，还煞有介事地在1980年正式委托一家英国公共关系公司出面驳斥“不实谣言”。事有凑巧的是，《国际集装箱运输》杂志上刊登了一则文章，透露出美国信孚银行贷款给丸红，后由丸红转贷给长荣的内幕，岛内舆论顿时哗然。长荣航空公司购飞机，丸红也出马进行联贷，参与的日本银行达百余家，台湾本岛一些银行想给长荣提供贷款，却根本针插不进。

20世纪80年代，台湾长荣财团投入7000万台币成立“国家政策研究中心”，高薪网罗一些专家、教授，专门研究“台独”问题。中心成立后，所需经费全由长荣集团支付，研究出的“成果”直接送给李登辉参考。因此，与日本财团关系紧密的长荣财团“国家政策研究中心”，成为李登辉搞“台独”的“智囊团”。

富士财团的马前卒：丸红与日立

丸红是富士财团的综合商社，表面是一家巨无霸级的国际贸易公司，而背后都是财团的金融企业大量持股，实质上扮演着一个投资银行的角色。2006年5月19日，新华网刊发了一篇“日本丸红公司与中国的故事”的文章介绍说，丸红2006年对华贸易为80亿美元，已在中国设立了144家合资与独资企业。

鉴于中国对外资源的依赖逐步加深，2010年5月，丸红宣布，将加大在海外资源领域的投资力度。根据丸红商社下属的资源能源部门新增的投资计划，到2012年以前，将投入资金3000亿~3600亿日元，用于强化其在包括铁矿石、普通煤炭、镍、铜以及稀有金属等领域的控制。丸红还计划投入专门资金，加强贸易类人才的培养，以确保获得最大收益。

富士财团是日本的六大财团之一，是由第二次世界大战之前的安田财阀发展起来的。富士财团又称芙蓉集团，因为日本人称富士山为“芙蓉之峰”。

与三菱、三井、住友等财团相比，富士财团较为松散，但是丸红作为财团的综合商社，发挥着产业组织者的作用，将其有机地结合起来。目前，富士财团由29家大企业组成，其核心企业有丸红（商社）、富士银行、日立、佳能、日产汽车、日本钢管、札幌啤酒、日本精工、久保田等。

日立公司是富士财团的重要核心企业之一，其重点产业在装备制造领域，包括高铁、核电等，实际上是一家披着民用外衣的日本军工企业。同时，日立集团大力发展数字媒体产品、电子零部件、汽车零部件等基础技术产品事业领域。

根据2006年制定的“中国事业新战略”，日立当年在中国市场实现70亿美元的销售额，预计2010年度在中国市场的总销售额达到120亿美元。为此，日立（中国）有限公司董事长的冢田实在接受中国媒体专访时称：“我要不遗余力地寻求日立在华130余家企业协作效应的最大化。”

多年来，日立在中国投资的130余家企业所开展的业务，涵盖了电力及工业设备系统、楼宇系统、城市交通系统、信息通信系统、医疗系统、电子消费产品、建设及资源开发系统、汽车系统与汽车系统材料、信息电子及面向数字家电零部件与材料等领域。

日立已将“社会创新（基础设施）事业”与为此提供支持的“基础技术产品事业”确立为日立集团在中国市场的重点业务领域。一旦这个领域被日立掌握，也就相当于中国城市的生活命脉几乎也就被掌控在日本人手中。

谁在触碰中国金融安全的基石?

数据存储被称为金融信息安全的奠基之石。2010年，日本日立集团旗下的日立数据系统公司（HDS）在中国数据存储领域有了大动作，主要是通过一家名为“北京长远智扬科技公司”（简称“长远智扬”）的私有企业，接近中国大型银行等金融企业。为此，7月1日，日立向长远智扬的法人代表及总经理石锋授予了中国区首批“白金合作伙伴”的资格。

从“钓鱼岛争端”到“中国金融安全”，日本财团正不断地向中国信息安全领域发起“暗战”

资料显示，长远智扬注册资金100万元，目前客户群主要是国有四大商业银行（工行、建行、中行、农行），主要产品为日立数据存储、IBM、HP、Sun服务器和管理软件，总部设在北京，在福州、厦门、香港、上海、南昌、长沙、济南、郑州等地设有办事处。注册资金不过百万元，事业规模却如此之大，令人称奇。

长远智扬的法人代表石锋，兼为北京融商电子货币工程集团驻福州办事处负责人。资料显示，北京融商电子货币工程集团创办于1993年，是国内首家从事电子货币工程的专业化公司，尤其得到了银行系统的普遍信任。融商集团全方位致力于金融电子化、系统集成和办公自动化等系统的建设，计算机网络、银行专用机具的研制和推广。

在 IT 业内，大家都知道“全面三防的日立 Simple Touch 军工移动硬盘”。日立这款硬盘的外形类似一辆奔跑中的装甲车的造型。在性能上，日立 Hitachi Simple Touch 除具备常用功能外，由于是一款采用军工技术研制的军工级产品，还拥有能够经受住一吨重的重压和防水的特点。

值得注意的是，日立公司与美国的 IBM 公司关系密切。2001 年 7 月 9 日，IBM 公司、日立公司及其全资子公司日立数据系统宣布达成战略技术协议，扩展存储服务器之间的互操作协议。2002 年 6 月，IBM 以 20.5 亿美元将其硬盘生产部门出售给日立公司。交易完成后，日立公司与 IBM 共同建立一个硬盘合资公司，名为日立全球存储技术公司（Hitachi Global Storage Technologies），日立拥有合资公司 70% 的股份。

事实上，无论是日本的日立还是美国的 IBM，都属于军工型企业，它们的产业部门与军工部门有着密切联系。军工型企业日立为何在中国与注册资金只有 100 万元的个体户式的小公司有着密切联系？中国四大国有商业银行数据存储这样一个重要的金融信息安全基石领域，却由长远智扬这样与日本军工型企业密切合作的小型私企来构筑，不禁让人对其中可能存在的安全隐患忧心忡忡。

丸红在中国干过的勾当

更有疑问的是，为什么日立公司在中国有众多办事处及上百家合资企业，却不通过自己的公司，偏要启用一家中国个体企业向中国的金融巨头们推销自己的数据存储设备呢？对此我们不能妄下断言，但以本书作者在日本综合商社工作 12 年的经验来看，这种行为不可不防。

丸红就曾给我们上过很好的一课。在《法制与新闻》月刊 2001 年 12 月号上，曾披露过这样一个案子：

1985 年我国对北仑港电厂项目向国内外招标时，日本丸红株式会社等几家公司参与竞标。当时，丸红公司投标图纸上的某些数据并不符合招标书的要求。为了能顺利中标，丸红公司找到了项目的招标业主——浙江省电力局副局长方复明。

按照规定，方复明只负责审查此项工程的采购指标、技术条款等，其他方面则鞭长莫及。但是方复明找到了竞标过程中的两个关键人物——一个是中国水利电力对外公司副总经理刘连城，另一个是该公司进口处处长吴守仁。

方复明把刘连城和吴守仁推荐给了丸红公司，此后丸红公司在竞标路上一路绿灯。最终取得了北仑港项目的承揽权。

事后，丸红公司按照约定向方复明支付了16万美元。方复明留下8万美元，剩下的8万美元刘、吴二人平分。两人分次接收了贿款，吴守仁以“姚午鸿”的名义签收。

方复明后移居美国并取得美国国籍，但在中国大陆活动频繁，引起我国侦查人员注意。侦查人员发现，方复明多次在一些国家大型招投标项目过程中出入主管领导住所，行迹十分可疑。1999年方复明再次回到中国。侦查人员悄悄潜入他的房间，打开他的手提电脑，里面的内容让所有人大吃一惊：电脑中有500余份材料，其中大部分是国家机密文件。

侦查人员在电脑里还发现了一张表格，表中赫然记录着方复明计划行贿数百万美元，已支付50多万美元以及受贿人的签字收据等情况。这实际上就是一张佣金分配表！

从这些资料看，侦查人员断定方复明近年来的主要工作就是为一些外国公司做项目代理，通过巨额贿赂我国工作人员，为外国公司刺探、收买有关工程项目的秘密和情报，从中收取顾问费。侦查人员没有贸然行动，迅速离开了宾馆。2000年2月28日，方复明再次回国后被扣押。

后来，侦查员从方复明处查获的签字收据，大部分署名与佣金分配表中受贿人的姓名不符。在调取笔迹进行比对后，发现“姚午鸿”的签字与吴守仁的字迹相同。提审吴守仁后，15年前日本丸红商社中标北仑港的真相才大白于天下，刘连城也就此归案。

2001年10月，美籍华人方复明被中国司法机关依法审理。据《法制与新闻》月刊2001年12月号报道，该案涉及诸多国家机关工作人员，包括水利部原副部长查克明及7个厅局级干部、数个处级干部。

前车之鉴，足以为戒。对于日本财团在中国的政治经济活动之种种，国人不可不防！

■原文发表于《环球时报》2010 年 11 月期，作者：白益民

第五节

财界助力 日本谋划战胜中国

谋划“战胜中国”

在 2011 年 3 月大地震的阵痛之后，日本产业经历了一年多的从本土和中国向东南亚地区转移的过程，随着日本和东盟的经济联系加速紧密，一个联合对抗中国的利益共同体正在形成。

日本当前的国家政治目的，与三井物产战略研究所研究员市川周在 1997 年出版的《战胜中国》一书的内容颇为相似。在这本书中市川周鼓吹日本对中国要有“竞争对手意识”并要求充当“战斗的亚洲家长”，海洋国家日本要与大陆国家中国对抗。市川周提出要利用“非华人对华人感到的压力”，广泛团结非华人国家对抗中国大陆。

事实上，2012 年掀起购买钓鱼岛风波的石原慎太郎与市川周同出一脉，都是来自号称日本商界摇篮的“一桥大学”。石原慎太郎毕业于 1956 年，市川周毕业于 1975 年，随后进入当时日本最大的综合商社三井物产工作。此二人都是所谓的“民族主义者”，对日本的未来感到担忧。

1995 年 2 月，市川周与其在三井物产的同事铃木壮志找到石原慎太郎共同讨论日本的国家战略问题，随后此二人创立了一桥综合研究所为日本经济发展建言献策，铃木壮志担任研究所的首席运营官，市川周任常务理事。1998 年 9 月，石原慎太郎与市川周、铃木壮志共同出版《日本经济可以说“不”——从美国金融奴隶解放出来》一书。

在东南亚地区，曾经出现过另一个提倡构筑东亚经济体的国度，那就

1982 年初，马来西亚首相马哈蒂尔宣布“向东学习”政策，即向日本和韩国学习，同时大量吸引日资进驻马来西亚，使马来西亚的经济得到了突飞猛进的发展

是马哈蒂尔执政时期的马来西亚。马哈蒂尔在位期间提出向日本学习的口号，大量吸引日资进驻马来西亚，使马来西亚的经济得到了突飞猛进的发展。1990 年马哈蒂尔首次提出建立东亚经济集团，1995 年，马哈蒂尔与石原慎太郎合著《亚洲可以说不》（The Voice of Asia）一书，主张建立东亚新的秩序。

然而，构建东亚经济集团的想法却引起了美国的警惕和不满。美前国务卿贝克不仅多次指责马哈蒂尔构想，警告日本不要离开美国的主导权单独追求东亚的利益，还直接写信给日本外务省，要求日本不要参加东亚经济协议体。

1994 年在东盟和日本通产省的合作会议上，当泰国副总理素帕猜建议在 1995 年召开东盟和中日韩经济部长级会议的时候，因日本考虑到美国因素，此事无果而终。

移师东南亚

2011 年 8 月 30 日，野田佳彦上台。这位号称“民主党小泉”的极右派人物延续了小泉的政治路线，将中日紧密的经济来往置之不顾，将重点放在重返东南亚上。

野田佳彦上任之时，正值中国与菲律宾、越南等南海周边国家就主权问题激烈争辩之际。

2011 年 9 月 27 日，**野田佳彦在东京与菲律宾总统阿基诺三世进行了会谈，重申他们在南海拥有“重大利益”，会后两国发表一份联合声明，同意“增加两国海洋安全部门的合作与协调”，以此应对中国不断增长的军事实力及在本地区“日益强硬的领土主张”**。除此之外，阿基诺三世还获得日本方面 14 亿美元新的投资承诺，涉及能源、制造业和服务行业。

2011年10月11日至15日，野田佳彦新任命的外相玄叶光一郎分别访问新加坡、马来西亚及印度尼西亚等东南亚三国，其目的昭然若揭，无非是想加强日本在南海海域的影响力以及加强日本和东盟各国间的经济交往。

玄叶光一郎返回日本3天以后，在印尼巴厘岛召开的日本和东盟十国首脑会议上，为了加快东盟经济共同体的联结，野田佳彦承诺将向东盟提供2万亿日元（约合人民币1650亿元）的基建项目援助。有备而来的野田佳彦还具体列出33项援建项目以表示诚意。

此外，会议上还通过了日本和东盟各国的共同宣言《巴厘岛宣言》。《巴厘岛宣言》将代替2003年《东京宣言》成为日本和东盟关系的新指针，日本将从经济和安保两方面支援东盟，加强日本对东盟地区的影响力，从而带动经济增长。

目前，日本再次打出“金元外交”这张屡试不爽的王牌，试图再次进入14年前被索罗斯狙击而撤出的东南亚战场。

进入2012年，日本和东盟的经济合作迎来了新的发展。3月4日至10日，有着日本“财界首相”之称的日本经济团体联合会会长米仓弘昌率领东芝会长（相当于董事长）西田厚聪、日立会长长川村隆等16家知名企业的高层组团访问越南、马来西亚和菲律宾三国。与各国首脑举行会谈，确认推动区域经济一体化的必要性，并探讨基建出口的可能性。

2012年4月21日，在第四届日本与湄公河流域国家首脑会议后，野田佳彦宣布日本将把湄公河流域柬埔寨、越南、泰国、缅甸、老挝5国作为重点援助地区，今后3年向该区域提供6000亿日元（约合74亿美元）的政府开发援助。5月16日，日本富士财团的综合商社丸红宣布，将与菲律宾DMCI控股公司共同投资10亿美元，扩建菲律宾首都马尼拉的铁路系统。

国际制造业投资在中国和东南亚的此消彼长，在日本企业的对外投资中表现得最明显。日本大型服装厂商加速将生产重心从中国转移到东南亚，日本风险投资企业加快向东南亚国家进军，日本海运巨头商船三井（属三井财团）增加日本－东南亚航线运力……种种迹象已经表明日本产

业大规模转向东南亚的意图。

日本不久前的一项调查显示，东盟已经成为日本企业建立海外生产基地的首选，泰国则成为日本汽车企业在全球最重要的生产地。日本汽车制造商对泰国汽车行业投资已经占到这一行业获取总投资的70%～80%。

野田的财界智囊团

市川周的《战胜中国》一书由住友财团的日本PHP研究所出版，而时任PHP研究所代表专务董事、政策智库PHP总研究主干的永久寿夫则与日本首相野田佳彦关系极为密切，是野田佳彦智库的负责人和核心人物。

松下政经塾是日本政治家的摇篮，同时“松下派”政治家属于民主党内偏右的势力，在政治理念上和自民党几乎一致，甚至有过之而无不及

野田多次公开表示松下政经塾、PHP研究所的创始人松下幸之助和原首相大平正芳是自己的政治导师。因此野田上台之后，以松下的“PHP（Prosperity＝繁荣·Happiness＝幸福·Peace＝和平）”构想为设计理念，效仿大平时期的9个政策研究会，成立了包括繁荣、幸福、和平、睿智4个分会的“创新分科会”作为自己的智库，其任务是从哲学、战略及政策层面来为日本寻求新的发展路径。永久寿夫担任分科会事务局长，是在“创新分科会”起着统括作用的中心人物。

PHP研究所和松下政经塾均由日本“经营之神”松下幸之助创办，**松下政经塾是日本政治家的摇篮，PHP研究所则被视为松下集团的宣传机构，也是“松下主义”的鼓吹者。“松下派”政治家属于民主党内偏右的势力，他们反对自民党的世袭恶习，但在政治理念上和自民党几乎一致，甚至有过之而无不及。**

他们血气方刚且自视甚高，身上“脱亚入欧”的遗传因子和“抗亚入美”的情感随处可见。“松下派”无一例外地视“日美同盟”为外交基石，对亚洲则普遍持轻视的姿态。

日本时任首相野田佳彦和他任命的外务相玄叶光一郎均来自松下政经塾。在防务、外交方面，野田也秉承了松下政经塾的强硬风格，主张对华强硬，主张参拜靖国神社，是民主党内鹰派人物的著名代表。

他在领土问题上对华态度强硬，曾就中国保钓人员登上钓鱼岛的事件，向日本国会提出动议，要求确认钓鱼岛为“日本固有领土”。如今的野田更是做出了“购买”钓鱼岛的激起众怒的行为。

由于 PHP 研究所与松下政经塾的特殊关系，PHP 研究所与日本政界关系十分紧密。长期以来，PHP 研究所在日本的政策研究领域占据着举足轻重的地位，他所撰写的研究报告，一直是包括日本政府在内的相关部门进行战略制定和政策选择的重要参考。

2012 年 7 月 6 日，野田的创新分科会各分会分别向日本政府提出了政策建言，报告中重点指出在 21 世纪前半期日本将面临美国和中国两强并立的局面，在强化与传统盟国合作的基础上，应积极扩充自身的防卫力量。

报告尽管认为中日之间应增信释疑和开展合作，但仍沿用日本国内的“战略派”所惯用的两手做法，既享受中国发展所带来的红利，又将中国视为价值观上的异端，以军力扩张、“战略意图”不透明作为在安全上对中国予以“警惕”的理由。

PHP 研究所曾在 2008 年 6 月 24 日历时两年完成了《日本对华综合战略最终报告》，内容涉及范围远到 2020 年的对华战略，近到如何解读现在的日中关系。报告中预测，中国将在 2020 年前后成为能与美国相抗衡的大国，并假设中国可能出现 5 种情况，即成为“成熟的大国”“霸权的大国”“未成熟的大国”“不安定的大国”以及“秩序崩溃的大国”，报告认为其中对日本最为有利的是中国成为“成熟的大国”。这份报告后来成为福田康夫内阁的外交政策学习会上讨论的话题之一。

PHP 研究所还在事关中国领土问题的东海问题上积极发表煽风点火的言论。在 2010 年 9 月中日钓鱼岛撞船事件中，PHP 研究所中国政治与国防政策研究员前田宏子根据媒体报道内容分析，日本采取的强硬措施是因为中国渔船撞击巡逻舰，行为十分恶劣，同时或许还有深层因素。

除此之外，PHP 研究所还在台湾问题上插了一脚。台独分子李登辉早在 1999 年 5 月 19 日出版的《台湾的主张》一书中提出了分裂中国的“七块论”，而该书正是由 PHP 研究所社长江口克彦代为捉刀。他们始终认为统一的中国将是对日本的威胁，公开鼓吹肢解、分裂中国。继而李登辉又抛出臭名昭著的“两国论”，日本的《东京时报》明确指出该思想来源于日本。

不表态的“财界首相”

住友财团的 PHP 研究所通过扮演政府智库的角色影响着日本政府的决策，而另外一位出自住友财团的人物则控制着日本经济的命脉。此人便是住友化学株式会社会长米仓弘昌，他还担任日本经济团体联合会会长、石油化学工业协会会长。

2011 年 9 月 1 日，日本首相野田佳彦（左）在上任的前一天礼节性地拜访了经团联会长米仓弘昌，并希望新政府能够获得日本经济界的支持

日本经团联是由日本六大财团下属的及其他一千多家公司共同组成的经济机构，被称为“日本经济内阁”，直接左右着日本的经济政策和发展方向，担当了“准政府”的角色，而经团联会长也被称为“财界首相”。在日本，国会只是装饰品，实际的权力掌握在企业界的经团联手里。经团联对此也不讳言：“我们是政府。”

由于深知经团联在日本社会中的地位，野田佳彦在上任的前一天，2011 年 9 月 1 日，以首相当选后的礼节性拜访为由造访日本经团联会馆，会见了经团联会长米仓弘昌，野田佳彦表示希望以经团联为中心，重新确立政府主导的“新成长战略实现会议”方针，期待获得经济界的支持。

首相在当选后礼节性拜访经济团体，这还属于第一次。随后的记者见面会中，米仓弘昌也表示：“尽可能地通过一个良好的方式（对新首相）

提供支持。”此后野田佳彦开始积极构筑与菲律宾、越南在南海问题上与中国对抗的阵势，迎合米仓弘昌的号召，推动日本加入 TPP（泛太平洋战略经济伙伴关系协定）。

时至今日，野田佳彦已经将南海的“战火”引入东海，严重损害了中日经济关系，然而，作为“财界首相”的经团联会长米仓弘昌却迟迟未表态。要知道，在小泉时代中日关系因东海问题及小泉参拜靖国神社出现紧张之时，时任经团联会长奥田硕曾在 2005 年 5 月公开批判小泉纯一郎：“个人的判断不同于立足在国家利益上的判断，请（小泉）务必正确调整两者之间的关系，慎重处理参拜问题。”

日本政界已经被右翼绑架，日本财界把视线转移至东南亚无疑是出于政治目的。但对日本经济界而言，中国市场的魅力仍很大。如造成“政冷经亦冷”局面，究竟谁才是真正的损失承担者？显然，日本政经两界应该回归理性，冷静深思。

■原文发表于《环球财经》2012 年第 9 期，作者：白益民

第九章　日本全球扩张 中国何去何从?

进入21世纪，原本白雪皑皑的北极开始频繁出现在公众视野里，巨大的石油天然气储量让众多国际能源巨头垂涎三尺，并在此拉开北极能源争夺战的序幕。然而，鲜为人知的是，日本早已悄无声息地渗透进北极的石油天然气开发、海底管道建设、液化天然气船的建设与液化天然气的运输等行业，而这势必不断挤压中国的能源利益。

事实上，日本的全球能源布局不仅仅体现在北极圈，凭借几年来的多次大手笔投资，以三井物产为首的日本综合商社已经深入渗透进美国页岩气产业的每个领域。这不仅为日本能源供给多元化战略找到了新的突破口，而且使其借机成功杀入页岩气深加工这个核心领域，成为美国页岩革命的巨大受益者。

从当前能源总体形势来看，传统油气资源的日渐枯竭已成必然趋势，这也是天然气等新兴能源越来越受到追捧的主要原因。诚然，受制于能源瓶颈，中国的经济发展急需新的能源动力，但如何培养自己强大的能源产业力量才是解决问题的关键，日本财团统合资源的模式和能力十分值得我们学习。

作者题注：

中国应学习日本综合商社在能源产业链中的布局规划。以三井物产为例，其在产业链上游的天然气液化生产设备环节有能源部门，在管线铺设环节有钢铁制品部门，在中游的运输环节有船舶和航空部门，在下游的港口建设等环节有基础设施项目部门。

本章提要

1978 年，日本石油勘探公司麾下的日本加拿大油砂公司获得了加拿大油砂资产的股份；1992 年，现为日本 JX 控股公司子公司的三菱艾伯塔石油公司又获得了加拿大 Syncrude Canada 项目的 5% 股份。

2003 年，凭借对挪威液化天然气项目物流运输的掌控，日本赢得了北欧地区液化天然气贸易的话语权。除此之外，由于北极寒冷的气候以及复杂的地质条件，日本钢材企业依靠综合商社的斡旋能力，在油气管道的建设中大发横财。

事实上，三井物产、住友商事等综合商社并不是能源的直接使用者。它们作为日本特殊形态的贸易公司，集贸易、情报、投资、物流、金融等功能于一身，不仅肩负着日本国内外贸易的重大使命，而且是日本资源战略的优秀执行者。

综合商社获得的项目进入开发阶段之后，财团内的相关制造业企业会为项目提供技术援助，金融机构则会提供资金支持。通过这种产商融结合的方式，日本财团在海外的能源矿产投资一直顺风顺水。

实际上，日本在海外寻求资源的过程往往是政商联手、官民并举，综合商社先通过贸易活动占据一定的根据地之后，日本政府再开始推动，以政治手段保障日本海外的能源投资活动。

日本政府每年对世界上很多国家提供大量的经济援助，但政府只是提供预算，拨钱。钱拿出来后，就让综合商社去做事。还有像日元贷款等等，执行都是综合商社，政府绝对不参与具体过程。

第一节

东芝在华全面“触电”

电能是国家经济建设的命脉，技术革新技术引进很重要，但是自主创新更为重要，如果国家的重大能源建设项目掌握在外资手里，是否会对国家的经济安全带来隐患？是否会削弱自主创新的能力和中国企业的发展空间？这些都是值得思索的。

同时，如何培养自己的产业力量，更是我们应该关注的，日本在电力产业的发展也是从弱小到强大，日本的产业培养方式值得我国借鉴，单枪匹马发展产业已经不存在可能性，日本财团统合资源的能力也值得我们学习。

2007 年 7 月 24 日，中国国家核电技术有限公司与美国西屋联合体在北京人民大会堂签署了第三代核电自主化依托项目合同。合同的签订标志着中国三代核电自主化依托项目从商务谈判阶段转到项目建设和技术转让实施阶段。时任中国国务院副总理、国家核电自主化领导小组组长曾培炎出席签字仪式，并会见了日本东芝株式会社副社长兼西屋公司股东董事会董事长庭野征夫、美国西屋电气公司总裁兼首席执行官史睿智。

2007 年 7 月 24 日，中国国家核电技术有限公司与美国西屋联合体在北京人民大会堂签署了第三代核电自主化依托项目合同，但其实早在一年之前日本的东芝公司就已经拥有美国西屋电气 77% 的股份

回溯到 2006 年 10 月 17 日，我们可以看到：以日本财团为主力阵容出资 54 亿美元收购了核电鼻祖西屋电气公司，其中三井财团的东芝公司出资 41.58 亿美元。目前东芝公司拥有西屋电气 77% 的股份，美国绍尔集团（Shaw Group）投资 10.8 亿美元获得西屋电气 20% 股权，而三井财团的另一企业石川岛播磨重工业公司则以 1.62 亿美元获得了 3% 的股权。换句话说，中国实际上是从日本东芝公司购买了核电设备。

东芝在核电市场上的举措，让人们彻底改变了它是一家电子企业的传

统观念。事实上，东芝公司的全名是“东京芝浦电气公司”，其产业链条纵横交错，小到一台电视，大到一家电梯厂、电力设备制造，包罗万象，是名副其实的“综合商社式的制造业企业”。

就能源项目而言，东芝不仅仅做核电，火力发电、水力发电、输变电、配电等方面无所不包。在中国，东芝在能源产业的经营规模远远胜过人们所熟知的电子信息产业。东芝（中国）公司在电力设备、发电站方面与中国各级政府已经有很多合作，并期望在相关技术的转让、在发电站设备的选用、在合作设计等各个方面在中国市场取得更大进展。

从“三峡”到“2008 奥运会”

中国在“十一五”期间预计电网总投资将达到12000亿元，年均电网投资额将比“十五”期间年均投资额增长90%以上。此外，三峡特大水电站发电、北京申奥成功所需的大规模城市电网改造、西气东输、南水北调、电气化铁道改造等重点项目，都有效地启动了配电网建设。特别是核电、火电、水电建设突飞猛进的拉动，电能行业整体保持了快速发展的态势。

面对中国市场的广阔前景，三井财团的东芝公司凭借10多年在华经营的夯实基础，正全面抢占着行业制高点。现代社会一时一刻都不能缺少电力。东芝在发电机的生产方面积累了几十年的经验，取得了众多发电厂家的信任。现在东芝正把眼光放在中国市场，争取在发电业务上，实现快速增长。

东芝（中国）平田信正总裁2006年3月在接受《经济》杂志记者专访时介绍说：“东芝着重从火力发电、水力发电、核电、输变电和配电五个方面参与中国电力的建设与发展。除了提供相关的成套设备，东芝还建立了多家独资、合资公司，生产工业用各种大型变压器、空气隔离开关、数字式继电保护器、避雷器、开关柜、UPS等，向不断扩大的中国市场提供高质量的产品。”

浙江北仑港发电厂是我国最大的火力发电厂，共有5台600MW汽轮发电机组。其中一期的二号机为法国ALSTHOM生产，其余均为日本东芝

公司生产。早在1988年1月5日，北仑港发电厂一期工程开工，该项目就是引进东芝的成套设备和技术，我国中央和地方领导参加了开工典礼。电厂总装机容量为240万千瓦，分两期建设。一期工程总投资约为20亿美元，工程包括两台单机容量为60万千瓦的燃煤火力发电机组。

浙江北仑港发电厂是我国最大的火力发电厂，共有5台600MW的汽轮发电机组，其中4台是由日本东芝公司生产的

江苏常州东芝变压器有限公司（简称“常州东芝”）是由东芝、三井物产（综合商社）、江苏省常州变压器厂共同出资于1995年8月1日成立的专门生产超高压大容量的变压器的专业工厂。常州东芝自1997年5月正式开业以来，每年发展增速不低于20%，至2006年底，已经实现年产超大型电力变压器近120台，年销售收入14亿元人民币。2000年到2001年，常州东芝先后3次向澳大利亚出口大型电力变压器，开启了中国向发达国家出口大型变压器的先河。

2001年9月，常州东芝向三峡输变电工程提供了中国国内招标采购的同类型最大规模变压器－1000MVA/500kV主变压器，当时国家电力公司电网建设分公司、国家电力公司发输电运行部、电力成套设备有限公司、浙江省电力公司等公司的领导悉数参加。

2003年5月，常州东芝又生产了370吨的特大型变压器，是当时为止中国变压器制造业开发生产成功的最高电压等级、最大容量的电力变压器。2004年，由常州东芝承接、常州变压器厂参与制造的7台110KV电压等级的气体变压器是北京启动的第一批奥运会电力项目之一。

位于河南省的平高东芝高压开关有限公司2000年9月投产，总投资2100万美元，到2005年底，产值达到了6.9亿元，实现利润8400万元。北京奥运会需要扩建体育场馆及相关设施，用电负荷急剧增加，需建设几座大型变电站。2005年下半年，北京奥组委及国家电网公司决定面向全国招标，并对投标者提出相当苛刻的条件。平高东芝一举中标，拿下了城北变电站复合电器的大订单，合同额为1亿多元。

2006年4月3日，满载产品的车队从河南平高东芝高压开关有限公司驶出，产品包装箱上写着“北京城北变550KV”的字样。据该公司日籍总经理村山康文介绍，这是运往北京的复合式组合电器，属北京城北变电站的核心部件。该变电站是一座550千伏的高等级变电站，担负着为2008年奥运会的部分体育场馆及相关场地供电的任务。

为了充分开发中国的水电市场，东芝于2005年1月在杭州成立专门的水电公司——东芝水电设备有限公司，注册资本金为2500万美元，其中东芝集团出资80%，中国水利水电建设集团公司出资20%。公司建立不久，就在2005年6月拿到了云南大盈江水电站的4组17.5万千瓦混流式水轮发电机组及其附属设备制造合同。大盈江水电站（四级）位于云南省盈江县境内的大盈江干流上，计划2007年11月首台机组发电。

东芝水电设备公司猪俣范一总经理说：“东芝在水力发电领域有着110余年的历史，有最新的技术和研发能力，向世界各地的用户输送过大量的发电产品。特别在抽水蓄能机组方面，以大容量、高落差、高转速的技术开发领先于市场。”东芝参与的西龙池抽水发电站项目，作为日本国际协力银行的日元贷款工程，是为调解用电高峰期的负荷量而筹建的，建成后将有助于稳定包括北京在内的华北地区的电力供应，特别是1号机的完工以2008年北京奥运会为目标。

2007年6月5日—7日，中国电力企业联合会主办的2007国际电力电工展（EP－Shanghai）在上海国际展览中心举行。在东芝（中国）公司的统一组织下，东芝水电、东芝常州变压器有限公司、东芝高压开关有限公司、东芝避雷器有限公司等东芝在华能源企业悉数加了本次展会。东芝以整合的实力经营着中国能源市场。

东芝背后的综合商社

日本财团进入海外遵循一条规律，综合商社作为产业组织者始终是开路先锋。以三井物产为首的综合商社在东芝争夺商权的过程中起到了关键性的作用，可以说没有综合商社的全力扶助，就不会有今日的东芝。

三井·东芝馆外观

2005年爱知世博会期间，东芝和三井物产联合参展推出的三井·东芝馆是唯一由两家企业联合参展的企业馆，由此可见东芝与三井物产关系的密切程度

东芝和三井的关系可以追溯到130年前东芝成立之初，田中制作所是1875年设立的专门制造电机、通讯机械的个人企业。1893年由于经济危机，经营发生困难而被三井财团收买，改为芝浦制作所。而同样属于三井财团的东京电气公司的前身是1890年设立的白热舍合资公司。1939年，东京电气公司与芝浦制作所合并成为东京芝浦电气公司（简称"东芝"）后，整个公司拥有8700万日元资金，成为当时日本的唯一综合性的电机厂商。

二战以后，日本财阀被解散，东芝公司也随之脱离三井财团独立发展，但是举步维艰。20世纪50—60年代，面对加入关贸总协定（今WTO）后的外来竞争，日本财团重新联合，东芝公司加入了财团的总经理会"二木会"。至此，东芝又回到三井财团体系。2005年爱知世博会期间，东芝和三井物产联合参展推出了独具特色的三井·东芝馆，是唯一由两家企业联合参展的企业馆，由此可见东芝与三井物产关系的密切程度。

1996年6月，举世瞩目的三峡工程开始设备采购的招投标。东芝、三井物产联合伊藤忠商事、三菱商事、日立、三菱重工组成三峡"日本水轮机联合体"的庞大团队参与水轮机项目的投标。其后东芝、三井物产、日立、三菱电气、伊藤忠、三菱商事、住友商事又组成"三峡日本发电机联合体"参与发电机组的投标。由于当时的国际政治局势等原因日本财团的超级"国家队"并没有如愿以偿获得大量订单，东芝也只获得了变压器方面的订单。

总投资额为2999万美元、成立于1997年5月的常州东芝变压器有限公司，是由东芝、三井物产和常州工业投资有限公司共同投资的合作企业，其中，日本东芝占56%的股份，常州变压器厂占39%的股份，日本三井物产占5%的股份。这是我国第一家开发生产500KV电压等级电力变压器的外商投资企业，也是日本东芝公司最大的海外变压器生产基地，为三峡输变电工程提供变压设备。

东芝在陕西省的韩城火电站项目，也是在三井物产（综合商社）牵线搭桥下做成的。2001年6月19日韩城第二发电厂机组（2×60万千瓦）的合同在北京签字。三井物产、东芝及哈尔滨电站工程有限责任公司为汽机岛项目合同的卖方，合同总金额为142亿日元。韩城第二发电厂一期工程动态投资近76亿元，其中利用日本国际协力银行贷款约580亿日元。该电厂在西北地区创单机容量、利用外资金额、烟气脱硫容量三项第一。

2004年9月，东芝在三菱财团的三菱商事（综合商社）的牵线搭桥下与三菱电机以及三和财团的日立参与的山西省西龙池抽水项目是世界排名第二的高落差水力发电厂，最大扬程703米（第一位是日本东京电力株式会社葛野川发电厂，最大扬程778米）。这是日本财团主力企业首次在华承接抽水发电设备项目。

在东芝2006年开始竞标西屋电气的同时，三井物产在全球市场就已经为大肆收购核电厂需要的铀矿资源而繁忙起来。哈萨克斯坦的铀储量约占世界总储量的25%，在世界上位居第二。2006年2月，哈萨克斯坦同三井物产和关西电力公司签订合同，建立合资公司“阿巴克”，双方同开采哈“梅古杜克”铀矿，两家日本公司将各占公司35%的股份。

2006年10月5日，三井物产与俄罗斯技术供应出口公司签署协议，开始实施开采雅库特“南方”铀矿区的合资项目。该项目实施合理性得到确认之后，三井物产株式会社将获得这一联合项目25%的股份。三井物产这些行动为以后东芝的核电事业提供了充足的“弹药”，三井物产通过这种对上游资源的控制，确保了东芝在核能领域更深层次的竞争力。

日本20世纪60年代经济起飞后，日本财团的制造厂商如东芝等企业，开始渐渐把工厂建到海外。这些制造厂家走出国门，对于走出去的套路——当地的法律、人脉、政府关系、合作伙伴等，都不了解，懂得这些套路的人才也极其缺乏，而商社在国外早已建立了自己的分公司、事务所、代表处，在世界各地建成了国际商业网络，所以当企业需要走出去、到国外做事情时，几大商社就成了引路人。

现在东芝、丰田等三井财团的企业已经有了自己的商务部门，在主流市场已经不依赖商社了。但今天东芝在国外的业务，商社仍然在起作用。比如：东芝在某地建厂，它可以靠自己与当地政府打交道，但是它有许多零部件方面的配送、物流，包括其他方面的事情，还在依赖商社。毕竟商社在一个国家建立的物流网络，比它要健全得多。综合商社重在“扶持企业，壮大自己”的经营理念得到了其财团成员企业的认可。

日本政府每年对世界上很多国家提供大量的经济援助，但政府只是提供预算，拨钱，钱拿出来后，就让综合商社去做事。还有像日元贷款等等，执行都是综合商社，政府绝对不参与具体过程。像东芝的西龙池抽水发电站、韩城第二发电厂等项目就是这类项目。这也可以理解为什么大型能源项目均有综合商社的身影。

悄然的渗透

在能源建设中，节能和环保逐渐成为政府和社会最关注的方面，东芝、三井物产等日本财团企业利用自身在节能环保领域的技术和市场优势把政府和高校作为公关切入点，全面塑造具有社会责任感的国际化大企业形象，增加社会认同感，最终赢得市场。综合商社非常了解各地的情况，擅长从人脉入手，打通各级关系，争取项目。

一个小故事可以说明东芝在提升社会影响力时对细节的把握。东芝（中国）总裁平田信正说：“我们在江苏常州有一个变压器工厂。每年我们都会向常州的中小学开放工厂，让学生们来看生产制造过程。学生们看到巨大的变压器在工厂里组装时，会有一种感动，而我们看到学生们能在这里对东芝、对社会有所了解时，也油然产生出一种感动来。”这里说的变压器厂就是前面谈到的为北京奥运会项目制造气体变压器的企业。

在国际竞争中，做一个“神秘”的企业无异于自杀，而进行诸如能源建设等无法直接与最终客户接触的项目，广告失去了意义。政府和高校的公关就显得格外重要，政府代表管理和决策的权威，高校代表了专业和技术的权威。三井物产和东芝等日本财团企业在这一关键点上的把握显示出

了相当深的功力。

清华大学在能源领域特别是核能领域有着很强的优势。2004 年 3 月，中国华能集团、中国核工业建设集团、清华大学达成合作意向，共同推进高温气冷堆的产业化工作，并力争在 2010 年建成一座 HTR－PM 示范电站。东芝和清华大学的关系一直都非常密切，在 2001 年设立了“清华东芝奖学金”，从 2001 到 2005 年的 5 年间，东芝公司共向清华大学捐款超过 130 万元。2005 年 12 月 6 日，东芝新任社长西田厚聪在上任伊始就访问了清华大学，之后的 12 月 13 日，东芝公司首席技术官受聘清华大学顾问教授。

此后不久，三井物产与北京大学合作创办了“北京大学三井创新论坛”（简称“北大三井论坛”）。从 2006 年 3 月开始，已成功举办了六场讲座。该论坛的召开得到国家发改委、科技部、商务部、北京市政府有关领导及各界人士的大力支持和推动。北大光华管理学院名誉院长厉以宁教授出任北大三井论坛理事长，同时他还在 2004 年促成了由北大光华管理学院与财团法人日本国际金融信息中心共同主办的“中日高级经济论坛”。

在第一届北大三井论坛上，三井物产株式会社会长、日本贸易会会长枪田松莹发表了主题为“资源、能源、环境领域中三井物产的创新战略”的演讲

论坛自 2006 年以来的历次主讲人依次为：三井物产社长枪田松莹、中国国家发改委副主任张晓强、中国国家科技部副部长马颂德、三井住友保险会长井口武雄、北京市副市长陆昊、北京大学光华管理学院名誉院长厉以宁、国家科学技术部副部长曹健林等。第一届北大三井论坛上，三井物产社长枪田松莹发表了主题为“资源、能源、环境领域中三井物产的创新战略”的演讲，确定了北大三井论坛关注中国能源领域的基调。

2006 年 9 月 2 日，三井物产、松下电工与清华大学下属企业泰豪科技合作，针对办公楼节电、节能方面的管理，成立一个公司——北京清华泰豪智能科技有限公司。出席签约仪式的政府领导有信息产业部电子信息产品管理司丁文武副司长、北京发改委员会节能中心主任陈怀伟、北京经济技术开发区张伯旭主任等。陈怀伟主任在签约仪式上还介绍了我国政府就有关节能的10大重点项目，发布了照明、空调等方面的楼宇节能方针。

日本综合商社所有的关联交易中都体现着人脉关系的作用，但是人脉如果超越了准则，导致不遵守法律、不承担社会责任、伤害公司品牌，那对企业发展最终是不利的。北京《法制日报》所属的《法制与新闻》月刊2001年12月号披露，美籍华人方复明、日本人永濑国男在东芝参与的浙江北仑港发电厂等重大国际招标项目中，涉嫌替丸红、三井物产等日本商社贿赂国家电力高层官员。

2000年，国家安全部门将此案侦破，一批受贿官员被逮捕。据北京市检察院的侦查员介绍，在这起案件中，他们还发现了一些受贿的官员，但却因苦无证据而无法定罪，有的甚至连某些单位的司机也被牵扯其中。由此可见，三井物产的触角伸得有多长多深。

日本综合商社所有的关联交易中都体现着人脉关系的作用，但是人脉如果超越了准则，导致不遵守法律、不承担社会责任、伤害公司品牌，那对企业发展最终是不利的

2002年9月4日，三井物产宣布，由于在一项政府资助的发电厂建造计划中涉嫌接受贿赂，总裁清水慎次郎及会长上岛重二辞职。清水慎次郎及上岛重二的呈辞，源于一个月前三井物产两名雇员干预俄占北方四岛之一的国后岛一项有政府支持的发电厂工程的投标过程而被拘控。有媒体报道，东京地方检察厅调查了这宗贿赂案，准备控告三井物产违反禁止贿赂外国政府官员的法例。

东芝再认识

中国国家核电技术招标机构选择了西屋电气和美国绍尔集团作为优先中标方，中国出资53亿美元（另一说法是80亿美元）引进AP1000技术建设浙江三门、山东海阳共计四台百万千瓦级核电机组。西屋为此技术花费5亿美元和15年时间，中国所购西屋相关技术产品的价值与东芝控股西屋的并购出价相当。差不多的成本费用，东芝买了一个完整的公司，中国却只买了几项产品技术。东芝的“深谋远虑”跃然纸上。

三井财团的东芝公司进入中国这35年的发展有两大特点：一是，东芝多年来一直努力提供最新的商品，引导中国高端消费者的需求。比如20世纪80年代的彩电、冰箱，90年代的笔记本电脑、背投电视及之后最近的复印机、液晶电视等。二是，在社会基础设施方面，以电力为中心，东芝高效、先进的技术占据着中国的基础设施建设的制高点。东芝（中国）拥有65家公司，员工23000人，2006年取得了事业规模664亿人民币的骄人业绩。

东芝有一个口号叫“E&E”（电子与能源），大的电机、能源项目与消费者直接见面的机会不是很多，因此人们都把东芝看成是像索尼一样的电子企业，这种认识是很肤浅的。“大”项目做能源，“小”项目做电子——西田总裁将之称为“进攻型经营”，即要么能做得最大，要么能做得最小最精，而避免在竞争对手云集的不大不小的中间地带与其他企业竞争。

东芝本身是大型发电机、重型变压器生产厂家，现在又在能源项目上进一步开疆拓土，从而使自己拥有充分的生产能力。在减少二氧化碳排放量成为世界各国的一大目标时，东芝迅速打出了以核电减排的方针，又是先人一步。如果发100万千瓦小时的电，核电的二氧化碳排放量只有20万吨，而煤炭是670万吨、天然气为410万吨，核电站在减排上的优点不容忽视。

能源电力等社会基础设施业务如同东芝的一个业务稳定器。2005财年，该业务净销售额为18823亿日元，约占东芝销售总额的29%。另外两大业务——数码产品和电子设备所占比例分别为39%和21.3%。在营业利润率方面，社会基础设施为4.1%，仅次于电子设备业务的8.9%，而人们经常接触到的东芝数码产品利润率却很低。

随着环境保护与经济发展的关系越来越密切，环保产业也许会在不久的将来成为继信息产业之后的第二大产业。21世纪企业的核心竞争力，肯定会是在生产中依托节能环保的技术应用，这才是世界新经济的杠杆和支

点。环保的核心内容是改善环境和节约能源，在能源电力领域的领先地位让东芝又一次走到了时代的前列。

■原文发表于《环球财经》2007 年 1 月，作者：白益民

第二节

挪威，日本进军北极的桥头堡

进入 21 世纪，原本白雪皑皑的北极开始频繁出现在公众视野里，巨大的石油天然气储量让众多国际能源巨头垂涎三尺，并在此拉开北极能源争夺战的序幕。

2013 年以来，中国也开始积极谋划进军北极，2013 年 6 月中旬，中石化计划参与俄罗斯第二大天然气生产商诺瓦泰克公司运营的位于北极亚马尔半岛的 200 亿美元液化天然气项目，中海油则携手冰岛 Eykon 能源集团讨论开发北极扬马延岛周边的石油和天然气。

然而，鲜为人知的是，与中国大张旗鼓的动作不同的是，日本早已悄无声息地渗透进挪威石油天然气开发、海底管道建设、液化天然气船的建设与液化天然气的运输等行业，并跻身挪威投资国家排名十强，也是其中唯一的东亚国家。凭借对挪威能源行业紧密的捆绑，日本极有可能在此次北极开发热潮中厚积薄发，挤压中国的利益。

扼住物流咽喉

2012 年底，满载液化天然气的“鄂毕河”号油轮在穿越俄罗斯以北的北极地区之后，将来自挪威北部斯诺赫维特液化天然气厂的液化天然气成功运抵日本，为东亚和欧洲的能源运输打开了一条新的航线。相比行经地中海、苏伊士运河并绕行亚洲多国的常规线路，现在这条航线能够缩短三周的航程。

毫无疑问，这对本土能源匮乏的日本来说是巨大利好。凭借这一航道的开通，日本在英国北海、挪威海等欧洲地区开采的油气资源将以更廉价的成本运抵本国，日本企业进军北极开发的野心将更为高涨。

“斯诺赫维特”在挪威语中是“白雪公主”的意思，而日本在背后控制着这座欧洲唯一的液化天然气厂

事实上，挪威斯诺赫维特液化天然气厂正是日本打入北极能源争夺战的一颗楔子。

斯诺赫维特液化天然气厂位于挪威最北端的梅尔科亚岛上，为挪威国家石油公司（挪威国油）所有，在该厂53亿美元的建设费中，大部分的贷款来自日本国际协力银行。斯诺赫维特液化天然气厂的气源来自哈默菲斯特西北140公里处位于巴伦支海的斯诺赫维特、阿尔巴特罗斯、阿斯科拉丹三个气田，这三大气田最早发现于1980年，估计蕴藏1930亿立方米的天然气、1790万立方米的凝析气及510万吨的液化石油气。

令人不解的是，日本在斯诺赫维特项目中投入了巨量的资金，但是却没有任何一家综合商社出现在该项目中。事实上，狡猾的日本人凭借其世界一流的物流技术和管理能力，掌控了液化天然气出口运输这一关键环节，从而在某种程度上控制了这个欧洲唯一的液化天然气厂。

2006年2月15日，三井造船（属三井财团）建造完成容量14万立方米的液化天然气船“北极发现者”号，并交由挪威国油、三井物产、川崎汽船以及饭野海运（三井物产和川崎汽船的合资公司）四家公司共同所有，主要负责将斯诺赫维特的液化天然气每年出口420万吨至西班牙和美国，川崎汽船负责该船的管理和运营。

2008年7月，由川崎汽船运营的“北极发现者”号在大西洋航行12天之后，将产自该工厂的液化天然气运抵美国华盛顿南部接收终端。“北极发现者”号是专门为在极其恶劣的环境下运行所设计的，它的投入运营，成为日本在北大西洋贸易活动的一个里程碑。

此外，三菱重工建造了负责斯诺赫维特液化天然气出口的另外两艘液化天然气船“北极公主号”（ArcticPrincess）和“北极夫人号”（ArcticLady）。2007 年 10 月，首船产自斯诺赫维特的液化天然气运至南欧国家。随后日本也开始进口，2008 年 3 月和 9 月，日本东京燃气分别进口 60750 吨和 61910 吨的液化天然气。

垄断钢材供应

凭借对斯诺赫维特液化天然气项目物流运输的掌控，日本赢得了北欧地区液化天然气贸易的话语权。除此之外，由于挪威寒冷的气候以及复杂的地质条件，日本钢材企业则依靠综合商社的斡旋能力，在油气管道的建设中大发横财。

2003 年 10 月，三井物产和住友商事获得价值 3.85 亿挪威克朗的、为挪威国油供应修建油气管道所需碳钢的合同，主要包括从斯诺赫维特气田到梅尔科亚岛上斯诺赫维特液化天然气厂的 143 公里的天然气管道，以及北海 Visund 气田 38 公里的天然气管道。2 个月以后上述两家日本商社再次赢得 2.65 亿美元的钢管供应合同。挪威国油计划建设一条连接挪威 OrmenLange 气田和英国沿海城市伊辛顿的长 1400 公里的海底油气管道，日本公司供应的份额长度为 600 公里。

挪威国油几乎所有的钢管供应都来自日本公司，凭借在靠近北极地区多年的经营，日本建造的钢材已经经历了极寒等恶劣条件的考验

2007 年 5 月 18 日，为了保证挪威国油在未来 5 年对套管、油管以及管道用钢的需求，挪威国油签订一项价值 16 亿欧元的合作框架协议。挪威国油称，这些供应将包括整个集团在挪威大陆架上新的发展和钻井活动中管道的需求，或者选择供应国际活动的管道。管道钢材的协议是这个框架协议里最大的一部分，供应商主要有住友商事、三井物产、株式会社美达王、伊藤忠丸红钢铁株式会社，意大利泰瑞纳斯以及欧洲的布廷恩公司和欧洲钢管集团。

同时住友金属和住友商事还赢得挪威国油一个独家的5年石油管材供应合同，住友金属和住友商事将提供高档和超高档的无缝石油管材，这是住友金属的支柱产品之一。住友商事和住友金属自1980年开始便向挪威国油供应石油管材和管线，至今已经供应总共120万吨。

可以看到，挪威国油几乎所有的钢管供应都来自日本公司，甚至意大利的泰瑞纳斯也与日本钢铁株式会社（现在的新日铁）有着密切的关系。1997年这两家公司签订战略联盟协议，次年签订了业务和技术合作伙伴协议，并在2000年成立了合资公司泰瑞纳斯日本钢铁。

事实上，在俄罗斯建设的北溪管道和南溪管道中，上述日本钢铁公司也有着大量的订单。如此看来，凭借在靠近北极地区多年的经营，日本建造的钢材已经经历了极寒等恶劣条件的考验。可以预见的是，北极地区一旦展开大规模的油气资源开发，日本的钢铁公司将再次迎来巨额订单。

吹响北上号角

日本布局挪威油气资源的模式代表着大多数日本企业获取海外能源资源的一套成熟的模式，即各个企业在产业链上具有明确的分工。以三井财团为例，三井物产负责前期的调研、与项目方谈判等商务活动，三井造船负责液化天然气船的建设，商船三井负责运营，新日铁则负责油气管道建设的钢材供给，这些企业能够有机地配合并且避免与其他财团的同业企业产生竞争的关键，在于三井物产作为综合商社的强大组织能力。

除了产业上的分工之外，日本企业在全球能源布局中也呈现很明显的地域特征。如三井物产是日本开发泰国湾天然气的主导者，三菱商事掌控文莱、马来西亚等南海周边国家的油气开发，伊藤忠商事主要经营阿塞拜疆里海地区的石油区块，能源储量丰富的北欧地区则主要由出光兴产负责。

出光兴产不属于任何一个财团，而是一个集石油开发、石油制品运输、原油冶炼与销售、石油化工以及其他服务（加油站等）为一体的，仅次于吉坤控股（前新日本石油）和东燃通用（美国埃克森美孚）的日本第三大石油综合集团。

早在1990年，出光兴产便接受挪威国油转让的挪威第六大油田斯诺尔油田9.6%的权益，正式开始其在挪威大规模的经营活动。此后，作业方相继在该油田附近发现了Tordis/Vigdis油田、Statfjord东部油田、Sygna油田以及Vega气田，出光石油在这些油田分别持股9.6%、4.8%、4.32%和6%。2002年，出光又获得Fram油田15%的股份。

2005年，出光获得在探矿、开发和生产方面承担主导作用的运营商资格。由此，出光进一步增加了对探矿区进行单独或与其他公司一同投标的机会，从而能够更加战略性地获得矿区。截至2010年，出光通过其在斯诺尔、Fram等8个油田、气田的权益，每天可获得石油、天然气约为27000桶。

日本政商联合体正以实际行动吹响进军北极油气资源开发的号角，也为中国的北极图谋敲响警钟

通过在挪威海、北海的勘探活动以及参与诺赫维特液化天然气厂的建设，日本公司积累了进军北极能源开发的经验和人脉。2011年10月，出光兴产与日本石油天然气金属矿物资源机构、国际石油开发帝石、住友商事等共同出资成立“格陵兰石油开发公司”，决定参加格陵兰海域开发海底石油的投标。此举标志着日本政商联合体正式以实际行动吹响进军北极油气资源开发的号角，也为中国的北极图谋敲响警钟。

■原文发表于《新能源经贸观察》2013年8月刊，作者：白益民

第三节

综合商社的LNG谋略

在2013年9月末结束的第四届中国国际非常规油气峰会上，页岩气的开发成为一大重要话题。然而不幸的是，截至目前，中国两次招标的

页岩气区块均未产出“一口气”，这为中国页岩气的“大干快上”敲响了警钟。反观日本，虽然本土资源匮乏，但是已经通过综合商社强大的组织能力完成了对全球页岩气产业链的控制，极大地保障了本国的能源安全。

综合商社是日本独有的具有特殊形态的贸易公司，集贸易、情报、投资、物流、金融等各种功能于一身，肩负着日本国内外贸易的重大使命。它们是日本制造业的火车头和牵引车，是日本资源战略的优秀执行者，甚至在海外活动中发挥着企业大使馆的作用，代替政府在两国关系中承担着外交的角色。三井物产、三菱商事就是日本综合商社的代表。

当美国页岩革命方兴未艾之时，综合商社便已然杀入页岩气上游开采环节。

2009 年，住友商事出资 1570 万美元通过子公司收购卡里索石油天然气公司在巴奈特页岩中的资产，成为第一家作为当地天然气公司的合作伙伴参与开发此项目的亚洲企业。2010 年，三井物产也以 14 亿美元收购了美国第 2 大独立石油公司阿纳达科石油公司在马塞勒斯页岩区 32.5% 的股权。

三井物产等综合商社并不是 LNG 的最终使用者。作为产业组织者的它们，瞄准的是整个 LNG 产业链的整合，希望藉此保证天然气从开采、液化、运输、接收等各个环节的顺利进行。

鉴于此，三井物产、三菱商事联合日本邮船成立日本 LNG 投资公司，获得了美国加州能源巨头桑普拉能源公司旗下卡梅伦液化天然气公司 33.2% 的股份，并计划建设新的天然气液化装置，以保证每年向日本出口 800 万吨的 LNG。

事实上，除了对页岩气矿区及液化厂的投资之外，液化天然气的运输也是日本综合商社布局的重要环节。三井财团的商船三井于 1983 年开始进入液化天然气运输领域，参与管理的液化天然气船占全球液化天然气船队规模 21%，是目前全球最大的液化天然气航运企业。

为争夺液化天然气运输业务，中国最大的油品运输企业中海发展曾在 2009 年 3 月 10 日与中石油、2010 年 11 月与中石化下属公司分别组建两家合营公司。

然而，由于中海发展没有管理液化天然气船以及液化天然气船员培养方面的经验，不得不选择与日本商船三井合作。2011年，商船三井分别与中国北方液化天然气运输投资有限公司、中国东方液化天然气运输投资有限公司签署合资协议，成立2家单船公司，并分别在沪东中华造船各订造两艘17.2万立方米液化天然气船舶，用于澳大利亚高庚、巴布亚新几内亚至中国的LNG进口运输。

2013年初，商船三井又与中石化签署了最大规模的对华液化天然气运输合同。自2016年起的20年里，每年将从澳大利亚向中国运输760万吨液化天然气，这相当于中国全年进口量的约50%，占全球需求的3%。

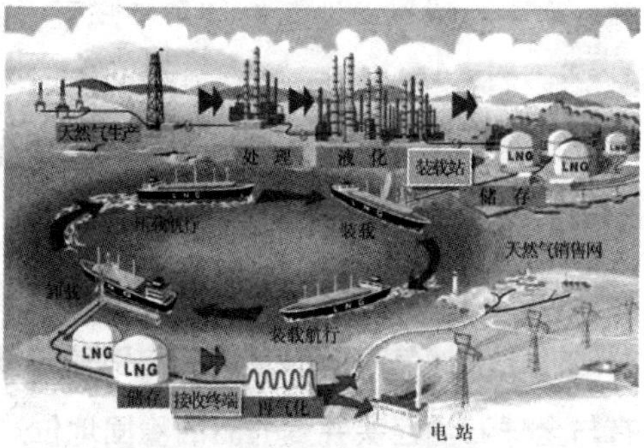

日本综合商社在液化天然气产业链中的布局远远超过我们的想象，从整个产业链的上游到下游，综合商社能够最大限度地发挥“价值链”的作用，在不同的商务领域发挥其优势

事实上，日本综合商社在液化天然气产业链中的布局远没有我们看到的这么简单。以三井物产为例，其在产业链上游的天然气液化生产设备环节有能源部门，在管线铺设环节有钢铁制品部门，在中游的运输环节有船舶和航空部门，在下游的港口建设等环节有基础设施项目部门。

此外，从液态转换成天然气之后，三井物产还有专门负责瓦斯销售的部门。所以，从整个产业链的上游到下游，三井物产能够最大限度地发挥“价值链”的作用，在不同的商务领域发挥其优势。

日本官民并举争夺澳洲天然气资源

2009年，中石油似乎做了一笔高价买卖。

中石油500亿澳元（约合412.9亿美元）20年内购买澳大利亚高庚（Gorgon）公司225万吨液化天然气的协议刚落定，十天之后，日本的大阪天然气株式会社（Osaka Gas Co. Ltd）、东京天然气公司（Tokyo Gas Co. Ltd.）以及韩国 GS Caltex 公司就签订协议，在未来 25 年内以 600 亿美元分别购买高庚项目液化天然气 137.5 万吨、110 万吨和 50 万吨。

照此计算，日方购进液化天然气价格为 800 美元/吨，而中石油购进单价是 918 美元/吨，日方每吨比中方低 100 多美元。不仅如此，日本公司还将受让高庚项目 2.25% 的股份。

同样在澳大利亚高庚项目上，为什么日本企业不仅能以更低价购买到资源，还能争取获得股权？

事实上，在高庚项目的参与上中国企业更早于日本。早在 2001 年 8 月，中海油便与雪佛龙签订了备忘录，2003 年 10 月还签署了初步协议，但由于价格分歧谈判一直未有新的进展，这反而让日本企业有了捷足先登的机会，2005 年日本东京天然气公司抢先签署了意向书，成为高庚项目的第一个终端用户。

需要留意的是，日本企业早在 20 世纪 60 年代末，便开始致力于澳大利亚液化天然气事业的发展。特别是三菱商事、三井物产这两家公司，拥有与全球石油巨头并驾齐驱的稳固地位。

在澳大利亚的油气能源方面，伍德赛德石油公司（Woodside Petroleum Ltd.）是犹如必和必拓、力拓在铁矿石般主导地位的公司。

澳大利亚西北海面的“西北大陆架气田”现为澳第二大天然气项目，由伍德赛德石油公司、日本澳大利亚液化天然气（MIMI）有限公司和雪佛龙以及必和必拓等共 6 家公司联合生产液化天然气（LNG）。事实上，日本澳大利亚液化天然气（MI MI）有限公司是三井物产（综合商社）和三菱商事（综合商社）各持股 50% 的合资公司，拥有“西北大陆架气田”项目 1/6 的权益。

2003 年 3 月，西北大陆架液化天然气合营公司与日本东北电力签订了一个总金额为 20 亿澳元、周期为 15 年的液化天然气供气合同。同年 9 月又与日本 Kansai 能源公司签订数十亿澳元液化天然气出口合同。西北大陆架液化天然气合营公司在日本已有近 10 家液化天然气用户。2008 年“西北大陆架气田”年产量达 1230 万吨，其中约 950 万吨出口日本，这相当于日本年进口 LNG 的约 1/7。

此外，在澳大利亚另一大型天然气 Browse 项目中，三井物产拥有 3 份勘探许可证的 20% 股份，丰田通商（丰田集团的综合商社）拥有 10% 的股份。在石油方面，日本综合商社与伍德赛德同样有紧密合作。2009 年 4 月 20 日，澳大利亚政府资源和能源部颁发了 13 份位于联邦海域的新海上石油勘探许可证，三井物产与伍德赛德联合获得 4 份。

在日本，天然气占日本能源需求总量的 13%。从 1979 年开始，日本利用天然气作为发电原料的比例逐年增加，至今已占 27%。事实上，日本的全球能源战略也并不放在“大手笔”上，日本更擅长官民并举争能源，不着眼于代理权，而是追求开采权并以主导者的身份参与液化工厂、输送等业务。

2006 年 6 月中旬，日本通过了《国家能源新战略》，提出日本应当加速海外油田投资，到 2030 年，日本计划把本国公司在海外油田独立开采原油占本国进口原油的比例从 15% 提高到 40%。在日本《国家能源新战略》推出过程中，日本政府就不断敦促三井物产、三菱公司以及帝国石油等公司在海外扩展方面变得“更主动些”。

需要注意的是，日本企业早在 20 世纪 60 年代末，便开始致力于澳大利亚液化天然气事业的发展

有日本政府背景的日本国际石油开发株式会社（Inpex）在澳大利亚也有不俗的表现。2009 财政年度内，Inpex 公司将把用于上游项目的投资提高 20%，投资 3100 亿日元（约 32 亿美元），其中 2/3 以上的资金将用于海外投资。Inpex 公司目前参与许多海外石油和天然气项目，包括哈萨克斯坦卡沙甘油田开发项目以及澳大利亚的 Ichthys 液化天然气项目。

日本 Inpex 总裁 Naoki Kuroda 曾在接受媒体采访时称，Ichthys 项目投资额估计为 200 亿美元，Ichthys 项目将为稳定日本能源供应起到积极贡献，占日本国内需求的约13.3%。尽管当前经济不景气，但他对Ichthys项目开发前景保持乐观，认为这将成为公司一个主要收入来源。

■原文发表于《新产业》2013年11月刊，作者：白益民

第四节 中日在北美争夺能源愈演愈烈

正当日本所谓将钓鱼岛“国有化”的闹剧令中日两国关系再次陷入冰点时，不为人所知的是，在另一边的北美，中日两国也在进行一场“争夺战”。近年来中国企业不断出海去北美国家寻求能源合作，收购了大量油砂、页岩气等资源，这一举动恰恰触及了早已来到北美的日本的利益，中日争夺已愈演愈烈。

中国探寻北美能源

事实上，中国作为发展中的能源需求大国，美国作为对世界能源有主导作用的超级大国，两国之间的能源合作关系在相互依赖和共同利益驱使下也已经变得日益紧密。当然，不只美国，在整个北美地区，中国企业涉足能源的身影也已经不容忽视。

美国数据提供商迪罗基（Dealogic）在2012年3月提供的数据显示，2010年以来，中国企业已经在美国和加拿大的石油与天然气交易上投入了170多亿美元，北美已经成为中国达成石油和天然气交易最多的地区。《纽约时报》2012年3月报道称，中国在因创新性钻探技术而闻名的北美地区获得了立足点。

近年来，中美两国的能源战略合作呈现高速发展态势。2011年1月18日，中美两国签署了能源科学合作议定书。2012年2月，在第四轮中美战略与经济对话之前，中国贸易投资合作促进团在美各地签署了金额高达

386亿美元的项目，其中以能源合作为主。

除战略层面外，中美两国企业间能源合作也在近几年火热起来。2010年6月25日，中石化集团以46.5亿美元的价格收购美国康菲石油公司持有的加拿大辛克鲁德（Syncrude）油砂项目9.03%的权益。

2011年2月，中石油宣布将以54亿加元收购位于加拿大不列颠哥伦比亚省和阿尔伯达省的峻岭油区一天然气资产50%权益。一年之前，中石油刚刚收购了北美加拿大西部省份阿尔伯塔东北部地区的两个油砂项目60%权益。

2011年10月，中石化宣布将以22亿加元收购加拿大日光能源公司所有普通股，日光能源在阿尔伯塔省及英国拥有69块油气田。

2013年2月27日，中国海洋石油有限公司收购加拿大尼克森公司的交割签字仪式在加拿大卡尔加里举行

2012年7月23日，中国海洋石油有限公司（中海油）宣布，已与加拿大能源公司尼克森公司（Nexen）达成最终协议，将以每股27.5美元的价格以现金收购尼克森公司所有流通中的普通股。交易总对价约为151亿美元。2012年9月21日，尼克森公司宣布，股东在投票中以99%的高票通过中海油收购。

日本早已来到北美

而在中国着眼北美之前，日本其实早已布局北美能源。最早在1978年，日本石油勘探公司麾下的日本加拿大油砂公司获得了加拿大油砂资产的股份；1992年，现为日本JX控股公司子公司的三菱艾伯塔石油公司获得加拿大SyncrudeCanada项目的5%股份。

2007年11月，日本石油勘探公司以一个没有透露的价格购买了法国道达尔公司在加拿大Joslyn油砂项目中的10%股份；2009年12月15日，日本住友商事出资1570万美元通过子公司收购美国卡里索石油天然气公司在巴奈特页岩中的资产。

2010 年 1 月，住友商事表示考虑收购马塞勒斯页岩区气田的股权，9 月 13 日通过子公司住友开发资源公司收购美国雷克斯能源公司在宾夕法尼亚州马塞勒斯页岩气资产，价值 1.404 亿美元。

众所周知的 2010 年 5 月墨西哥湾漏油事件，也涉及日本企业。早在 2007 年 10 月时，三井石油开发株式会社（三井财团）就从英国 BP 石油公司手中拿到了 Macondo 石油项目 10% 股份。漏油事故发生后，三井石油开发的母公司三井物产（三井财团综合商社）在 2012 年 2 月同意支付 7000 万美元民事罚款，并为墨西哥湾沿岸各州的保护项目支付 2000 万美元。

中日北美正交锋

美国“页岩气之父”乔治·米歇尔 2012 年 8 月在接受日本《日经新闻》采访时说，中国早在 20 多年前就已经开始关注页岩气，1988 年时就有来自大庆石油管理局的技术人员赴美向他询问巴奈特页岩开发情况，米歇尔的部下甚至对于中国人的嗅觉“感到很吃惊”。

在北美地区，中国企业的励精图治自然威胁到日本的北美利益，因此日本近些年也在抓紧布局。相信在接下来的几年内，中日在国际能源市场将会上演多场精彩的对手好戏。

“页岩气革命”的日本赢家

凭借多次大手笔投资，以三井物产为首的日本综合商社已深入渗透进美国页岩气产业的每个环节，为日本能源供给多元化战略找到了新的突破口，成为美国页岩革命的巨大受益者之一。

2013 年 5 月 17 日，美国能源部批准向尚未签订自由贸易协定（FTA）的日本出口液化天然气（LNG），这对身处“后核危机”时代、能源供给形势严峻的日本来说无疑是振奋人心的消息。与此同时，日本综合商社以三井物产、三菱商事为首的日本公司从美国进口液化天然气的计划也正式进入倒计时阶段。

然而，值得玩味的是，面对中国等同样对北美地区页岩气引颈而望的

能源大国，日本为何能够走在前列？除了日本对低价的页岩气更加“如饥似渴”之外，日本综合商社大量的资金支持对美国页岩气革命的推动也许才是日本赢得美国青睐的真正原因。日本也正借此进入美国页岩气整条产业链。

杀入美国页岩气

2009年，受益于页岩气开发技术的突破，美国天然气生产量大幅增长，天然气市场由供不应求转变为供过于求，天然气价格从2008年中期13美元/百万英热单位，降到不足5美元/百万英热单位。

而在当时，日本的液化天然气交易价格为10～11美元/百万英热单位。作为全球最大的液化天然气进口国，日本一直以偏高的价格购买液化天然气，以至于被冠以“日本溢价”这一不体面的称号。此时，美国页岩气技术的及时突破成为日本的“救命稻草”。日本综合商社凭借多年在能源行业培养的信息收集能力和网络，顺利杀入美国页岩气革命的前夜。

2009年12月15日，住友商事（住友财团的综合商社）出资1570万美元通过子公司收购美国卡里索石油天然气公司在巴奈特页岩中的资产，成为第一家作为当地天然气公司的合作伙伴参与开发此项目的亚洲企业。次年9月，住友商事再次通过子公司住友开发资源II公司与美国雷克斯能源公司签约合资协议，以1.404亿美元收购后者在宾夕法尼亚州马塞勒斯页岩气资产。

据美国地质调查局2011年8月23日表示，马塞勒斯页岩区拥有84万亿立方英尺未被勘探而且技术上可以开采的天然气资源，同时还拥有34亿桶未被勘探而且技术上可以开采的天然气液体资源。丰富的储量让马塞勒斯页岩区成为美国页岩气革命中涌现出的新星，也成为国际能源巨头竞相争夺的蛋糕。

2010年2月17日，三井物产（三井财团的综合商社）成功通过子公司三井勘探开发美国有限责任公司，以14亿美元收购了美国第二大独立石油公司阿纳达科石油公司在马塞勒斯页岩区32.5%的股权，并获得10万英亩资产。作为单独项目，其规模甚至超过了俄罗斯远东萨哈林－2号天然气项目。

担当产业组织者

事实上，三井物产、住友商事等综合商社并不是页岩气的直接使用者。它们作为日本特殊形态的贸易公司，集贸易、情报、投资、物流、金融等功能于一身，不仅肩负着日本国内外贸易的重大使命，而且是日本资源战略的优秀执行者。日本在海外寻求资源的过程往往是政商联手，综合商社先通过贸易活动占据一定的根据地之后，日本政府再开始推动，以政治手段保障日本海外的能源投资活动。

在日本综合商社与美国能源公司进行了前期的合作之后，日本政府开始发挥外交作用。2012 年 2 月 22 日，日本内阁官房长官藤村修在记者会上称，日本政府正就从美国本土进口液化天然气一事同美国政府进行协商。

2012 年 3 月底，日本经济产业大臣枝野幸男在东京会见来访的美国能源部长朱棣文时明确提出，请求美方同意向日本出口美国国内产量急剧增加的非常规天然气“页岩气”。政府层面的初步沟通之后，综合商社作为具体的执行者又开始行动起来。

日本的三井物产收购了美国第二大独立石油公司阿纳达科石油公司在马塞勒斯页岩区 32.5% 的股权，而据美国地质调查局数据显示，马塞勒斯页岩区拥有 84 万亿立方英尺的天然气资源

当年 4 月 17 日，三井物产和三菱商事分别宣布，已开始与美国加州能源巨头桑普拉能源公司洽谈在美国委托生产液化天然气并向日本等国出口事宜。桑普拉的全资子公司卡梅伦液化天然气将于 2013 年着手兴建天然气的液化装置，计划 2016 年底起使最大年产能达到 1200 万吨。三井物产和三菱商事将获得其中的 800 万吨并出售给国内外用户。

次月，住友商事联合东京燃气公司开始与美国多米尼奥（Dominion）公司协商，在后者位于马里兰州的CovePoint液化天然气接收站新建天然气液化厂，将住友商事在马塞勒斯页岩气项目开发的天然气进行液化加工，并供给日本。住友商事将在液化工厂启用的20年内，每年采购约230万吨液化天然气。

2013年5月17日，就在美国能源部批准向日本出口液化天然气的当天，由三井物产、三菱商事和日本航运巨头日本邮船成立的日本液化天然气投资公司获得了卡梅伦液化天然气公司33.2%的股份。三井物产和三菱商事将每年利用卡梅伦液化天然气公司液化400万吨天然气。同时，日本中部电力和大阪燃气此前提出的从美国自由港公司进口约220万吨液化天然气的计划也接近成功。可以看出，在此次美国的液化天然气出口计划中，日本企业优先度非常高。

事实上，这与日本财团的协同作战方针密不可分。日本的财团由三个部分组成——综合商社、金融机构以及制造业企业。其中，综合商社以产业组织者的角色位居财团的核心地位。综合商社获得的项目进入开发阶段之后，财团内的相关制造业企业会为项目提供技术援助，金融机构则会提供资金支持。通过这种产商融结合的方式，日本财团在海外的矿产投资一直顺风顺水。

布局页岩气深加工

作为日本第二大综合商社，三井物产瞄准的不仅是美国页岩气资源的勘探权，它将目标定位为页岩气产业链的整合，力图使日本在美国页岩气革命中的利益最大化。

2013年3月18日，三井物产与日本最大的石油综合集团之一——出光兴产达成协议。双方准备投资1000亿日元（约合10.5亿美元）在美国墨西哥湾沿岸建设年产33万吨的大型α-烯烃工厂，α-烯烃是用于聚乙烯（PE）改质剂等高功能化学品，这一产量相当于日本国内年需求量的约10倍。双方选择美国化工巨头陶氏化学作为合作伙伴，后者将供应由页岩气制造的乙烯用作该工厂使用的原料。这也成为日本化工企业进入页岩革命核心部分的首个案例。

出光兴产化学品部北美AO推进室事业推进小组称：“目前从全球来

看，供需处于平衡状态，但在已经开始生产以页岩气为原料的化学品等的北美地区，苯的供应略显不足，从亚洲的进口量趋于增加。”从中长期来看，页岩革命有可能给 PE、PP、PS 等树脂的供需及价格带来巨大影响。

5 月 15 日，三井物产又宣布将与美国大型化工企业塞拉尼斯合作在美国投资建设甲醇生产工厂。双方计划各出资 4 亿美元成立合资公司，在塞拉尼斯的主要工厂内新设甲醇生产设备，预计 2015 年正式投产，年生产量 130 万吨，相当于美国需求量的 20%。原材料主要由三井物产在美国的页岩气气田提供。

甲醇可广泛应用到汽车零部件、医药品、燃料等生产，2012 年世界需求量约为 6000 万吨，今后每年的增长率为 4% ~5%。美国的需求量约占世界的 10% 以上，但 80% 几乎依靠进口。**凭借几年来的多次大手笔投资，以三井物产为首的日本综合商社已经深入渗透进美国页岩气产业的每个领域，不仅为日本能源供给多元化战略找到了新的突破口，而且借机成功杀入页岩气深加工这个美国页岩革命的核心领域，成为美国页岩革命的巨大受益者之一。**

■原文发表于《中国经济导报》2013 年 11 月，作者：白益民

第五节

中国发展页岩气无须“唯美国马首是瞻”

由美国引发的“页岩气革命”正逐步带动世界其他国家对页岩气的关注和勘探。

近两年来，我国在政策层面对页岩气发展给予较多关注。早在 2012 年 3 月，《页岩气“十二五”规划》发布，明确到 2015 年中国将基本完成全国页岩气资源潜力调查与评价；建成一批页岩气勘探开发区，初步实现规模化生产，页岩气年产量达到 65 亿立方米。2012 年，国土资源部启动了

两次页岩气招标，并预计将于近期启动第三轮招标。2013 年 10 月 30 日，国家能源局发布首部《页岩气产业政策》，提出把页岩气开发纳入国家战略性新兴产业，加大对页岩气勘探开发等财政扶持力度。

页岩气真的将在全球范围内引爆新的能源革命吗？

受质疑的 EIA 页岩气储量数据

据报道，美国能源信息署（EIA）2011 年 4 月宣称页岩气技术可采资源量（TRR）中国有 36 万亿立方米，超过美国的 24 万亿立方米，位居世界第一。同年，我国国土资源部的初步评测是，中国拥有 25 万亿立方米可开采页岩气。

中国国家能源专家咨询委员会主任、国务院参事徐锭明在 2012 年全球石化替代原料高峰论坛上提出质疑：“美国的页岩气储量是打了 10000 多口井后测算出来的，中国打了 50 来口井就能算出来了？中国地质、地表复杂，我们不能被第一忽悠，更不能跟着忽悠而搅乱了自己的能源发展战略。”

提取岩石中大量的天然气

主要国家的页岩气可采储量　　信息来源：美国能源节能信息局

	技术可采储量	天然气消耗量（2009年）	按照各国天然气年消耗量对可采储量进行换算
中国	36.1万亿立方米	872亿立方米	414 年
美国	24.4万亿	6456亿	38
波兰	5.3万亿	164亿	322
法国	5.1万亿	490亿	104
英国	6000亿	881亿	6
德国	2000亿	926亿	2

美国能源信息署（EIA）2011 年 4 月宣称页岩气技术可采资源量（TRR）中国有 36 万亿立方米，位居世界第一

早在 2011 年 6 月，EIA 就发布了 32 个国家、48 个页岩气盆地的评估报道。其中称波兰拥有 5.2921 万亿立方米的页岩气储量。然而，介入波兰页岩气开采的埃克森美孚公司和马拉松公司先后折戟，前者于 2012 年 6 月早早宣布退出，马拉松公司则在宣布“获得了令人不满意的钻探结果”以后，表示将于 2014 年下半年前撤出波兰。

颇耐人寻味的是，EIA 在这份报告中给出的美国页岩气技术可采资源量为 24.3946 万亿立方米，然而仅过半年，EIA 再次发布报告则称，美国拥有在技术上未经证实的可采页岩气资源比一年前预测的估计数减少了大约 42%。

地质储量评估是实证科学，需要大量的实钻井进行逐渐精确的评估和印证。美国 2009 年底就已经拥有总量高达 49.31 万口各类型天然气、页岩

气井，然而，EIA 在依旧“搞不清楚”自己到底有多少页岩气储量家底的情况下，却能未经实钻就给出别国的页岩气储量数据，其数据可信度存疑。原石油勘探司副司长查全衡表示，EIA 此次仅仅评价了中国塔里木和四川两个盆地，就说我国资源规模超过全美国的资源规模，实在难以令人信服，起码是言之过早。

美国技术也会“水土不服”

20 世纪 90 年代后期，水平钻井与多段水力压裂技术在美国获得率先实现突破应用，释放了页岩气作为非常规油气资源的开采和应用前景。“页岩气革命”自那时开启大幕。而中国页岩沉积时代早、埋藏深、勘探开发难度大，目前并无企业掌握水力压裂核心技术。

民营企业进入页岩气产业上游勘探开发市场一般需要两种方式：开展自主页岩气开发技术研发，或是与油气开发的技术服务主体开展技术合作。无论哪种方式都将使企业面临技术研发与技术合作方面的风险。

2012 年，中石油、中石化、中海油等中字头公司开始大刀阔斧地向页岩气进军。为了解决采掘技术难题，这些大型央企都不约而同选择与国际巨头牵手。

2013 年 2 月，中石油与壳牌中国勘探与生产技术有限公司签署了一份产品分成合同，在四川盆地的富顺—永川区块进行页岩气勘探、开发与生产。这是在中国签署的首份页岩气产品分成合同，引来业界广泛关注。中国石化下属勘探南方分公司也与康菲石油签署了《四川盆地綦江区块页岩气勘探、开发和生产的联合研究协议》。此外，中石化还在贵州省与雪弗龙合作钻井，第一口井已于 2011 年钻探。

在美国实现应用的水平钻井与多段水力压裂技术并没不能“普适各国”

但美国的页岩气勘探技术是不是能“普适各国”呢？目前看来，仍有缺陷。如美国雪弗龙公司拥有位于波兰的一处页岩气开采平台，但美国的

压裂技术并不适用于波兰地质。与中国相比，在页岩气开采的地质条件方面，美国的页岩气开采条件大大优于中国，3000 米已经算比较深。中国则大都分布在西南部山区，3000 米属于浅层，一般是 4000～6000 米。

中石油在打第一口水平井的时候，按照“美国经验”的钻井密度（1.2 到 1.3）去穿越储层，结果出现垮塌。后来又跟美国专家合作，对页岩的特性进行了分析研究之后，选择了 2.1 的钻井密度，才获得成功。然而，更高的钻井密度又会带来其他问题，比如井漏风险、设备功率增大、工具磨损增加，等等。

壳牌中国《技术对页岩气项目成功与否的作用》显示，由于页岩气具有三低一高一快一长（气层压力相对较低、单井产量低、采收率低、投入高、产量递减快、生产周期长）的低品位特点，一个成功的页岩气开发项目需要勘探上千口井。哈丁歇尔顿能源咨询公司的研究显示，一个页岩气开发项目成功的几率只有 10.8%。

环保是页岩气开发最大阻碍

我国页岩气开发刚刚启动，尚未出现环境问题及事故，但是我国政府已经对页岩气开发的环境问题表示关注，不排除未来国家对页岩气开发实施严格的环境监管。2013 年 3 月国务院总理李克强表示，中国面临严峻的环境危机，将针对污染企业采取更严厉的措施。

页岩气开发过程中面临水体污染、空气污染和地质破坏三大环境风险。在同样产量情况下，页岩气的井田面积大约是常规天然气井田面积的十几倍，钻井数量则达到常规天然气的 10 倍左右。其开发过程中产生的废水会包含碳氢化合物、重金属、盐分以及放射性物质等 100 多种化学物质，可能造成地下水的污染；其所使用的水力压裂技术则有可能造成地质破坏。

页岩气开发带来的水污染案例在美国并不少见：2009 年，怀俄明州的居民被美国环保局告知饮用水源受到页岩气开发压裂液中毒物的污染；同年，在宾夕法尼亚州，由于压裂液泄漏造成东南部溪流中盐度过高、藻类疯长，43 英里的地表径流受到污染，大量鱼类和两栖类动物死亡；2010 年 7 月，德克萨斯州发生一起井喷，许多压裂液喷出来并导致了污染。

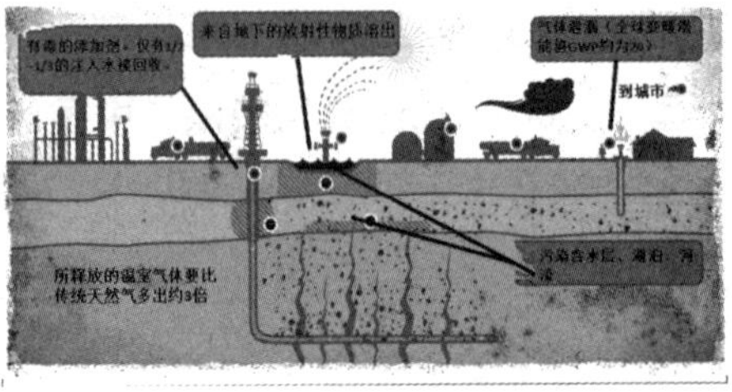

页岩气开发过程中面临水体污染、空气污染和地质破坏三大环境风险，其开发过程中产生的废水会包含碳氢化合物、重金属、盐分以及放射性物质等100多种化学物质，可能造成地下水的污染；其所使用的水力压裂技术则有可能造成地质破坏

除了对水环境存在威胁之外，页岩气开采过程中引发的空气污染也不容忽视。尤其与常规开采相比，页岩气开采过程中甲烷的泄漏量更大，常规油气开采甲烷泄漏量仅为1个多百分点，而页岩气开采过程中甲烷泄漏量却达到产气量的3.6%～7.9%。

与美国页岩气开采不同的是，中国西南部地区的页岩构造中还含有较高浓度水平的硫化氢。其中，四川盆地的威远页岩气区块所含硫化氢浓度为0.8%～1.4%，川东北区块所含硫化氢浓度高达15%。硫化氢是一种可燃的毒性气体，经常接触会对人体健康造成损害。而一旦大规模开采的话，硫化氢的排放量会很大，也会给污染减排带来不小的压力。

国土资源部油气战略研究中心研究员、教授级高级工程师岳来群指出："美国地广人稀，地势较平坦，有利于页岩气的开发，而我国川、黔、渝等地区，人口稠密，地势高差大，地质灾害多发，而且压裂井场占地面积较大，如果未来开发井位较为密集，人为扰动就易诱发山体滑坡等地质灾害，页岩气开发的综合负面效应明显，应有所警觉。"

在2013年4月16日召开的美国地质学年会上，美国地质调查局发布了一份报告，称美国中西部地区近十年来的地震频发现象，"几乎可以肯定是人为的"。美国地质调查局称水力压裂法开采页岩气会导致地震频发。由于担心地质灾害，美国纽约州和特拉华盆地已叫停了该地区的页岩气项目。

经济性与常规气田截然不同

页岩气开发的经济性与常规油气田截然不同。一方面，页岩气初始产量较高，一般为6万立方米/日～8万立方米/日，初期产量下降快，第一年产量下降60%～70%，到2万立方米/日，之后产量下降速度明显减缓，生产周期一般30年~50年。所以页岩气井的前期投入能够很快收回，但是为了维持产量，需要继续提升稳定投资建造新井，这就需要投资主体及开发主体有持续的资金投入与支持。另一方面，由于页岩气地处地层深层，不同地块的埋深不同，而埋深增加带来的勘探开发成本增加是呈指数级别增长的，这就对页岩气开采商的持续资金实力提出挑战。

以美国最大的马塞勒斯页岩气田为例，该页岩气田由于泥质岩层巨厚，有8~80米，埋藏深度700~3000米。为开发该气田，页岩气开采商需要钻探10万~22万口井，每口井的价值约为300万~400万美元，这样仅用于钻井的投资至少为3000亿美元，或者说每开采1000立方米的页岩气，需要向钻井投资197美元。

切思皮克一名地质学家指出公司的生产预测不可靠，单是钻井首年产量跌幅之快，便足以令他起疑；康菲石油亦有员工怀疑页岩最后或成全球最不赚钱的领域。2013年10月，作为石油行业的领军企业掌门人，荷兰皇家壳牌董事长彼得·沃瑟坦承，公司在北美页岩气项目上投入了至少240亿美元，然而，重金押注美国页岩气竟以失败收场，无疑是巨大的遗憾。

对于中国的页岩气投标，新加坡油气行业咨询公司三珍国际顾问托尼·瑞根指出：“他们将会获得非常少量的页岩气区块数据，对打造勘探井需要花费什么知之甚少，而且根本就不明白开发成本到底有多大。可以说，这些公司是受到了页岩气巨大市场潜力的吸引。”数据显示，目前在中国开采页岩气的成本约为美国的2~3倍。

与此同时，管网设施也是投资者应当考虑的重要因素。美国发达的交通运输网络和管网建设对页岩气开发也起到了很大的推动作用。美国天然气仅管线管网长度就高达49万公里，年管输能力接近5000亿立方米。中国天然气干线管网长度仅4.5万公里，年管输能力仅800亿立方米，不到美国的10%。超过10倍的差距，复杂多变的地表地理环境，将成为未来中国页岩气市场发展的重大阻碍。

时任中石化董事长傅成玉表示：“美国的基础设施完善，管网是成系统的，打井后，接1~2公里就是管网了，虽然每天的产量低，但是还是可以赚钱。而我们管网不发达，基础设施投入成本比美国要高出很多，所以页岩气的售价降不下来。”

更为关键的是中国管道运输不开放。目前，我国输气主干管线中，中石油管输里程份额超过75%，中石化和中海油不到20%左右，气体资源与输气管网捆绑严重。在输气线路紧张的情况下，如果既不出台配套的鼓励管网建设措施或规则，又不实现强制管网开放，页岩气开发将面临再建管网的巨大成本。页岩气的出路只能是在井口液化后运输，或就地建发电厂、深加工厂，但这将明显增加投资的不确定性和风险。

谁是美国“页岩气热潮”中的大赢家？

在金融危机后，天然气热潮是少数几个华尔街投行的重要利润点之一，更有甚者将页岩气产业比作美国下一个“两房危机”

“美国页岩气发展近12年来，真正赚钱的都是那些中小企业（按大小划分）和油田服务类公司（按类别划分），尤其以油田服务类公司为主。”涉足美国页岩气开采设备的宏华集团有限公司主席兼总裁张弭表示。

相比之下，在页岩气领域表现高调的大型石油公司如壳牌、BP等在页岩气发展的开始阶段并未成为真正的大赢家。因为要等到页岩气下游服务行业的兴起、价格涨至每百万英热单位5～6美元时，大型石油公司才能进入全面的盈利状态。

在这股页岩气热潮的背后，还有一支不可轻视的力量，那就是华尔街。

迄今，许多天然气勘探公司和其数以万计的投资者至今仍然亏钱。勘探公司挖了太多的气井，用液压裂化技术获取了太多的天然气，天然气价格被拉至历史低点。而由于在繁荣阶段签订的复杂的融资和租赁协议，各勘探公司无力停止开采来避免气价崩盘，美国的天然气价格自2008年夏天以来下跌超60%。

美孚石油在2010年花了410亿美元收购了天然气巨头XTO Energy，当时的气价几乎是如今的一倍，其CEO Rex W. Tillerson对行业的困境直言不讳。他说道：“我们如今亏得裤子都没了。我们根本不赚钱，所有人都在亏钱。”

如同信贷泡沫一样，天然气的繁荣与萧条很大程度上是被来自华尔街金融家设计的创造性的融资安排所带来的数百亿美元所推动，而站在这背后的是高盛、巴克莱、杰福瑞等投行。在金融危机后，天然气热潮是少数几个华尔街投行的重要利润点之一。

《纽约时报》《外交政策》等美国媒体先后提出质疑，更有甚者，将页岩气产业比作美国下一个“两房危机”。

从当前能源总体形势看，传统油气资源的日渐枯竭已成必然趋势，这也是页岩气等新兴能源越来越受到追捧的主要原因。诚然，受制于能源瓶颈，中国的经济发展急需新的能源动力，但是否需要“唯美国马首是瞻”、重金“押注”页岩气领域，尚需更多的基础资料去加以认定。

■原文发表于《环球财经》2014年第1期，作者：白益民

第十章　日本能，中国为什么不能？

印度尼西亚是亚太地区第二大石油生产国、最大的天然气生产国，也是最大的 LNG 输出国，其国内巨大的油气资源，更是世界能源巨头竞相追逐的猎物。然而从 20 世纪 60 年代开始，日本便成为印尼最大的能源出口国家，同时也是印尼最大的债权国，并且一直延续到现在。

由于深海石油天然气勘探技术几乎掌握在欧美几家大石油公司的手里，加上对行业本身巨大风险的考虑，日本选择在掌握了商权之后与欧美石油公司进行合作。这样不仅能够与欧美石油公司建立良好的伙伴关系，还能通过合作学习欧美先进的油气勘探技术。

随着外界经济环境的变化，综合商社配合日本国家政策，积极参与全球能源资源的争夺战，着力开发能源资源，进而控制商机和国内外制造业生产的命脉。在不断加强对石油、天然气等上游资能源开发的同时，还积极进军流通、咨询等下游领域业务，打通流通“瓶颈”，实现能源产业链一体化。

作者题注：

深谋远虑捷足先登，一场场漂亮的经济争夺战中，日本财团从中脱颖而出，我们该怎样理解日本财团模式？中国企业又该如何实现能源突围？

本章提要

当中国大力推进天然气资源利用的时候，日本早已在这个领域经营了数十年。日本的综合商社三井物产和三菱商事都在全球拥有极为庞大的石油天然气勘探、开发、生产和销售体系，这甚至超过了专业的石油公司。

通过少量参股的形式，日本财团从一个贸易伙伴变身为项目股东，成为股东后便可获取商业信息，建设情报网络，而且还可以广交人脉。日本财团正是在综合商社的带领下一步步蚕食着全球的石油天然气产业链。

在日本政商一体的海外能源战略推进模式中，日本将政府的外交手段、资金实力、政策支持等优势，商社的情报获取、商务谈判等能力，以及制造业企业的先进技术优势整合为一体，通过技术及装备的输出，为日本保障能源安全做出了巨大的贡献。

同时，在日本有一个类似中国的“国资委＋工商联”的组织——经团联，它把日本这些财团的大企业，按照产业统和组织在一起，那么几乎所有最大的公司都在这个经团联的组织体系里，经团联也被称为“日本经济内阁”。

中国现在并没有这样的一个组织体去和日本的产业军团去抗衡，也是说，现在中国经济万马奔腾已经不行了，互相拼了，内部消耗了。所以我们要考虑怎样把大家组织起来、一致对外，未来我们要获得更多的田、更多的地、更多的草场。

商场如战场，中日两个经济体的竞争无时不在，无处不在。当我们急切地向欧美寻求经济良方的时候，更要发现我们邻居日本就是一本很好的教材，向对手学习并不丢脸，被对手打败，还不知道是怎么被打败的，那才叫做丢大脸。

第一节

日本政商一体的能源战略

从20世纪60年代开始，日本就以政商合作的模式、投入重金，帮助印度尼西亚建设了最大的两个液化天然气（LNG）项目。这一举措不仅保障了日本的能源供给，也使日本获得了巨大的经济利益。

政治联谊促能源合作

印度尼西亚是亚太地区第二大石油生产国、最大的天然气生产国，也是最大的LNG输出国。其分布于苏门答腊、爪哇岛、东加里曼丹等地区的巨量油气资源，是世界能源巨头竞相追逐的猎物。

1966年2月21日，日本石油资源开发株式会社在印尼注册成立了北苏门答腊海上石油开发公司，正式拉开二战后日本布局印尼油气资源的步伐。

从苏加诺时代开始，日本与印尼的关系就非常密切。为了使苏加诺能够批准日本的石油计划，1959年6月苏加诺访问日本时，在东日贸易株式会社社长久保正雄的牵线下，与当时银座最有名的交际花根本七保子在帝国饭店酒吧邂逅，两人一见钟情。

印尼总统苏加诺的第四任妻子——拉托娜·莎莉·黛维正是当时日本银座的最有名的交际花根本七保子，而在20世纪60年代，黛维还曾是时任日本首相池田勇人和苏加诺总统之间的秘密信使

三个月后，久保正雄将七保子送往印尼，改名拉托娜·莎莉·黛维，成为苏加诺的第四任妻子，并出任印尼—日本友好协会会长。2008年12月日本的解密外交档案披露，20世纪60年代，黛维曾是时任日本首相池田勇人和苏加诺总统之间的秘密信使。

到了苏哈托时代，日本与印尼关系更为密切，日本的对外贷款近40%都投到了印尼的基础建设以及能源相关行业。长期来，日本成为印尼最大的进出口国家，日本投资列首位，也是印尼最大的债权国。

20世纪60年代以后，印尼成为日本最重要的原料供应国，一直延至现在。

日本财团的第一桶金

政治上的友好为日本与印尼的能源合作奠定了基础。很快，苏哈托上台的当年，1966年10月，北苏门答腊海上石油开发公司便与印尼政府控制的印尼国家石油公司（PERMINA）就北苏门答腊海上区块签订产品分成合同，并获得了东加里曼丹省马哈坎海上区块100%的股权。1968年印尼政府将Pertamin和Permina合并为印尼国家石油天然气公司（Pertamina），目前成为世界最大的LNG生产商和出口商之一。

由于深海石油天然气勘探技术几乎掌握在欧美几家大石油公司的手里，加上对行业本身巨大风险的考虑，日本选择在掌握了商权之后与欧美石油公司进行合作，这样不仅能够与欧美石油公司建立良好的伙伴关系，还能通过合作学习欧美先进的油气勘探技术。

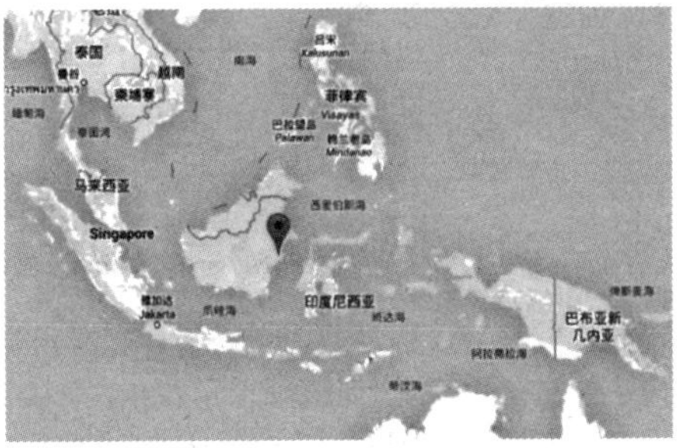

印尼的东加里曼丹省是世界最大的LNG生产商和出口商之一

为此，北苏门答腊海上石油开发公司在1970年联合美国优尼科公司在马哈坎区块附近建立了阿塔卡单元（Attaka Unit），双方各持50%的股份，当年便在该单元发现了阿塔卡油田，并在1972年开始生产原油和天然气。同时，北苏门答腊海上石油开发公司还将马哈坎海上区块50%的权益让给法国石油巨头道达尔公司。两家公司随后在该区块发现了贝卡派（Bekapai），汉递（Handil）等油气田，产自这些油田的原油和冷凝物主要通过油轮从圣坦油码头（Santan）和赛尼帕油码头（Senipah）终端运到日本的石油精炼厂和发电站。

与欧美石油公司的合作让日本不仅尝到了甜头，还收获了意外惊喜。1972年2月，位于日本马哈坎区块附近的巴达克（Badak）气田发现了巨大的天然气储量。为了将天然气出口至日本，随后印尼国家石油公司开始着手建设邦坦（Bontang）液化天然气项目，并于 1973 年 6 月成立了液化天然气特别小组来执行该项目。当年 12 月 3 日，日本的中部电力、关西电力、九州电力、新日铁以及大阪燃气等 5 家公司与印尼签署了液化天然气的购买合同。

邦坦液化天然气项目的建设对当时正在经受石油危机的日本来说可谓是天赐良机，为了能够促使这一项目的顺利落实，1973 年，以关西电力为首的日本电力公司、以三井物产为首的日本综合商社以及日本银行组成的集团共十几家公司合资成立了日本印尼液化天然气公司（Japan Indonesia LNG）。

1974 年 11 月 26 日，印尼国家石油公司联合日本印尼液化天然气公司、印尼 Vico 以及法国道达尔，共同组建了巴达克天然气液化公司（PT Badak NGL）来运营邦坦液化天然气厂，四家公司分别持股 55%、15%、20% 以及 10%。

经过两年多的建设，1977 年，拥有 A 和 B 两条液化天然气生产线的邦坦液化天然气厂正式落成。当年 8 月，产自巴达克气田并在邦坦工厂加工后的第一船液化天然气运至日本，这距离发现巴达克气田仅仅过去了五年半的时间。

随后几年里，邦坦工厂又陆续新建 C—H 六条生产，总共八条生产线，处理能力达 2250 万吨。邦坦工厂成为世界最大的天然气液化工厂之一。日本三菱商事旗下的千代田化工建设株式会社则负责了 E、F、G 三条生产线的建设，并对 A—D 这几条老化的生产线进行升级，更换了设备及控制系统。

日本印尼液化天然气公司股权结构表

关西电力	19.3%
九州电力	12%
日商岩井（现双日）	10%
东邦燃气	2%
三井物产、三菱商事、伊藤忠、东棉、丸红	9.6%
日本银行组成的集团	7.49%

政商一体的能源战略

在此期间，位于印尼苏门答腊岛西北部亚齐特别行政区的阿隆液化天然气厂也在美孚石油公司和印尼国家石油公司的支持下开始建造，到1979年2月，原计划的三条液化天然气生产线全部竣工。该液化天然气厂由阿隆天然气公司（PT Arun NGL）负责运营，印尼国油持有55%的股份，美孚石油和日本印尼液化天然气公司分别持有30%和15%。

在阿隆液化天然气厂的建设中，日本公司再次发挥了巨大的作用。1982年，三菱商事、千代田化工建设株式会社印尼当地以及公司为阿隆工厂新建两条处理能力为340万吨的生产线。而后，1986年，日晖株式会社再为该工厂增添一条生产线。六条液化天然气生产线使得阿隆液化天然气厂的年处理能力达到1250万吨，生产出的液化天然气几乎全部运往日本。

鲜为人知的是，邦坦和阿隆这两座天然气液化厂造价高达16.37亿美元，仅日本印尼液化天然气公司就投资12.2亿美元，约占75%。另外，日本官方海外合作基金也提供了1.87亿美元的资助，印尼国家银行贷款的自筹资金只有1.4亿美元。

事实上，北苏门答腊海上石油开发公司和日本印尼液化天然气公司在印尼的行动正是日本多年来海外能源战略的一个缩影

在日本战后数十年对印尼天然气领域的布局过程中，北苏门答腊海上石油开发公司和日本印尼液化天然气公司这两家公司发挥了巨大的作用，它们几乎参与了印尼所有的液化天然气项目。

此后，在日本国内企业重组的大潮中，这两家公司进行了整合。日本印尼液化天然气公司，被日商岩井（现双日）和住友商社合资成立的日本液化天然气公司在2001年纳入麾下。而北苏门答腊海上石油开发公司则逐渐发展壮大，在1975年更名印尼石油有限公司之后，随后的许多年里依次获得印尼南纳土纳海B区块、印尼马赛拉区块、澳大利亚西部以及哈萨克斯坦里海地区的油气权益。2001年，该公司更名为国际石油开发株式会社（Inpex），2006年与日本排名第三的帝国石油株式会社合并为国家石油开发帝石株式会社，成为日本最大的石油公司。

事实上，北苏门答腊海上石油开发公司和日本印尼液化天然气公司在印尼的行动正是日本多年来海外能源战略的一个缩影。前者隶属于日本当时的国有企业石油公团，它代表日本政府的意志进行战略布局，后者是日本综合商社、金融机构和制造业企业的融合体，它代表了日本财界的实力，真正发挥着保障日本能源安全的作用。

在日本政商一体的海外能源战略推进模式中，日本将政府的外交手段、资金实力、政策支持等优势，商社的情报收集、商务谈判等能力，以及制造业企业的先进技术优势整合为一体，通过技术及装备的输出，为日本保障能源安全做出了巨大的贡献。

■原文发表于《环球财经》2013年第9期，作者：白益民

第二节

中石油的卡沙干命题

中石油若要收购卡沙干油田权益，将面对来自四家欧美石油公司及一家日本石油公司的争夺。如果中石油能够与三菱商事进行合作，不仅能消除来自日本公司的威胁，而且将助推自己顺利入围。

2013年7月，有媒体称，哈萨克斯坦国有石油企业哈油气公司表示，中国石油集团将通过与其两笔接连交易购买哈萨克斯坦卡沙干油田项目的部分权益，支付金额逾50亿美元。很显然，此次交易如果成功，将为中哈石油管道的原油供给起到重要的保障作用。

然而，作为世界最大油田之一的卡沙干油田，自发现以来就是欧美石

油巨头的逐鹿场。2003 年中海油、中石化试图杀入这场围猎游戏，但最终被欧美石油公司以优先认股权的方式拒之门外。如今，中石油代表中国油企卷土重来，能否顺利入围面临卡沙干油田众多项目方的挑战。

中哈管道的供给源

中国—哈萨克斯坦石油管道（中哈石油管道）于 2006 年 5 月正式通油，是一条从油气储量巨大的里海横跨整个哈萨克斯坦到中国的出口路线，被视为中国能源摆脱马六甲海峡困局的重要通道。

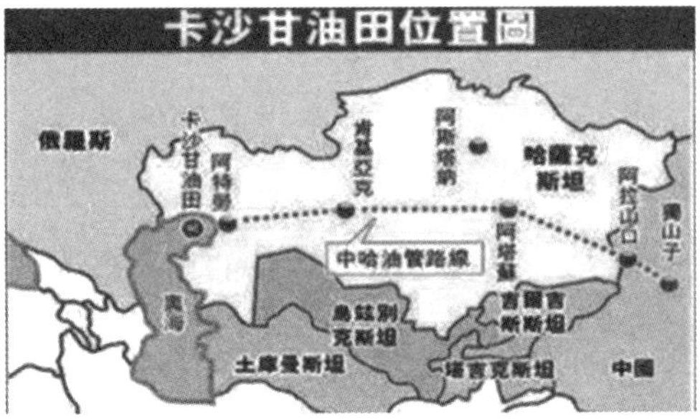

2006 年 5 月正式通油的中哈石油管道，是一条从油气储量巨大的里海横跨整个哈萨克斯坦到中国的出口路线

然而，需要注意的是，目前虽然中石油已经在哈萨克斯坦陆地上获得了阿克纠宾等多处油田，但是这些被美国、俄罗斯等国家石油公司抛弃的油田并无多大前景。随着位于里海的卡沙干、卡拉恰干纳克和田吉兹三大油田的逐渐投产，中石油在哈萨克斯坦所占有的油气份额将急剧降低。

2013 年 4 月，中石油与哈油气公司签署协议将中哈石油管道的运输能力提高 800 万吨，更是让中哈石油管道的原油供给源成为一个重要问题。

在这一情况下，扩大气源成为必选题。据悉，卡沙干油田的探明可采储量约为 110 亿桶，而远期地质储量可达 350 亿桶，被认为是 1968 年被发掘的美国普拉德霍湾油田后世界上最大的油田。更重要的是，该油田位于里海北部城市阿特劳附近。

据统计，北里海的油气储量占哈萨克斯坦总油气储量的 70%。中国能源网 CEO 韩晓平曾表示："中哈石油管道的意义不仅在于哈萨克斯坦的石油，而且在于里海的石油资源。中哈输油管线走向必然涉及油气出口权的控制，对中国来说，能源战略意义重大。"

鉴于此，就不难理解中石油为什么将中哈石油管道的起点定在"石油之都"阿特劳（Atyrau）。

为了能够保障中哈石油管道的顺利运行，中国能源三巨头一直盯着里海地区丰富的油气资源。2003 年 3 月 7 日和 11 日，BG 与中海油及中石化达成转让其所持北里海项目 16.67% 全部权益的协议。这项交易如果成功，将成为中国企业截至当时最大的海外并购案例，同时也将是“中国 21 世纪石油战略”实施以来最具价值的一步。

然而，中海油和中石化与英国天然气公司的单方面协议并不能使此项交易成功。因为依照该项目原合作方资产购买协议的相关条款，现有股东有权在 60 天内对出售的股权以同等价格优先购买，中海油和中石化似乎并没有重视这点。

2003 年 5 月 16 日，北里海项目作业者意大利埃尼旗下的阿基普公司向外界宣布，该项目的 6 个股份持有者中 5 个成员（日本 INPEX 除外）已决定使用优先购买权认购 BG 计划出售的股份，中国企业只能含恨而归。

卡沙干唯一的亚洲股东

中石油进军卡沙干油田，是西方石油公司所不愿意看到的事情。因为它们承担了前期巨大的投资风险。事实上，此时选择和日本合作或许是不错的选择。毕竟，在西方石油公司一致行使优先认股权将中石化、中海油拒之门外的时候，日本 Inpex 北里海株式会社是唯一放弃行使优先认股权的卡沙干油田股东。

卡沙干油田的发现源自七大欧美能源巨头的里海欲望。1993 年 6 月，意大利埃尼石油、英国天然气公司、英国石油公司、英荷壳牌集团、挪威国家石油公司、法国道达尔和美国美孚石油就与哈萨克斯坦政府签署了勘探和开发哈萨克斯坦里海地区的协议，建议在整个属于哈萨克斯坦的里海地区进行地质、地球物理和环境研究。

此后四年，七大石油集团与哈油气公司合资成立哈萨克斯坦里海大架公司，在哈萨克斯坦里海大陆架上展开调查。1997 年，七大石油巨头与哈油气公司成立海上哈萨克斯坦国际运营公司，并在 1997 年 11 月 18 日与哈萨克斯坦政府签署了 20 年的北里海产品分成合同。（注：在后来发展中，七大石油集团公司缩减为四家）。

此时，石油勘探蕴藏巨大风险的前期阶段已经度过，而一直盯着这些欧美石油公司行动的日本公司开始下手。

1998 年，日本在哈萨克斯坦成立了 Inpex 北里海株式会社，它也成为卡沙干油田项目唯一的亚洲股东

1998 年 8 月 6 日，日本石油公团联合日本 Inpex 公司、日本石油资源开发株式会社和三菱财团的三菱商事（综合商社）分别出资 50%、45%、2.5% 和 2.5% 成立了 Inpex 北里海株式会社。9 月，该公司联合美国菲利普斯石油公司（现在为康菲）以 5 亿美元现金和提供低息贷款为条件购得了哈萨克斯坦大陆架公司在海上哈萨克斯坦国际运营公司中 14.286% 的股份，两家公司各分得 7.143%。

就在日本加入不久之后，1999 年 9 月，海上哈萨克斯坦国际运营公司在位于哈北部城市阿特劳附近的哈属北里海地区发现了巨型油田卡沙干油田。

为了确保日本公司的利益，日本国际协力银行在卡沙干油田的后期开发中投入了大量资金进行支持。2005 年 10 月许 27 日和 2010 年 3 月 1 日，日本国际协力银行分别为 Inpex 北里海公司提供 6.49 亿美元和 6.93 亿美元的贷款来发展北里海卡沙干油田。

或牵手日本综合商社

作为 Inpex 北里海股东的三菱商事，与中石油有着密切的合作关系。

虽然三菱商事在 Inpex 北里海中仅持有 2.5% 的股份，但是并不影响它在该项目中发挥巨大的影响力。因为三菱商事作为三菱财团的综合商社，具有强大的情报、金融、物流和产业组织能力，综合商社凭借持有的少数股权，向项目的上下游延伸，并帮助日本制造业企业获得订单，引导日本金融机构进行投资，从而掌控项目中的商权。

鉴于三菱商事背靠三菱财团的强大实力，中石油前期与三菱财团的良好关系或许可以派上用场。早在 2001 年 12 月，中石油准备到海外购买油田，因为没有足够的海外投资经验，便主动找到三菱商事（中国）有限公司，三菱商事成功地为中国石油到海外创业做了引导和帮助工作。2002年开始，三菱财团的新日本石油公司受托为中石油旗下的中国联合石油公司进行石油精炼。新日本石油和中石油还于2008年在大阪成立石油精炼的合资公司。

事实上，在中亚地区，中石油还有一段与三菱商事不为人知的历史。1992年，中石油和三菱商事访问土库曼斯坦，计划将土库曼斯坦的天然气通过管道运输至中国东部港口连云港，然后出口到日本和韩国。

如果中石油能够利用好三菱商事这个合作伙伴，不仅能够消除来自日本公司的威胁，还能为保障中国能源安全做出重要贡献

1993年6月，由三菱商事、三菱综合研究所发起成立的日本国家管道调查协会正式推出一份在亚太地区构建一个国际天然气管网计划的可行性研究报告，其中一项重要计划就是建造土库曼斯坦—中国西部—日本的天然气管道项目。然而该项目最终由于成本问题以及中日关系问题而流产，不过这似乎与后来中石油的西气东输项目不谋而合。

收购卡沙干油田权益若成真，中石油将面对来自四家欧美石油公司以及一家日本石油公司的争夺。如果中石油能够利用好三菱商事这个合作伙伴，不仅能够消除来自日本公司的威胁，而且能凭借三菱商事在卡沙干油田运营过程中的经验、人脉关系，以及借助三菱商事的产业组织能力，助推中石油顺利入围卡沙干油田，甚至双方或许可以再续前缘，为保障中国能源安全做出重要贡献。

■原文发表于《中国石油石化》2013年第14期，作者：白益民

第三节

中国 LNG 征途如何破解日本卡位

天然气被称为“绿色能源”，日本最开始使用天然气是 1979 年从阿联酋把天然气运到日本。从那以后日本利用天然气作为发电原料的比例逐年增加，到现在为止已经占到日本发电原料的 27%。**日本和韩国天然气资源几乎完全依赖进口，国际上 50% 以上的天然气都被这两个国家消费。而日本的天然气进口和天然气第三国贸易基本上都是综合商社操办，三井物产和三菱商事无疑是这个领域的两大巨头。**

日本的全球“绿色能源”战略

三菱商事从 1972 年开始其石油天然气业务，与文莱政府及壳牌石油公司一起参与对液化和销售部门的投资。该项目向日本代表性公益事业“东京电力株式会社”“东京燃气株式会社”和“大阪燃气株式会社”供应液化天然气（LNG），至 1993 年 3 月，当初的合同顺利执行完毕，由于供应情况高度稳定，得到了很高的评价，因此，进而又签订了直至 2013 年的为期 20 年的续展合同。

1989 年成立的三菱商事、三井物产和新日本石油 3 家的合资企业（三菱商事出资比例为 45.83%），同年开始了与日本 8 家公司从澳大利亚的西部液化天然气项目（NWS 项目）购买液化天然气的进口有关的各项业务，即交接货现场的监督，进口报关，决算，买卖方之间的联系和协调业务。

三菱商事与壳牌石油（Shell）、Petronas 以及沙捞越（Sarawak）州政府携手创办的合资企业，是以作为天然气的有效利用方法备受青睐的 GTL（天然气液化）技术为基础的世界第一个商业化项目。于 1993 年正式投产，年产量约为 50 万吨。此外，三菱商事还以出资和进口代理的方式参与。

马来西亚沙捞越州的 3 个液化天然气项目（第一：SATU；第二：DUA；第三：TIGA。以上项目，分别于 1983 年、1995 年、2003 年开始了液化天然气的生产），以及沙捞越州近海的天然气开发生产业务。

三菱商事参与策划位于世界最大液化天然气出口国印度尼西亚的大型投资项目“东固（Tangguh）LNG 项目”，同时，还参与液化天然气年进口量约 100 万吨的“阿伦（Arun）IILNG 项目”。2005 年 3 月决定投资的东固 LNG 项目，作为印度尼西亚第三大 LNG 生产基地，以 2008 年年终开始投产为目标，正在建设之中。该气田位于西巴布亚（Papua）省的宾图尼（Bintuni）地区，预期年生产量为 760 万吨。

为了更好获取海外的天然气资源，日本公司正在加紧对海外气田进行投资，造价动辄数十亿美元

当中国大力推进天然气资源利用的时候，日本早已在这个领域经营了数十年。2006 年 5 月 26 日，三井物产中国总代表副岛利宏在中国循环经济发展高层论坛上说：“三井物产在日本以外的国家投资天然气资源，在那里开采天然气卖到日本的发电厂。石油天然气开发主要集中在三个区域，一个是中东，阿联酋、卡塔尔和阿曼，一个是澳大利亚，还有亚洲，在泰国和柬埔寨进行开采，同时我们参与了俄罗斯的天然气开发。”

2006 年 11 月 21 日的外电报道，与日本三井物产在铁矿石业务中配合密切的澳大利亚矿业巨头必和必拓（BHPBillitonLtd.，BHP），已向三井物产出售了其在纳米比亚油气田 15% 的利益。出售交易完成后，必和必拓持有勘测区 75% 的利益，三井大西洋能源公司（MitsuiAtlanticEnergyBV）持有 15% 的利益，南非国有石油天然气公司 PetroSA 持有 10% 的利益。三井物产表示，打算参与大西洋沿岸市场的新开发项目，预计该地区的能源需求将会增加。这一举动表明，日本商社正在积极向非洲大陆挺进。

三井物产和三菱商事都在全球拥有极为庞大的石油天然气勘探、开发、生产和销售体系，这甚至超过了专业的石油公司。

重视加强“两端业务”

随着外界经济环境的变化，日本综合商社的经营重点呈现加强“两端业务”特色。一是加强石油、天然气、煤炭、金属矿产等上游资能源开发。综合商社配合日本国家政策，积极参与全球能源资源的争夺战，着力开发能源资源，进而控制商机和国内外制造业生产的命脉。二是加强流通、销售服务、咨询等下游领域业务，削弱下游销售商的强势地位，推进“顾客商机”，打通流通“瓶颈”，实现内外贸一体化、购销一体化，提高经营业绩。

2006 年 5 月 31 日，日本经济产业省编制了以保障能源安全为核心的《新国家能源战略》，重新确立了收购海外石油公司和参与海外油气开发并培育自己核心油气开发企业的思路。综合商社强大的产业组织能力和长期的投资经验决定了它们在《新国家能源战略》中的核心地位。

始于美国、席卷全球的页岩革命正在上演。页岩气低成本开发技术的出现，让原本高企的天然气价格崩盘，从 2008 年达到每百万英热单位 12 美元这一峰值水平后便一路下滑，到 2012 年时降到了 2 美元水平，这对天然气价格数倍于美国的亚洲天然产市场形成巨大的冲击。2013 年 5 月 17 日美国批准液化天然气出口的举动更是让以日本为首的亚洲 LNG 客户纷纷将目标投向美国，意欲分得一杯羹。

据报道，很多中国民企也希望抓住这个机遇，并借此挤入高度垄断的中国能源市场，“他们一手与美国出口商洽谈 LNG 的贸易，另一手则抓紧包括 LNG 接收站项目所需的岸线、批文等软硬件的落实，以便贸易合同签署后，能够迅速在中国天然气市场占据份额”。

与此形成鲜明对比的是，早在多年前就开始布局美国页岩气生产的日本公司已经将页岩气开采、液化、运输、加工的全套体系构建完毕，在这场正在上演的北美页岩气争夺战中，乃至全球 LNG 的争夺战中，面对已经磨炼多年的日本武士刀，“临阵磨刀”的中国企业将如何立于不败之地？

综合商社先知先觉

在日本，有一种特殊形态的贸易公司，它们集贸易、情报、投资、物流、金融等各种功能于一身，它们肩负着日本国内外贸易的重大使命，它们是日本制造业的火车头和牵引车，它们是日本资源战略的优秀执行者，它们甚至在海外活动中发挥着企业大使馆的作用，代替政府在两国关系中承担着外交的角色。

它们就是日本三井、三菱这些业界耳熟能详的大财团的综合商社，它们也是中国企业征战北美页岩油气资源最主要的竞争对手。“现代的综合商社职员必须兼备敏锐的视觉和嗅觉。”这是日本综合商社内流行的一句话，事实也是如此，当美国页岩革命方兴未艾之时，综合商社便已然杀入页岩气上游开采环节。

2009 年 12 月 15 日，住友商事（住友财团的综合商社）出资 1570 万美元通过子公司收购卡里索石油天然气公司在巴奈特页岩中的资产，成为第一家作为当地天然气公司的合作伙伴参与开发此项目的亚洲企业。次年 9 月，住友商事再次以 1.404 亿美元收购美国克斯能源公司位于美国宾夕法尼亚州马塞勒斯的页岩气资产。同年，三井物产（三井财团的综合商社）也以 14 亿美元收购了美国第 2 大独立石油公司阿纳达科石油公司在马塞勒斯页岩区 32.5% 的股权。

鉴于此，三井物产、三菱商事联合日本邮船（日本最大的海运公司之一）成立日本 LNG 投资公司，获得了美国加州能源巨头桑普拉能源公司旗下卡梅伦液化天然气公司 33.2% 的股份，并计划建设新的天然气液化装置，以保证每年向日本出口 800 万吨的 LNG。

住友商事则联合东京燃气公司，计划在美国多米尼奥公司位于马里兰州的 Cove Point 液化天然气接收站新建天然气液化厂，将住友商事在马塞勒斯页岩气项目开发的天然气进行液化加工，并供给日本。

可以看出，在此次美国宣布出口 LNG 之前，日本综合商社已经做好了充分的准备，只待美国能源部一声令下，综合商社精心打造的产业链便开始高速运转。而后知后觉、匆忙上马项目的中国企业则显得略逊一筹。

担当产业链的组织者

相对于液化天然气产业链已经非常成熟的日本来说，中国液化天然气的发展仍处在蹒跚学步的婴儿期，而此时无法摆脱的是日本对液化天然气物流的把控。

为争夺液化天然气运输业务，中国最大的油品运输企业中海发展曾分别在2009年3月10日与中海油、2010年11月与中石化下属公司组建两家合营公司——中国北方液化天然气运输投资有限公司和中国东方液化天然气运输投资有限公司，中海发展分别占90%和70%股权。

然而，由于中海发展没有管理液化天然气船以及液化天然气船员培养方面的经验，不得不选择与日本商船三井（属三井财团）合作。2011年4月26日，商船三井分别与中国北方液化天然气运输投资有限公司、中国东方液化天然气运输投资有限公司签署合资协议，成立两家单船公司，两家合营公司在其中均占30%股份，并分别在沪东中华造船各订造两艘17.2万立方米液化天然气船舶，用于澳大利亚高庚、巴布亚新几内亚至中国的LNG进口运输。

商船三井于1983年开始进入液化天然气运输领域，参与承运的全球液化天然气项目超过30个，参与管理的液化天然气船占全球液化天然气船队规模21%，是目前全球最大的液化天然气航运企业。

2013年初，商船三井又与中国石化签署了最大规模的对华液化天然气运输合同。自2016年起的20年里，每年将从澳大利亚向中国运输760万吨液化天然气，这相当于中国全年进口量的约50%，占全球需求的3%。在中日两国关系恶化的背景下，中石化将如此重要的关乎国家能源安全的合同交给

商船三井于1983年开始进入液化天然气运输领域，参与承运的全球液化天然气项目超过30个，是目前全球最大的液化天然气航运企业

日本公司也是出于无奈，因为中国缺乏运航管理最为困难的液化天然气运输船的管理经验。

事实上，日本综合商社在液化天然气产业链中的布局远没有我们看到的那么简单。以三井物产为例，其在产业链上游的天然气液化生产设备环节有能源部分，在管线铺设环节有钢铁制品部门，在中游的运输环节有船舶和航空部门。此外，从液态转换成天然气之后，三井物产还有专门负责瓦斯销售的部门。所以，从整个产业链的上游到下游，三井物产能够最大限度地发挥价值链的作用，在不同的商务领域发挥其优势。

潜入中国 LNG 产业

中国在天然气海运进口中，主要依靠液化天然气和进口接收站，现在在广东、福建、上海建成液化天然气接收站 3 个，在建项目 7 个，正在规划研究项目 6 个。**然而，由于核心技术的缺失以及整个战略规划的空白，中国的液化天然气项目无一能够摆脱日本的魅影。**

中国第三个液化天然气接收站——商海液化天然气接收站项目的建设，就是在 2006 年 8 月 10 日，以日本三井财团的石川岛播磨重工为核心，由台湾大型工程公司中鼎工程公司设计院（WEC）等 3 家单位所组成的跨国联合体，在中国的承包建设项目中拥有丰富实践经验的丸红的协助下，以约 300 亿日元中标了商海液化天然气（LNG）接收站项目的设计、采购和建设的总包合同。该项目主要接收来自马来西亚的液化天然气，然而，鲜为人知的是，与上海液化天然气有限公司签署液化天然气供给协议的马来西亚液化天然气 Tiga 公司中，也隐藏着日本的身影。

马来西亚液化天然气 Tiga 公司由马国油、沙捞越政府、壳牌、日本石油液化天然气公司（新日本石油旗下）及砖石天然气开发公司（三菱商事全资子公司）在 1995 年 11 月 8 日合资成立，两家日本公司共计持有该公司 15% 的股份。而且，在该公司天然气来源的 SK－10Q 区块和 SK－8 区块中，日本公司持有 75% 和 37.5% 的股份。更加令人震惊的是，SK－8 区块位于马来西亚美里市西北部 250 公里，明显处在中国南海以内，而这一区块也是马来西亚入侵南海最深入的区块。

除了马来西亚之外，为福建供应液化天然气的印度尼西亚东固气田，为广东供应液化天然气的澳大利亚高更气田中，日本三井物产、三菱商事以及新日本石油等日本大石油公司几乎全部出动，这让日本公司实际上成为东固项目的最大股东。

日本正是以这样多家公司少量参股的形式，在综合商社的带领下一步步蚕食着全球的液化天然气产业链。日本财团的产业股虽然只是少量参股，但就是这些不到10%的股份就可以使日本财团从一个贸易伙伴变身为项目股东。成为股东便更有利于获取商业信息、建设情报网络，而且还可以广交人脉，建立财团自己的人脉网络。

现如今，中国发展液化天然气的战略日渐浮出水面，然而，我们不应仅仅将目标停留在液化天然气船、液化天然气接收站等装备制造、工程建设核心技术的研发上，而且还需重视商权的把握，像日本的综合商社一样，将液化天然气的发展作为一项系工程，不遗漏产业链的每一个关键环节，从而保证天然气从开采、液化、运输、接收到使用的流程顺畅运行。

■原文发表于《时代汽车》2013年第6期，作者：白益民

第四节
应该向日本财团学习什么

总部职能：商业化的贤妻良母式服务

中国的大型国有企业纷纷进行重组整合，力图“抱团发展”，形成规模效应，提高竞争力。日本财团是如何实现其强大“狼群效应”的？

我国的企业在整合过程中，主要关注两个问题，一是多元化，一是专业化，在一个集团公司内部，各个子公司必须走专业化的道路，但有一个问题要引起重视：在很多企业，把各个专业化公司关联起来的公共服务没有人去做，或者做得不到位。

日本的财团就像一个大家族，家族能不能繁衍壮大，关键在于有没有一个“贤妻良母”，综合商社就是这个“贤妻良母”

要想发挥“狼群效应”，这一公共服务工作必不可少，在日本，综合商社就是提供公共服务的核心机构。**日本的财团就像一个大家族，家族能不能繁衍壮大，关键在于有没有一个“贤妻良母”，综合商社就是这个“贤妻良母”。金融扮演着祖父或父亲的角色，但如果母亲没有发挥好作用，或者是角色缺失，孩子就不能健康成长。中国的很多企业，就缺少这样一个“贤妻良母”。**

我国企业总部的职能部门虽然也是服务性的，但还有浓重的机关性质，不是商业化的。而日本综合商社的服务大都是商业化的，它们一般从贸易起家，在海内外的贸易扩张中，综合商社会发现很多商机，这些商机可以调动商社内所有相关资源，把集团内技术优势充分发挥出来，使技术与市场结合起来，变成产品，换成效益，并不断升级，企业得以持续发展。

在日本，综合商社表面上看是贸易公司，其实本质上是金融机构，它参股很多公司，目的是要与这些企业建立血脉关系、信息通道和交易渠道，把自己的触角深入多种产业的各个环节，它的职能就是把金融资本变成产业资本，变成技术优势。

如果把我们的企业集团看成一个财团，就必须要有自己的金融机构，金融是“血液”，商社是个“大动脉”，旗下大量的物流企业就相当于“毛细血管”，把“血液”输送到集团的各个企业。

同时，集团内还要有发达的“神经系统”——信息情报中心，能够敏锐地感知到市场需求，把市场信息快速传递到集团决策层以及相关企业和部门，决策机构才能知道企业发展方向和产业布局。由于有了金融、物流、技术、信息和产业布局等，整个企业就成为一个有机生命体。

我国很多企业在整合的时候常常强调“产融结合”，其实我认为正确的做法应该是“产、商、融结合”，而且“商”是最重要的，缺失了

“商”的环节，“产”和“融”的结合就比较脆弱，很容易形成僵化体制。特别是在当前全球化竞争愈演愈烈的情形下，企业要建立起一种灵活的、快速反应的机制，就必须要走“产、商、融结合”的道路。

中国国有企业应该在内部建立类似军队商学院的机构，让各级企业领军人物和工程师去学习如何经商，把工程师变成对市场需求非常敏感的“商人”。商业人才在现代企业中的作用，应该引起我们足够重视。

全价值链竞争：关键要树立契约理念

过去，我们都是在想着自己的企业如何发展，后来大家意识到，仅靠产品和企业的竞争，格局不大，结果也不好。现在，我们都知道全产业链竞争的重要性，但大多数企业还是从企业个体的角度出发来建构产业链概念。而事实上，做产业链就是在治理“生态环境”，需要很多企业一起协同来完成。

我认为，所谓的产业链竞争，就是每个企业要找准自己在产业链中的位置，而大财团或者是商帮就担当起梳理产业链的角色，把不同的企业安排在产业链的上下游，避免它们在同一个平面中进行恶性竞争。

财团内的企业，通过交叉持股、分工协作，找准自己的位置以后，踏踏实实把自己份内的事情做好。**三井财团对中国钢铁产业的控制就是一个典型的案例，我曾分析：一方面，三井物产凭借其出色的物流管理技术和经验与中国企业合资建立钢铁物流供应链；另一方面，三井财团下属的丰田汽车和其他的日系企业大量地采购钢铁合资企业的产品。通过这两个主要的手段，三井财团在中国钢铁业的影响力得以巩固和发展。**

想要高效协同，首先要让协同的企业通过交叉持股等方法，形成利益共同体，那么，对于我们国内的企业集团，也需要大家共同分享商机，共同承担商业风险，这样才能真正发挥出企业集团在全价值产业链竞争上的优势。

其次，高效协同要有原则。300 多年前，三井财团的创始人三井高利就制定过“三井家训”，三井家训传递的是一种契约理念，各企业遵循家规，形成了一致的行动方式、思维方式和做事原则。

第三，商社要发挥协调的作用。商社除了是一个金融机构以外，还是一个情报机构，在发现商机后，商社会邀请一些相关企业共同投资。特别是在海外市场上，商社发挥的作用更大。第四，集团内的企业，在遇到危机的时候，可通过关联交易进行自救。

300 多年前，三井财团的创始人三井高利就制定过“三井家训”，三井家训传递的就是一种契约理念

我拿“火烧赤壁”来打个比方，曹操失败的原因不是因为他把所有的战船都连在一起，而是因为没有做好防火准备。当然了，也可以调整船只连接的方法，不要把 100 只船都连在一起，可以 30 只、50 只连成一个整体等等。

日本的财团，每个产业、每个公司之间，是相对独立的，东芝、丰田等都在独立自主地发展，但它们之间又有关联。关键是要处理好独立和关联的关系。

危机并不是坏事，日本财团都是在危机来临的时候，及时调整产业布局，挺过危机之后，往往是大获全胜，别人的市场、渠道等尽收囊中。大财团为什么能够挺过危机？并不完全是因为它们拥有雄厚的财力，而是因为在危机来临的时候，它们的组织机构没有散，它是个集体企业。

中国的企业集团也应该让集团内的企业之间交叉持股，把企业变成“集体企业”，形成利益共同体，大家共同面对风险是防范风险最有效的办法。

产业布局：学习日本财团的围棋思维

其实日本在明治维新之后，也在为西方企业做代工。代工有个好处，可以迅速“增肥”，但代工只能在一定的规模范围内做，如果没有自己的知识产权，完全给别人做代工，风险就会很大。日本的企业很聪明，在代工的过程中，把技术沉淀下来，其实就是把人才沉淀下来，这是我们应该学习的。

中国的企业不能满足于一时的效益，而是应该在代工中迅速学习国外企业的先进技术和管理理念，把这些变成自己的财富，进而使自己具备技术升级和管理升级的能力。

中国企业的产业布局要学习日本财团的围棋思维

我们在代工的同时，也要让别人为我们代工，要计算好自己的代工规模，充分发挥代工的市场网络和渠道的作用，为自己的发展壮大奠定基础。在代工的同时，着力发展自己的零部件、整机的研制能力，不同的企业有自己不同的战略布局和发展规划，通过财团和商社把这些不同性质的企业联系起来。

一个国家民族工业的发展，很大程度上依赖于国策，日本有相应的法律来规范设备进口，一些先进的设备或生产线，国家只允许进口一次，下一次必须要仿制出来，最大限度地避免了重复引进和国内企业在低水平上的恶性竞争。

像中航工业这样的装备制造企业，应该学习日本的三菱和丰田，学习其组织架构、企业文化、雇佣制度和高管层培养制度。企业文化不仅仅是制定一些制度、提出一些口号，更重要的是构建内部的精神体系。高管层的培养更是异常重要。

需要强调的是，高管层一定要职业经理化，要用商人而不是“官人”或学者来管理企业。企业管理者要有商业精神，同时要具备军人的战略管理能力、军人的意志品格，除此而外，还必须有儒家的文化素养，日本把儒家精神归结为“忠、信、仁、义”。“武士、儒、商”是企业高管层的三个基本素质。

日本是中国产业升级的真正阻力。日本是一个国土面积比较小、资源比较稀缺的国家，日本的文化又是比较传统而务实的农耕文化，日本人从骨子里是比较喜欢做产业而不善于搞发明的，这就决定了日本企业的创新主要体现在产业升级上。

仔细观察就会发现，很多欧美的技术发明，在问世不久，就被日本企业接管过来，形成产业。在美国，申请的实用技术专利排名前十的大公司里，有六家是日本企业，在中国，申请实用技术专利最多的仍然是日本企业。

日本企业对产业的控制是很有谋略的。还拿钢铁业来说，日本在中国宝钢不投资，但是在宝钢的上下游周边布局，比如设备、铁矿石、钢铁物流等，日本企业最擅长的就是把上下游的各种资源调动起来围住对方。这是典型的围棋思维。

在全球化趋势加剧的今天，国际合作不可避免。有人常说我们要用市场换技术，我不认同这种看法。只有保住市场才能换来技术，当我们的市场被别人蚕食殆尽以后，我们是不可能换来技术的。与其用市场去换技术，不如用市场去换股权。

中国企业在与日本企业合作时，必须有清醒的头脑，一定要做到信息对等、交叉持股，形成一种竞合的关系，要用战略性的思维与日本企业合作，这种互换也是将来建立东亚共同体时，中国能够获得平等机会甚至占据主导的关键。

■原文发表于《中国航空报》2010 年 1 月 7 日，作者：刘文波

第五节
中国企业要把握俄罗斯机会

2017 年 9 月 8 日，中国华信拟 91 亿美元收购俄罗斯石油公司（Rosneft Oil）消息公布。斥巨资收购俄油股份，这对中国华信及其他中国企业到底意味着什么？中企进入俄油气市场最佳时机是否已宣告来临？

就此话题，中国华信首席战略顾问白益民做客石油 Link“油气思想

家”高端访谈，首次为广大读者分享了中国华信收购俄油背后的启示。

抓住机遇，打造中俄战略同盟

中国华信巨额资金入股俄油，对中国华信和中国企业到底意味着什么？是否意味着中国企业离俄罗斯油气市场更近一步？

其实这个问题可能大家的主要震动在于，中国的企业突然能够进入到俄罗斯石油公司股权结构，这是以前没有看到的。

对于中国企业而言，要把握住重要机会，积极与俄罗斯核心企业建立起中俄企业之间全方位的战略同盟关系

这个是跟俄罗斯原来的经济体制有关的，它原来也是一套计划经济体制，最近几年也开始做市场化或者是私有化，或者叫国际化。但也不叫完全的私有化，类似中国的混合所有制改革。

他们允许股权里掺入外部资本，开始是西方国家的资本在里面，这次因为俄罗斯跟西方国家，特别是跟美国关系的恶化，导致了俄罗斯在很多政策特别是在对经济方向上做了调整。借这个机会，中国华信进入到俄罗斯石油的股权中。

我觉得对中国企业来说，的确存在在经济层面顶层活动中介入到俄罗斯经济建设的情况。所以我们要把握住这次机会，作为加紧中俄之间的一个经济上的、一个战略同盟的关系，这是一个实质性的进展。

在俄罗斯能源市场，欧美企业在技术装备服务、高科技产品领域都占有很大市场份额，在这样的情况下，现在是否是中国企业进入俄罗斯的最佳窗口期？

这要看中国企业的目标是哪个市场。是在一个新市场，还是在一个原来的旧市场去争夺份额？如果去找新市场的话，因为现在油价比较低，开发新油田的这种动力不足。

很多油服公司可能原来考虑的都是去争夺新市场，也就是说谁开发了新油田马上跟进看能不能参与进去。但是从目前的情况来看，不光是俄罗

斯，全球整体的石油开采是供过于求的。你要找到新市场开发新油田的这种机会还是比较少的。

对中国企业来说，俄罗斯的市场更多的是看它的成熟市场，就是现在有很多欧美油服公司在为俄罗斯进行服务。在欧美和俄罗斯关系恶化的情况下，我想俄罗斯也会调整它的策略，减少对欧美企业的依赖，特别是在技术型企业、服务型企业上的一些依赖。

中国华信介入到俄油顶层股权结构以后，将来获得董事局席位、跟它们各种政商关系的一些交往以及智库之间的交流，都会对俄罗斯石油开采以及整个产业链方向性的调整构成影响。这将为中国企业创造机会，从欧美油服公司之中夺得更多的份额。我觉得中国企业更多的应该是盯住这一块，而不是去想是不是有新油田。

中国的企业现在也具备了一定的基础。以前中国企业都在使用欧美公司的技术服务，但是经过中国自身这二三十年的发展，我们有很多人才也通过在欧美公司里头工作，出来创业形成了不少的民营企业。

这些油服企业是作为欧美企业的附庸，还是借俄罗斯这次市场机会组织起大的平台，包括在像华信等一些中国大型平台公司的组织下，直接到俄罗斯去和欧美企业争夺份额？我觉得这是一个很重要、战略上需要思考的问题。

财团模式，日俄能源合作值得借鉴

中国企业过去在俄罗斯业绩不佳，吃过不少亏，而日本同俄罗斯之间却有一些成功的能源合作。日俄能源合作有哪些成功经验可以供我们借鉴？

日本跟俄罗斯的合作曾经在远东地区跟中国有一个争夺——石油天然气管道。原来中国跟俄罗斯谈好的线路是通往大庆的，结果日本插了一手，把这个管道引向了能够通往日本海的通道。

它实际上是绕开了中国这个唯一的通道，虽然也把大庆作为一个油路的分支，但是改变了整体的方向，俄罗斯的这个管道通到了海参崴方向。原来是有计划建立大型产业基地，包括化工等等产业基地。俄罗斯当时是跟着日本走，在那个地区还有大量的日本企业，包括丰田等等在那个地区进行了投资。

过去日本投入了大量的资金，是一个金主。现在其实中国手上并不缺钱，在中国也具备资金的条件下，与日本下一轮的争夺并不逊色，关键就在于产业组织能力上。

当初跟俄罗斯签署协议，做这方面工作的主要是日本的几个产业投行，在日本被称为综合商社。它们组织这样一套产业体系不光是输入资金，还让俄罗斯看到了一个大的产业基地，看到了一个大的产业体系，所以俄国这些企业都跟着日本企业在做。

从目前的角度来看，日本跟美国在政治上捆绑紧密，再加上北方四岛的争端，俄罗斯与日本的合作其实已经出现了很大的裂痕，这也是中国的机会。我们要研究和吸取日本跟俄罗斯合作的一些经验。但在这个新的阶段，中国借助人民币国际化，其实更有优势。

跟俄罗斯的合作，同时我们要看到，买到的不仅仅是石油。华信这次入主俄罗斯石油，我们从协议上看，其实是一个全方位的合作，包括在金融领域的合作。有可能未来会有产业基金，推动产业层面的两国企业合作。

不排除我们既走出去，也要把俄罗斯引进来，它的资本也会进入到中国市场。实际上我们的最终目的是要达到双向投资，俄罗斯的资本要进入中国市场，也会给中国带来很多的机会。

中国的能源，从国家战略层面来看的话，石油的储备是很低的。未来中国将建立大量的储备，不管是石油还是天然气。本身这种储备也是一种金融，会带动更多的产业发展。所以我们看到的机会不仅仅是在俄罗斯，未来在中国还有更多的机会。

日本综合商社是一个什么样的概念？对于这种模式，中国企业应该如何借鉴，组成一种怎样的形式，同他国企业竞争？

综合商社不光只有能源贸易，还有很多大宗贸易以其为平台。它在这样一个国际贸易公司的基础上，形成了投资的功能。同时它又掌握了很多物流环节，这个商社的背后，持股方又是金融机构。我们原来都是按照美

国的企业方式进行构建的，美国企业强调的是金融和产业的一种分离状态。

金融公司你是不能随便持有产业的，不然就有风险了。日本企业完全是混合型的，产业公司可以持有金融，金融回过头来可以持有这个产业公司。这中间有一个环节，就是商业公司，就是这个贸易加投资的综合商社。

《财团就是力量》，白益民编著，中国经济出版社2015年出版

它既被产业持股，但更重要的是被金融持股。商社又持有很多产业的小股权，把它们给编织起来，形成这种战略性体系。在日本，综合商社现在被称为战略性投资集团。在这样的体系支撑下，金融可以把它挂接好，产业也有秩序地推进。

大家实际上是各有分工，然后有秩序地推进，而不是一出海就互相开始抢占。在这样一个大体系下，过去日本跟俄罗斯的合作还是卓有成效的。现在只是因为在政治方面的对立，给中国创造了一个机会。

抱团出海，形成合力实现共赢

有不少企业反应，过去在中东、中亚，中国企业常常相互压价竞标，造成市场环境恶劣，反而导致自身利益受损。这种中国企业"一出去就散"的原因是什么，未来在俄罗斯该如何避免这种状况？

中国企业以前一出去就散的情况，其实有很多教训。特别是去蒙古开矿的一些企业，那时候一说民营企业全都去了，然后也被他们坑了不少。因为你本身不是一个抱团的，相互相争，同时中间还有很多骗局。

有很多人对矿的情况不是特别了解，到时候就去抢，抢了以后就砸钱。而且砸钱也基本上是通过互相抢，把矿产的价格也都抬高了，造成了很大的损失。

现在我们再回过头来看，你看去蒙古的一些地方民营企业，这种做法

中国企业要出海之前，在国内先需要一定的捆绑，然后打造一个平台，最后再一起出去

最后受伤的还是自己。从这个角度来看的话，日本企业实际上是把大家组织起来进行分工。因为他们之间企业形成了持股关系，交叉持股关系有的时候在利益分配上是可以互相让出来的。

我虽然把这块利益让出来了，但我也在这块利益里头有股权。他可能让出来了，但大家都有自己的重心，就是这个业务中心。所以会围绕着业务中心去获得他那一块的收入，而不是说什么都想抢一点，最后什么都没抢着。

所以中国企业要出海之前，在国内先需要一定的捆绑，打造一个平台，然后一起出去。这种捆绑并不是说谁把谁吃了，实际上是建立一个链条关系，让大家在利益分割上都能够获得收益的一个捆绑机制。

用怎样的方式能够聚合中国企业，在国内外市场形成合力，避免互相拆台的困境？

国内的市场已经打拼得差不多了，实际上有很多的民营企业家，有共同愿望一起出海。那么一起出去，要做一个什么前期准备呢？大家要做一个股权上的捆绑，这个捆绑并不是说直接跟自己的公司进行资本运作捆绑，这个是需要一定时间的。

首先需要有一些资本，而且这些资本的运作中间还得有财务。各种问题是很难一下达成一致的。

几个企业家可以先做一个平台公司，然后用这个平台公司持股相关企业的公司。这不一定是大股持有，而是小股持有。将来谈判的时候，是用平台公司去谈判，谈判下来以后再分给各持股公司，这样就形成了一个秩序。

大家都不要一个一个去谈判，因为你一个一个去谈判，人家也是见机会使劲杀你，就是让你们之间互相杀。这个都会造成国内企业自己的损失，而且不利于跟西方公司竞争。因为西方公司都是一个大整体了，它们经过几十

上百年的发展，还有各种资本整合，已经是一个大公司去跟俄罗斯谈的。

中国的一个小公司从体量上就无法跟人竞争，再有产业链不够全。如果形成了一个平台公司，把各个进入这个平台公司的产业都梳理出来，就都当成是这个平台公司的产业了。

那么你拿出去的，一定就是一个综合性很强的公司。这样你的体量、技术覆盖以及技术之间的咬合，都具备一定的条件以后，你跟欧美公司才能抢，不然你是抢不动他们的。

■原文发表于《石油 Link：“油气思想家”》2017 年 10 月 19 日

后记　商权天下，日本综合商社的启示

“股权模式”看重绝对的股权，往往忽视社会价值、产业价值和生存能力等。日本企业的“商权模式”，看重的是合作对象的商业价值和在产业链中所起到的作用，其结果是产业资本、金融资本和商业资本的完美结合，从而创造利益的最大化，而衡量商业价值的机构就是综合商社。

如果一个国家不能输出价值观，就不能称为大国；如果一个国家不能成功地输出资本，则算不上一个真正的经济大国。

对外直接投资，是衡量一国资本输出的最重要表现形式，也是中国经济各种宏观指标中的最大弱项之一。2010 年，中国的经济总量已超过日本，位居世界第二，而对外直接投资额（FDI）的存量却只有 2300 多亿美元，与欧洲小国丹麦差不多，与日本的 2.9 万亿美元相比，不算九牛一毛，也只能是九牛与一牛。这意味着，中国如果想通过海外投资在更深层次的领域影响全球商业走势，其道路还很漫长和曲折。

尽管国内外经济学家大多都在提醒中国避免日本经济的覆辙，但就海外投资战略来说，中国还是更应该借鉴与学习日本曾经走过的道路。商权重于股权，日本企业海外投资战略的最大特点，是普遍以“商权”为中心，其他国家的海外战略，则大多以“股权”为中心。

美国企业是“股权模式”的典型。它们更看重的是绝对的股权，因此更习惯于从财务报表的盈利项来决定是否要收购某家公司，而往往忽视社会价值、产业价值和生存能力等。因此，这种战略缺乏对整个产业链条的观察与考量。

中国公司的海外并购战略思维更接近美国企业，这种模式使得中国公司在进军海外时容易急功近利，而缺乏精密布局。所以，中铝集团增资力拓、中海油公司竞购优尼科无不落入了“股权陷阱”。而以“商权”为中心的日本企业，则更愿意通过先合资，再稀释股份的方式，慢慢蚕食。

所谓以“商权”为中心，就是看中所投资“猎物”的商业价值和其在产业链中所起到的作用。确定这个价值的机构就是综合商社。其结果就是产业资本、金融资本和商业资本的完美结合，从而创造利益的最大化。

在具体实践中，可以发现日本公司更依赖于集团化作战和财团模式，很少会单兵作战，所以抗风险的能力非常强大。从产业布局来看，日本公司喜欢充分发挥聚集效应，比如松下的60多家在华工厂都集中在东南沿海地区。

日本公司的海外战略都经过漫长的战略考量，绝不轻易布局。2003年，松下电器中国有限公司的注册资本为300万美元，而到了2006年，这个数字已经飙升了10倍。松下用这笔钱不断稀释中方合作伙伴的股份，把其原本的合资工厂变成了独资。对于中方合作伙伴来说，或许获得了不少现金收益，但多年打造的销售渠道和网络就拱手送给了松下公司。

20世纪60年代，刚刚走出去的日本企业和现在中国公司的情况非常类似：一样面临着不熟悉海外法律、不懂得处理政府关系、不知道如何本土化等诸多问题。但此时，日本的综合商社为日本公司迈向海外起到了指引航道的作用。二战之后，日本的综合商社要比日本的制造业更早进入海外市场，它们在最短的时间内获取资源和信息，然后为跟随其后的日本公司提供全面的服务。

比如，当年丰田汽车刚刚进入广州时，其物流网络、配送方案、零部件存储都是丰田财团旗下丰田通商这家综合商社来完成的。商社与上游的财团、下游的制造业也保持着密切的股权关系，通过商业资本和金融资本建立起一种密不可分的关系，让资金的效能最大化。

股权融于商权

学习与借鉴日本综合商社的“商权”思想，不仅要研究其具体的战略技巧，还需要从战略的层面去理解。

商权的思想，追溯其历史渊源，其实是中国古代文明孕育出古东方商业文明的精华。自古以来封建王朝的重农抑商的政策，使“商权”的历史

发展一开始便背负着底层的身份，但也致使商业的发展更着眼于长期战略考虑，更精于耕耘，商业心境也更稳重，不因短期的波动而轻易改变商业战略，从而避免因浮躁的环境而毁于朝夕。

深受中国古老商业文明洗礼的日本人，发展和深化了对商权思想的独特理解，其中长期稳定的合作关系是商权最为核心的内容，包括长期的市场渠道、长期的供应链、长期的融资渠道等等。在这种商业氛围中，市场占有率是第一位，利润是第二位，因为只有较高的市场占有率才能稳定整个体系，做到共同发展。

而西方商业文明创造的股权思想，创造者是西方世界的统治者，来自富裕阶层以及宗教势力阶层，其最终目的无非是更加容易地获得商人辛勤耕耘的成果，以及吸收底层者的财富供其一时享乐，而待挥霍行为致使这些财富消失时，凭着“股权”，就能将法律威胁降低，从而承担一定责任后逃之夭夭。

由西方文明和东方文明创造出来的股权和商权思想，发展至今演化出两个极端高手，善于股权即金融的美国，以及善于商权即产业的日本。然而，随着世界经济一体化的发展，两个文明产生了碰撞，致使很多沉浸于单一商业文明的商人失去自我，许多非西方国家的企业最终因盲目崇拜西方商业文明而“数典忘祖”，走向西方浮华的商业文明。唯一没有撇弃且融合东西商业文明之长从而发展强大的，便是日本。

以三井物产为首的综合商社就将这种融合发挥到了极致。三井物产等综合商社拥有广泛的贸易网络、深厚的产业底蕴以及与之配套的金融力量，凭着产、商、融三位一体的商业体系将东南亚进行产业分工定位，并衔接成东南亚贸易网，再利用金融进行投资推动相互间的衔接以及升级和发展，从而塑造成了著名的“雁行模式”。

但是在他国建立势力强大的商业力量，会让当地升起强烈的民族主义情绪，因此为了融合这些民族主义情绪，日本通过股权的方式，以极低的股权进入一个国家的产业市场，并鼓励当地国推动“国产”产业，其通过极低的股权敞口，进入市场，并将自己的技术、产业、金融、贸易快速输入，使其成为一个国家产业背后的真正的掌控者。西方国家热衷于使用的经济数据，如GDP、进出口贸易额等，其实掩盖了日本的经济收益，而夸大了日本企业所投资国家的经济增长。

商权与股权的融合，将带来更大的商业利益和市场额，并将商权发挥到极致。例如，日本综合商社在东南亚推广第二代生物乙醇的行动，就将商权战略发挥得淋漓尽致：

2012年3月5日，伊藤忠社长冈藤正广宣布，获得美国Zeachem公司的股份，但没有披露具体股权比例，日本媒体则称股权在10%以下。

Zeachem公司拥有第二代生物乙醇技术，由于第一代生物乙醇技术以粮食为主要原料，使得粮食安全受到威胁，第二代生物乙醇技术则以木材废物以及农业废物为生产原料，具有很大的发展潜力，但Zea Chem公司没有足够的资金实力以及市场推广力。

伊藤忠由此抓住机会，买下小部分股权，借助其综合商社在全球尤其是东南亚广泛的贸易网络、深厚的产业底蕴以及强大的金融力量，推动该技术在东南亚的推广，通过东南亚农业区域的背景为其调配东南亚相关资源，协助其商业化生产，并最终向全球推广。

ZeaChem公司首席执行官兼总裁吉姆·因布勒也表示："伊藤忠将为新兴生物精炼公司提供一个'资源餐厅'，供其访问并充分利用这个平台资源范围（即产、商、融）来帮助新型生物公司加速全球技术的商业部署。"

2001年，日本丸红商社和月岛机械株式会社获得了来自美国BC国际公司的生物质能转换技术许可；2008年7月，美国范恩尼姆公司也将其第二代纤维乙醇技术转让给丸红商社，以求通过日本综合商社的产商融实力来助其推广技术。而作为日本能源工程建设"集团军"的日晖株式会社也获得这些技术，并与自身的技术相结合推动了完全由日方掌握自主产权的第二代乙醇技术及其工程研发。由此，凭借少量股权，日本商社就掌握了整个乙醇的贸易、产业、金融等等商业链。

股权化于商权

通过股权直接获得商权，便是融合股权和商权的商业行为。此外，通过商权也可获得股权，并通过股权再获取商权的商业行为，进行间接的商业扩张。

2012年4月6日沙特基础工业公司（简称“沙比克”）宣布，将投资1亿美元在上海康桥建立其新技术中心；而在此前的2日和3日沙比克还宣布，将在天津和重庆扩建其规模庞大的化工产能，其中与中石化合资新建的26万吨聚碳酸酯项目是中沙（天津）石化百万吨乙烯项目的二期工程，投资达110亿元。

大家都知道，沙特是中东产油大国，并且已建成世界顶级的石化产业群，从一个只会出口石油资源的国家一跃成为拥有顶尖石化技术的国家，并发展成为第一大石化产业国。然而，包括全球产业界在内的很多人都没有注意到，该国的石化技术、石化产业以及配套的石化发电厂，海水淡化设备等相关的产业配套设施是谁提供的？这些当然不是该国自主开发。答案只有一个，那就是以三井、三菱为首的综合商社才是该国石化产业的掌控者，即商权掌握者。

早在20世纪70年代，沙特石油公司总裁塔赫尔便在大阪世博会向三菱财团表达了建立石化产业的想法，此后由60多家日本株式会社（主要是三菱财团子社）组成的沙特石油化工公司（SPDC）与沙特基础工业公司组建了东方石油公司（EasternPetrochemical Company，SHARQ），以日本三井、三菱为首的综合商社蜂拥而至，在沙特东海岸建立了首个沙特拉比格石化群——朱拜勒石化产业区，并一跃成为世界级石化产业国。

此后，2004年沙特石油公司与以住友商社为首的综合商社合作，在综合商社贸易、产业、金融三位一体的协助下，帮助沙特阿拉伯在西海岸拉比格建立起沙特第二个石化产业群——拉比格石化产业区，让沙特成为名副其实的石化产业巨头。此外，日本阿拉伯石油株式会社等还参与阿拉伯石油开采，从而将沙特上中下游能源产业链掌控，商权紧握。

而沙特基础工业公司在中国建立石化产业，背后其实还是三井、三菱等综合商社掌握核心技术，沙特只不过是日本产业“本土化”后间接进入中国石化产业链的一种路线，并结合中国本土化的日资企业联合在中国获得股权，从而扩大石化产业链、间接获得商权的曲线之路。

除了这个曲线获得商权的案例外，中国与新加坡签署中新天津生态城的协议，也是同理。新加坡的产业充满着日本产业基因，这使得新加坡成为三井物产等综合商社通过进入天津生态城展开产业链构建工程的跳板。

新加坡本土企业本身也需要日本综合商社的贸易、产业、金融网络来获得商业机会，并被纳入综合商社体系下，成为其资源平台，这也是中新天津生态城项目签署后，日资企业以及新加坡本土化的日资企业带着新加坡企业涌入天津、进行热火朝天的产业链建设的原因。

股权一商权一股权一商权……，从这些曲线获得商权的案例中，中国企业家还应该认识到：不能将商权和股权两极化，要保留东方商业文明的底蕴，融会贯通，不可崇拜外来商业文明而失去自我，一定要融合并灵活运用。而面对日本综合商社这类产业大鳄，中国必须沉下心来打造自己的产业技术、贸易网络和金融力量，才能真正赢得和保持独立，才能将"商权"和"股权"运用自如，才能在世界上获得更多的商权并规避各国民族主义情绪，成为一个能够输出资本的真正的经济大国。

产业投行与金融投行

每一个国家的成功都不可复制，日本的海外投资战略也只能在某些方面给予中国参考，而不能成为模仿的对象——至少目前中国的土壤还很难建立起一家综合商社公司。然而应引起重视的是，中国企业在征战海外市场时，必须掌控产业的主导权。

中国企业如果想并购海外公司，往往都必须依靠美国的投行来完成，而这必然面临很大的风险，因为我们的定价、财务制度都会在美国投行面前展露无遗。而日本公司进行海外并购的时候，几乎很少用美国的投行，它们完全是依靠综合商社来完成并购。

所以，中国公司的海外征程中，也必须有一个强大产业组织者，对此可以称之为产业投行——不仅仅立足于资本运作，更加重视产业链条的整合与搭建。这些产业投行应该像真正的商人一样，在世界各地寻找商机，占据资源。这也是任何一家想进军海外的公司必须具备的基因。

综合商社打造企业"共同体"

在对"商权"的掌握中居于核心的综合商社到底是什么？似乎还没有一个确凿的定义。综合商社像影子一样，隐藏在全球93个国家或地区的某个角落。日本综合商社多发端于贸易公司。**发展到今天，商社的基本定位仍然是提供交易服务：助力出口商开拓海外市场，为进口商提供市场行情，监督贸易双方的商业信用，帮助筹措资金或安排贸易，甚至提供全球范围的运输服务。用日本学者小岛清的话来讲，综合商社"是在一定的时间和场所中起中介作用的类市场合作体系"。**

作为日本产业的"母体"和组织者，目前，日本有六大财团，三井、三菱、住友、三和、富士和第一劝银。它们通常是以横向联合的方式，由三个核心部分组成——主力银行、综合商社、大型制造企业。

以三井财团为例，樱花银行是其主力银行，三井物产是综合商社，而索尼、东芝等具有代表性的纵向发展的制造企业集团，通常称为企业系列。除此之外，一些现代金融机构如保险公司和证券公司也通常被划归某一财团，但它们的独立性更强，是作为财团核心的综合商社的主要股东。

在日本，"共生共荣"是普遍的价值观。而财团最大的意义就是能建立庞大的生产体系，分工合作，避免竞争，力求共赢。

财团内的企业群体会将集团外部的中小企业群作为长期稳定的交易对象（外包公司），也就是将它们纳入自己的业务经营范围。这些外包公司有的向着水平方向延伸，如三菱公司旗下囊括了190家成员公司；有的朝着垂直方向发展，丰田公司下属175个初级供应厂商和4000多个二级供应厂商就是最好的佐证。此外，在主要的制造商和全国几千个零售商之间还存在着销售联盟。这样一来，如同铸造了铜墙铁壁，刀枪难入。

有一个典型的例证：2008年2月，东芝高调宣布退出与索尼持续数年的DVD标准之争，在不知情者看来，东芝无疑承认自己的惨败。然而双方却已然达成共识，握手相合于背后。事实上，这两个公司非但没有世仇，反而是在同一个强大推手的作用下平分天下，东芝强调其目标为世界级的"基础电子+综合电机"统帅，索尼欣然同意，因为它的志向在于全球"综合电子+娱乐产业"的领袖。实际上，这是一场"阳谋"。总导演就是索尼、东芝的背后推手——以三井为代表的日本财团。

更出人意料的是，不同的商社之间也存在表面竞争却私下合作的情况。商社负责人会定期聚首，通过协商和利益均分，确定各自的客户群体和目标市场。彼此一旦达成共识，也就意味着商社新的演出就要开始了。

■原文发表于《北大商业评论》2012年6月刊，作者：白益民

引用文章

[1] 《三菱捷足先登渤海开发》 发表于《中国石油石化》2013 年第 05 期，作者：白益民

[2] 《中日能源合作的蜜月时代》 发表于《中国石油石化》2013 年第 03 期，作者：白益民

[3] 《共同开发已远去》 发表于《环球财经》2013 年第 02 期，作者：白益民

[4] 《无疾而终的中日东海开发》 发表于《中国石油石化》2013 年第 11 期，作者：白益民

[5] 《东海合作的弃选逻辑》 发表于《环球财经》2013 年第 02 期，作者：白益民

[6] 《日本抄底全球油气资源》 发表于《环球财经》2009 年 7 月期，作者：袁璐、佟凯敏

[7] 《中日合作擦肩而过》 发表于《环球财经》2012 年 9 月，作者：白益民

[8] 《被遗忘的中日东海谈判》 发表于《中国石油化工》2013 年第 17 期，作者：白益民

[9] 《日本在东海问题上的政商双簧戏》 发表于《环球财经》2013 年 2 月期，作者：白益民

[10] 《日本财团的中国谋略》，凤凰卫视世纪大讲堂，主讲：白益民

[11] 《美国上演离间计 中国失策钓鱼岛》 发表于《环球财经》2010 年 10 月期，作者：白益民

[12] 《钓鱼岛：美国挑动中日冲突的“底牌”》 发表于《环球财经》2012 年 9 月期，作者：白益民

[13] 《钓鱼岛争的能源权重》 发表于《中国石油石化》2012 年第 20 期，作者：候瑞宁，张娥

［14］《从“钓鱼岛争端”到“中国金融安全”》发表于《环球时报》2010年11月期，作者：白益民

［15］《财界助力 日本谋划战胜中国》发表于《环球财经》2012年第9期，作者：白益民

［16］《南海暗战：不可忽视的日本》发表于《环球财经》2011年10月期，作者：白益民

［17］《财团助日本南海大包围》发表于《环球财经》2011年9月期，作者：白益民

［18］《日本财团对南海LNG的“两头堵”战略》发表于《环球财经》2013年10月期，作者：白益民

［19］《日本财团在石油天然气产业中的利益格局》发表于《经济》2007年8月，作者：白益民、袁璐

［20］《越南结伙盗采南海》发表于《中国石油石化》2012年第20期，作者：白益民

［21］《越南盗采中国南海油气 俄国幕后是主谋》发表于《能源》2012年第9期，作者：白益民

［22］《日越“亲善”图南海》发表于《中国石油石化》2013年第1期，作者：白益民

［23］《南海油气争夺背后的日本怪兽》发表于《能源》2011年8月，作者：白益民

［24］《日菲越联手意欲何为》发表于《环球财经》2012年10月期，作者：白益民

［25］《中日博弈印尼天然气》发表于《能源》2009年12月期，作者：白益民

［26］《三菱商事在LNG生意中的产业组织》发表于《环球财经》2013年第10期，作者：白益民

［27］《双面文莱》发表于《中国石油石化》2013年第2期，作者：白益民

［28］《大马身后的武士刀》发表于《中国石油石化》2012年第24期，作者：白益民

[29] 《中缅油气管道遭美日围堵》发表于《中国石油石化》2012 年第 9 期，作者：白益民

[30] 《南海争端的美国“无影手”》发表于《中国石油石化》2012 年第 18 期，作者：白益民

[31] 《第二节印度国油 谁的马前卒？》发表于《中国石油石化》2012 年 19 期，作者：白益民

[32] 《携手 BP 进南海》发表于《中国石油石化》2012 年 21 期，作者：白益民

[33] 《康菲的南海行动》发表于《中国石油石化》2012 年 22 期，作者：白益民

[34] 《“游离态”壳牌》发表于《中国石油石化》2013 年 3 期，作者：白益民

[35] 《中俄能源合作尚待走出纸上谈兵》发表于《环球财经》2012 年 7 月期，作者：白益民

[36] 《中俄能源合作的搅局者》发表于《环球财经》2013 年 5 月期，作者：白益民

[37] 《远东能源博弈的日本魅影》发表于《环球财经》2009 年 5 月期，作者：白益民

[38] 《中石化海外频受挫 无力竞争日本财团》发表于《环球财经》2010 年第 11 月期，作者：白益民

[39] 《大庆竞逐东北亚》发表于《能源》2012 年 7 月，作者：白益民

[40] 《日本财团全面渗透中国能源建设：东芝在华电全面“触电”》发表于《环球财经》2007 年 1 月，作者：白益民

[41] 《挪威，日本进军北极的桥头堡》发表于《新能源经贸观察》2013 年 8 月刊，作者：白益民

[42] 《综合商社的 LNG 谋略》发表于《第一财经日报》2009 年 9 月，作者：白益民

[43] 《日本官民并举争夺澳洲天然气资源》发表于《新产业》2013 年 11 月刊，作者：白益民

[44] 《中日在北美争夺能源愈演愈烈》发表于《中国经济导报》2012

年11月，作者：白益民

［45］《“页岩气革命”的日本赢家》发表于《中国石油石化》2013年第11期，作者：白益民

［46］《中国发展页岩气无需“唯美国马首是瞻”》发表于《环球财经》2014年第1期，作者：白益民

［47］《日本政商一体的能源战略》发表于《环球财经》2013年第9期，作者：白益民

［48］《中石油的卡沙干命题》发表于《中国石油石化》2013年第14期，作者：白益民

［49］《中国LNG征途如何破解日本卡位》发表于《时代汽车》2013年第6期，作者：白益民

［50］《应该向日本财团学习什么》发表于《中国航空报》2010年1月7日，作者：刘文波

［51］《中国企业要把握俄罗斯机会》发表于《石油Link：“油气思想家”》2017年10月19日，作者：白益民

［52］《白益民：中俄能源合作从博弈关系向互利关系转变》发表于《黑龙江省商务厅官网》2017年8月23日，作者：房路臣